U0805894

河南省公路工程滑坡易发地区和易滑地层

高　德　王卫中　张广彬　高　源　编著

黄河水利出版社
·郑　州·

内容提要

本书是作者对多年公路工程滑坡勘察、设计、现场抢险等实际工作的经验总结。本书对河南省公路工程滑坡易发地区和易滑地层进行了系统分析和归纳总结，通过文字、图片、照片和实际调查材料，系统分析了河南省公路工程滑坡区域性的特征与发生、发展规律，提出了以地质环境为主导，以地理环境为主控的认识论，归纳总结出了工程滑坡“形、质、水、势、态”五步分析法，提出了“削、堆、锁、固、挡、拉、导、排”八方法工程滑坡处治方法论，对工程滑坡的认识和防控提出了新的防控思路和防控重点。

本书可供公路勘察、设计、施工、管养，以及铁路、电力、水利等相关行业工作者参考，也可供高等院校相关专业师生学习参考。

图书在版编目(CIP)数据

河南省公路工程滑坡易发地区和易滑地层/高德等编著.—郑州：黄河水利出版社，2022.9

ISBN 978-7-5509-3388-0

Ⅰ.①河…　Ⅱ.①高…　Ⅲ.①道路工程-滑坡地区-研究-河南　Ⅳ.①U416.1

中国版本图书馆 CIP 数据核字(2022)第 176673 号

组稿编辑：王志宽　电话：0371-66024331　E-mail：wangzhikuan83@126.com

出 版 社：黄河水利出版社　网址：www.yrcp.com

地址：河南省郑州市顺河路黄委会综合楼 14 层　邮政编码：450003

发行单位：黄河水利出版社

发行部电话：0371-66026940、66020550、66028024、66022620(传真)

E-mail：hhslcbs@126.com

承印单位：河南新华印刷集团有限公司

开本：787 mm×1 092 mm　1/16

印张：13.75

字数：320 千字

版次：2022 年 9 月第 1 版　印次：2022 年 9 月第 1 次印刷

定价：120.00 元

前　言

河南省地形地貌种类多样，山地、丘陵、黄土台塬等特殊地貌发育，工程地质条件比较复杂。近年来，豫西山区高速公路快速发展，高速公路、国道、省道以及其他县乡公路等沿线分布着规模大小不同的因公路工程建设而产生的工程滑坡。据不完全统计，河南省山区高速公路在建设期间，对有明显失稳迹象的300余处滑坡体采取了工程治理措施，局部路段工程处治滑坡路段占线路总长度的比例甚至高达10%，部分单体滑坡的处治费用高达数千万元。通过对公路工程滑坡的系统分析，查找公路工程滑坡的发生、发展规律，是当前亟待解决的焦点问题，也是公路事业高质量建设、高效率管理的关键因素之一，也是本书的主旨所在。

本书共分五章，第一章为河南省公路工程建设条件的区域特征，从整体上介绍了河南省地理环境与地质环境的概貌，也是理解河南省工程滑坡分析要素的基本平台。

第二章为公路工程滑坡的识别与勘察，主要包括工程滑坡的概念认识与常识认知，总结了工程滑坡识别的要素与特征，对工程滑坡的主要勘察方法和勘察手段进行了系统的分析说明。

第三章为河南省公路工程滑坡易发地区研究，通过区域性地理环境研究，对河南省公路工程诱发工程滑坡区域性要素进行了梳理。

第四章为河南省公路工程滑坡易滑地层研究，通过对第四纪、第三纪、沉积岩类、变质岩类易滑地层的分布区域、物性特征等的分析说明，阐述了地质环境诱发工程滑坡的主控因素，提出了工程滑坡"形、质、水、势、态"的五步分析法。

第五章为河南省公路工程滑坡防治，总结了公路工程滑坡处治的基本原则，通过对公路工程滑坡的抢险处治和永久处治措施的多维度分析，提出了"削、堆、锁、固、挡、拉、导、排"八方法处治手段。

由于各类滑坡体所处地理环境条件和地质环境条件的复杂性以及勘探技术的局限性，以现有理论、技术及工程措施，还不能完全定量地识别滑坡体的危害风险程度，也不能高精度地对滑坡体的失稳状况做出准确预测。一些工程滑坡治理措施实施一段时间后发生失效事件，如锚索框架结构中，锚索拔出、锚头部位破损、框架变形损坏；抗滑桩倾覆、剪断甚至整体滑移；挡土墙鼓胀、开裂、位移甚至倾覆、路面上鼓、移位等。还有一些工程滑坡治理措施在处治过程中未起到应有的作用，如施工过程中抗滑桩剪断、位移，运营中挡土墙推移、路基滑移等。还有一些初期判定为稳定未经过处治的滑坡体，由于地震、强降雨及后期人工影响等因素影响而失稳滑移，中断交通，严重影响人民生命和财产安全。这些情况的发生，很多时候是对滑坡易发地区的地理条件认识不全面，对易滑地层的认识不深入，岩土参数选择不当或滑带判定失据造成的。因此，依据工程滑坡的区域性特征进行系统的分析和研究，为工程滑坡的正确分析、评价、预测、预报及治理工程等提供可靠资料和科学依据，是较为行之有效的分析研究方法，也是本书抛砖引玉的目的所在。

由于编者水平有限,书中难免存在不足甚至错误之处,恳请读者批评指正,并提出宝贵意见;愿通过讨论商榷,共同提高公路工程,以及其他建设工程的工程滑坡防治和防灾抗灾水平。

作　者

2022 年 8 月

目　录

前　言
第一章　河南省公路工程建设条件的区域特征 …………………………………… (1)
　第一节　自然地理 …………………………………………………………… (1)
　第二节　区域地质 …………………………………………………………… (7)
　第三节　地层岩性 ………………………………………………………… (25)
　第四节　不良地质与特殊性岩土 ………………………………………… (30)
　第五节　公路建设与其他人类活动 ……………………………………… (32)
第二章　公路工程滑坡的识别与勘察 ……………………………………… (35)
　第一节　工程滑坡的定义与分类 ………………………………………… (35)
　第二节　工程滑坡的识别 ………………………………………………… (44)
　第三节　公路工程滑坡的调查与勘探 …………………………………… (49)
第三章　河南省公路工程滑坡易发地区研究 ……………………………… (60)
　第一节　地理与地貌因素分析 …………………………………………… (60)
　第二节　地质条件因素分析 ……………………………………………… (72)
　第三节　气象水文因素分析 ……………………………………………… (77)
　第四节　建设活动因素分析 ……………………………………………… (83)
　第五节　公路工程滑坡易发地区的分布规律与分区 …………………… (86)
第四章　河南省公路工程滑坡易滑地层研究 ……………………………… (94)
　第一节　第四纪易滑地层 ………………………………………………… (94)
　第二节　第三纪易滑地层 ……………………………………………… (109)
　第三节　中生代沉积岩易滑地层 ……………………………………… (124)
　第四节　古生代沉积岩易滑地层 ……………………………………… (134)
　第五节　变质岩易滑地层 ……………………………………………… (146)
第五章　河南省公路工程滑坡防治 ……………………………………… (152)
　第一节　工程滑坡防治的基本要求 …………………………………… (152)
　第二节　预防与处治的原则 …………………………………………… (156)
　第三节　抢险处治措施 ………………………………………………… (161)
　第四节　永久处治措施 ………………………………………………… (170)
　第五节　工程滑坡的监测、预测与预警 ……………………………… (199)
参考文献 …………………………………………………………………… (208)

第一章　河南省公路工程建设条件的区域特征

第一节　自然地理

河南省，简称“豫”，省会郑州，位于中国中部。东临安徽、山东，北接河北、山西，西与陕西交界，南与湖北接壤，南北纬度位于北纬31°23′到北纬36°22′之间，东西经度位于东经110°21′到东经116°39′之间，总面积16.7万km^2。河南省是全国重要的综合交通枢纽，自古以来就有“九州腹地、十省通衢”的说法。

一、地理位置与行政区划

河南省下辖17个地级市，1个省直辖县级市，20个县级市，82个县（见图1-1-1），54个市辖区，1 791个乡镇，660个街道办事处。据第七次全国人口普查公报，河南全省常住人口为99 365 519人，居住在城镇的人口为55 078 554人，占比为55.43%；居住在乡村的人口为44 286 965人，占比为44.57%。

二、气候气象

河南省大部分地处暖温带，南部跨亚热带，属北亚热带向暖温带过渡的大陆性季风气候，同时还具有自东向西由平原向丘陵山地气候过渡的特征，具有四季分明、雨热同期、复杂多样和气象灾害频繁的特点。全省由南向北年平均气温为10.5~16.7 ℃，年均降水量407.7~1 295.8 mm，降雨以6—8月最多，据2020年资料，河南省平均降水量836.8 mm，较常年偏多14%，为2006年以来最大值；各地年降水量为443.0~1 835.5 mm，豫北大部、豫西大部和豫中局部在600 mm以下，豫东部分地区和豫南大部在1 000 mm以上，其中淮河以南地区在1 200 mm以上，其余地区为600~1 000 mm（见图1-1-2）。河南省年均日照1 285.7~2 292.9 h，全年无霜期201~285 d。

三、水文

河南省地跨长江、淮河、黄河、海河四大流域。流域面积100 km^2以上的河流有560条，其中流域面积超过10 000 km^2的有9条，为黄河、伊洛河、沁河、淮河、沙河、洪河、卫河、白河和丹江（见图1-1-3）。受地形影响，省内大部分河流发源于西部、西北部和东南部山区，顺着地势向东、东北、东南或向南汇流，形成扇形水系。全省多年平均水资源总量403.5亿m^3，居全国第19位；人均水资源占有量约383 m^3，相当于全国平均水平的1/5。

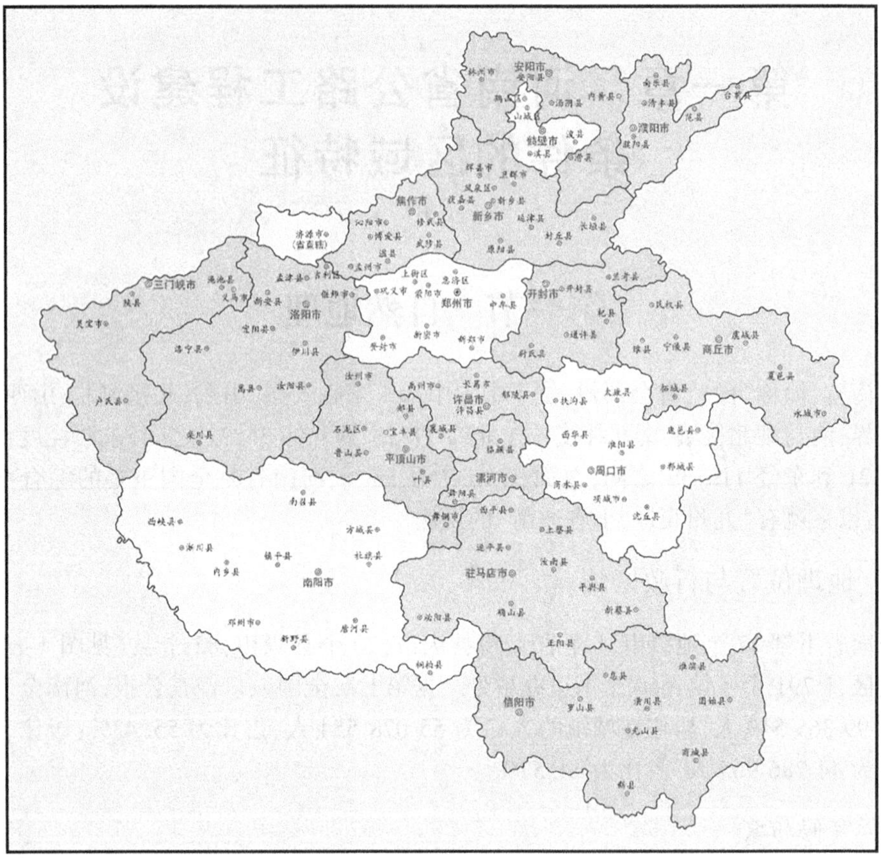

图 1-1-1 河南省行政区划

(一)海河流域

海河流域在河南省的主要支流有漳河、卫河、马颊河和徒骇河。流域面积 15 336 km^2,约占全省土地面积的 9.2%。漳河流经林州市北部,为河南省与河北省的边界河流。卫河及其左岸支流峪河、沧河、淇河(见图 1-1-4)、安阳河发源于太行山东麓。卫河上游山势陡峻,水流湍急,下游流经平原,水流平缓。马颊河和徒骇河属平原河道。

(二)黄河流域

黄河为河南省过境河流,流域面积 36 164 km^2,占全省土地面积的 21.7%,黄河在河南省境内长约 720 km,北岸支流有蟒河、丹河、沁河、金堤河、天然文岩渠等。丹河、沁河支流大部分在山西省,为入境河流;金堤河、天然文岩渠属平原河道,平时主要接纳引黄灌区退水。南岸支流有弘农涧河、伊洛河,分别发源于秦岭山脉的华山和伏牛山,呈西南—东北流向。黄河干流在孟津以西两岸夹山,水流湍急,孟津以东进入平原,水流减缓,泥沙大量淤积,河床逐年升高,高出两岸地面 4~8 m,形成“地上悬河”(见图 1-1-5)。

（三）淮河流域

淮河是河南省的主要河流，流域面积 86 428 km^2，占全省土地面积的 51.8%。淮河发源于桐柏山北麓，呈东西流向（见图 1-1-6）。南岸支流浉河、竹竿河、潢河、白露河、史灌河均发源于大别山北麓，呈西南—东北流向，支流源短流急。北岸支流有洪汝河、沙颍河、涡惠河、包浍河、沱河及南四湖水系的黄蔡河和黄河故道等。洪汝河、沙颍河发源于伏牛山、外方山东麓，为西北—东南流向，上游为山区，水流湍急，中下游为平原坡水区，河道平缓；其余诸河均属平原河道。

（四）长江流域

长江流域的汉江水系在河南省的主要河流有唐河、白河和丹江，流域面积 27 609 km^2，占全省土地面积的 16.5%。唐河（见图 1-1-7）、白河发源于伏牛山南麓，呈扇形分布，自北向南经南阳盆地汇入汉江。丹江穿越河南省淅川县境西部，为过境河流。

四、植被与生态环境

河南省地形地貌复杂，处于北亚热带向暖温带过渡地段，植被类型比较复杂，既有自然植被，也有人工植被。依据河南省植被类型特点、植物区系成分特点和自然环境特点，并按植被地带、植被区和植被片三个层级，可将河南省植被区划为 2 个植被地带、4 个植被区、12 个植被片（见表 1-1-1）。

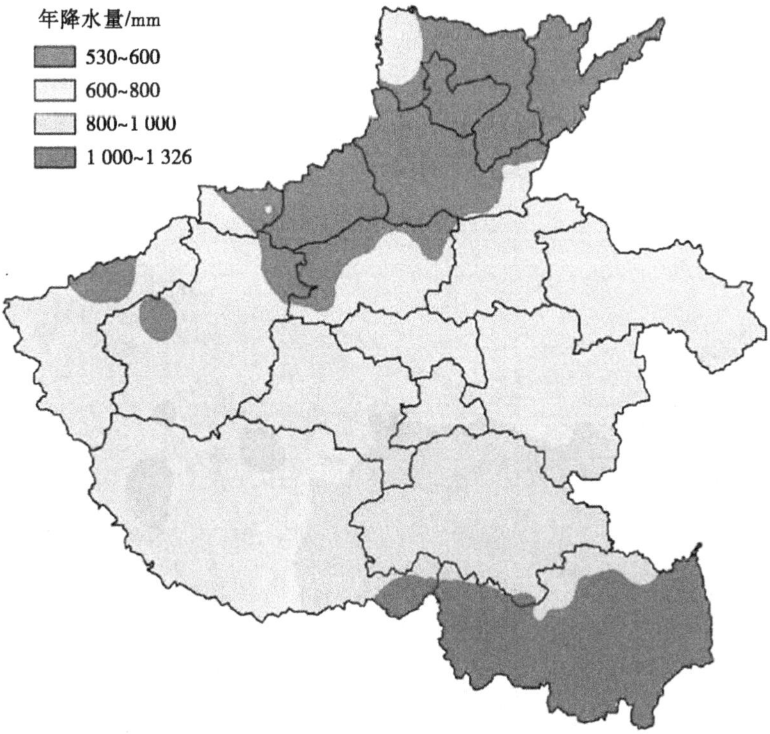

图 1-1-2　河南省年降水量

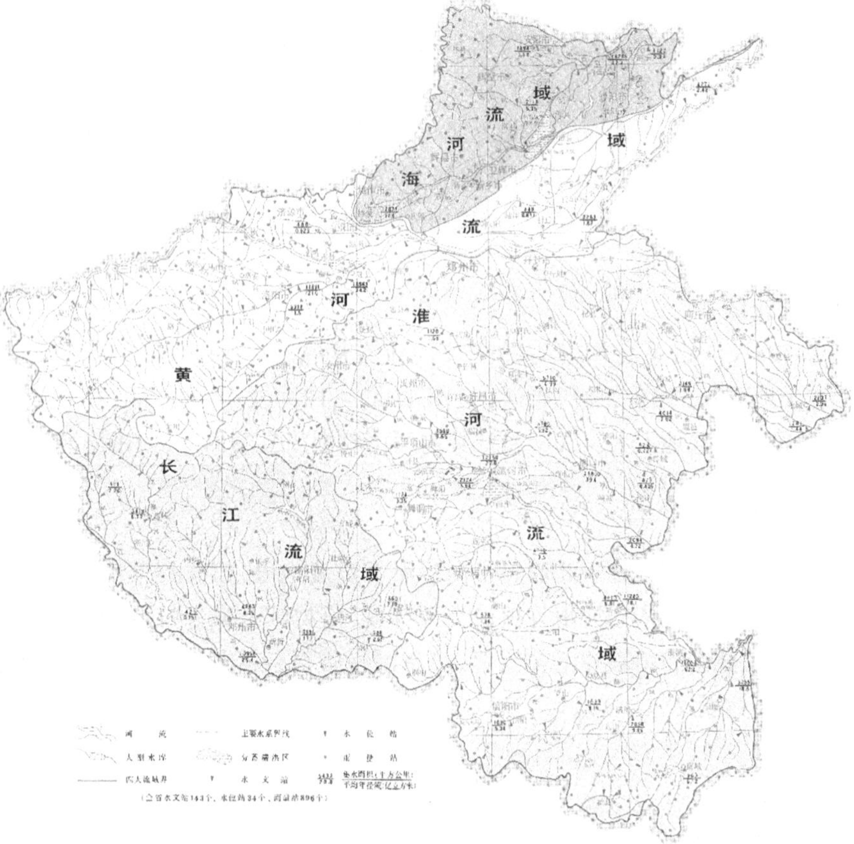

图 1-1-3 河南省水系

图 1-1-4 淇河

图 1-1-5　黄河

图 1-1-6　淮河

图 1-1-7 唐河

表 1-1-1 河南省植被分区

植被区域	植被地带	植被区	植被片
Ⅰ暖温带落叶阔叶林区域	a 南暖温带落叶阔叶林区域	a1 黄淮平原栽培植被区	(1)黄海平原小麦杂粮二年三熟(或一年二熟)植被片 (2)豫北平原一年成熟小麦杂粮植被片
		a2 豫西、豫西北山地、丘陵、台地落叶阔叶植被区	(1)太行山地落叶栎林植被片 (2)太行山东麓丘陵、平地二年三熟(或一年二熟)植被片 (3)豫西黄土丘陵、平川、台地以小麦为主的二年三熟植被片 (4)伏牛山山地栎林植被片 (5)嵩山、外方山、伏牛山东低山、丘陵以小麦为主的二年三熟植被片
Ⅱ亚热带常绿阔叶林区域	a 北亚热带常绿阔叶林区域	a1 伏牛南山地、丘陵、盆地常绿落叶阔叶林植被区	(1)伏牛南山地含有常绿成分的落叶阔叶林植被片 (2)伏牛南低山、丘陵萌生栎林植被片 (3)南阳盆地以小麦为主的二年三熟植被片
		a2 桐柏、大别山地、丘陵、平原常绿落叶阔叶林植被区	(1)淮南平原以水稻为主的一年二熟植被片 (2)桐柏大别山地、丘陵栎林植被片

河南省植被分布如图 1-1-8 所示。

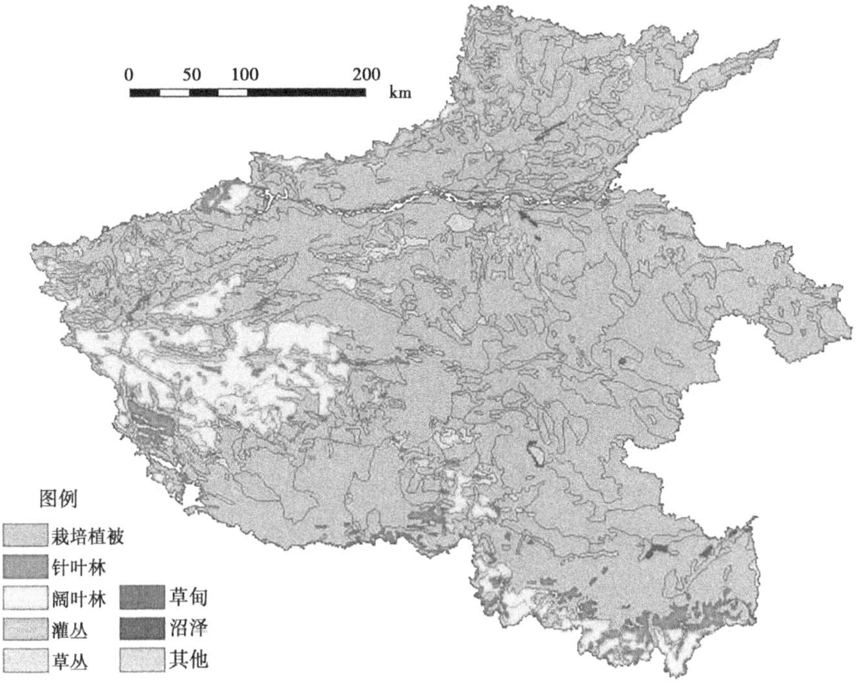

图 1-1-8　河南省植被分布

第二节　区域地质

河南省由平原、盆地、山地、丘陵等地貌组成,总体地势西高东低。河南省在地质构造上跨越华北地台和秦岭褶皱系两个一级大地构造单元,自晚太古代以来,共经历嵩阳、中条、王屋山、晋宁、加里东、华力西、印支、燕山和喜马拉雅 9 个构造旋回。华北地台基底构造复杂,主要为线性褶皱;盖层相对简单,主要为宽缓褶皱和断块隆起或断陷盆地。以新乡—商丘断裂为界,以北盖层构造线方向为北北东向,以南为北西西向或近东西向。秦岭褶皱系为一长期活动的复杂构造带,在长期不均衡多旋回演化过程中,大致以中条、晋宁、华力西运动为转折,将其划分为原始优地槽、断陷地槽和优地槽、冒地槽、断陷几个发展阶段。褶皱断裂均很发育,总体呈北西西向。深大断裂及断陷盆地十分发育。

一、地形地貌

河南省地势西高东低,北、西、南三面由太行山、伏牛山、桐柏山、大别山沿省界呈半环形分布;中、东部为黄河、淮河、海河冲积平原;西南部为南阳盆地。平原和盆地、山地、丘陵分别占总面积的 55. 7%、26. 6%、17. 7%。灵宝市境内的老鸦岔为全省最高峰,海拔 2 413. 8 m;海拔最低处位于固始县淮河出省处,高程为 23. 2 m。依河南省山形地势,可将河南省地貌划分成 5 个区、23 个亚区,地貌分区见图 1-2-1,地貌分类见图 1-2-2,分区表见表 1-2-1。

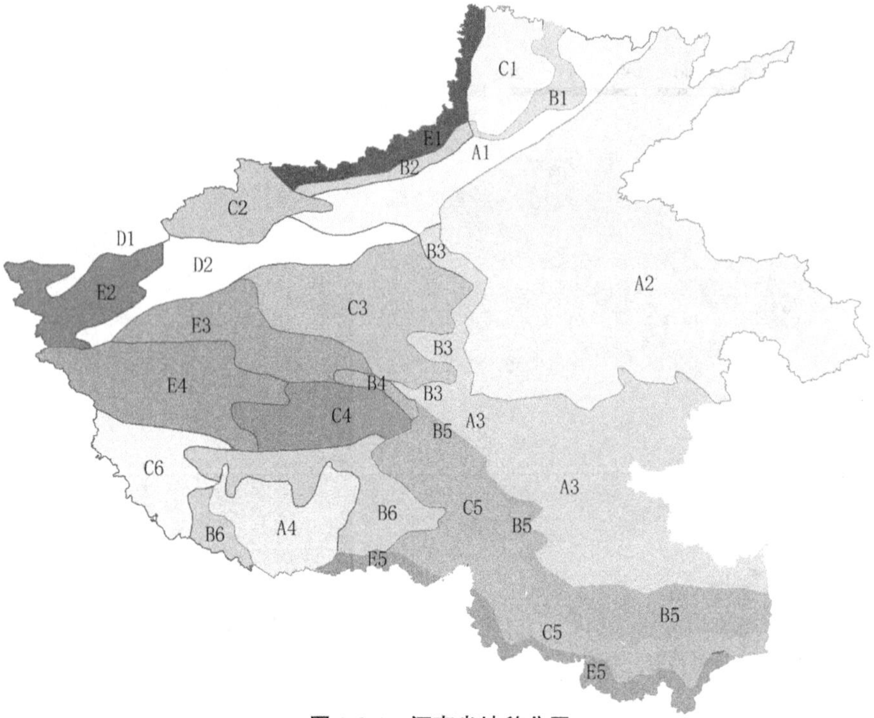

图 1-2-1　河南省地貌分区

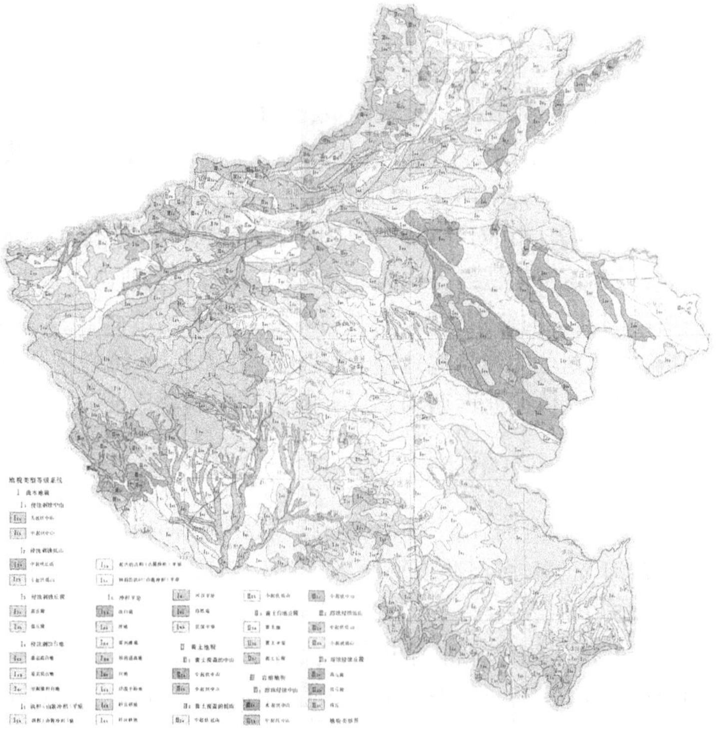

图 1-2-2　河南省地貌分类

表 1-2-1　河南省地貌分区

主分区	亚分区
A 平原区	A1 卫河(海河上游支流)平原区 A2 黄河中游平原区 A3 淮河上游平原区 A4 南阳盆地平原区
B 台地区	B1 林滤山前台地区 B2 太行山前台地区 B3 嵩山前台地区 B4 伏牛山前台地区 B5 桐柏大别山前台地区 B6 南阳盆地边缘台地区
C 低山丘陵区	C1 林滤山低山丘陵区 C2 王屋山低山丘陵区 C3 嵩山低山丘陵区 C4 伏牛山低山丘陵区 C5 桐柏-大别山低山丘陵区 C6 淅川低山丘陵区
D 黄土塬区	D1 灵宝黄土塬区 D2 洛河黄土塬区
E 中山区	E1 太行中山区 E2 崤山中山区 E3 熊耳外方中山区 E4 伏牛中山区 E5 桐柏大别中山区

二、地质构造

河南省地质构造的演化具有多旋回不均衡发展的基本规律,构造旋回与构造层反映了地质构造演化过程的沉积岩相和建造组合、发展和影响的时空范围。河南省地质构造发展可划分为 9 个构造旋回,以及地槽型、地台型和中新生代断(坳)陷型 3 种类型构造层。

(一)构造旋回与构造层

河南省自晚太古代以来,共经历嵩阳、中条、王屋山、晋宁、加里东、华力西、印支、燕山和喜马拉雅 9 个构造旋回,塑造了本区的结晶基底、构造形式等基本格架(见表 1-2-2)。

1. 嵩阳旋回

嵩阳旋回发生于晚太古代，距今约 2 500 Ma，为本区时代最老的一个构造旋回，其褶皱主幕为嵩阳运动。

嵩阳运动使太古界强烈褶皱，形成以东西向为主的线状褶皱和穹窿构造，伴随花岗岩侵入，造成登封地区下元古界嵩山群与太古界登封群、大别山地区下元古界苏家河群与太古界大别群之间的角度不整合接触。岩石发生强烈区域变质和不同程度的混合岩化作用，太古界变质以角闪岩相为主，部分为高绿片岩相，局部出现混合花岗岩。经过此次构造运动，形成黄淮和大别两个陆壳，出现洋壳、陆壳并存和南北分异的构造局面。

2. 中条旋回

该运动发生于早元古代，时限为 2 500~1 900 Ma，其褶皱主幕为中条运动。此次运动波及河南全境，造成王屋山地区中元古界熊耳群与下伏下元古界嵩山群、信阳地区中元古界信阳群与下元古界秦岭群的角度不整合接触。

中条运动使下元古界强烈褶皱，形成紧闭的线状褶皱，岩石发生强弱不同的区域变质和混合岩化作用。具体表现为嵩山群形成绿片岩相浅变质岩系，秦岭群、陡岭群、苏家河群以角闪岩相为主，部分为高绿片岩相，局部达麻粒岩相，并普遍混合岩化。中条运动使本区陆壳迅速增长，华北地台结晶基底基本形成，秦岭地槽形成北西西向构造格架并控制以后的发展。由此可以看出，中条运动在河南大地构造演化史中具有极为重要的转折意义。

3. 王屋山旋回

王屋山旋回是中元古代早期的一个构造旋回，时限为 1 900~1 400 Ma，以河南、山西两省交界的王屋山地区中元古界熊耳群与汝阳群之间的不整合所代表的王屋山运动为主褶皱幕。此次运动导致汝阳群云梦山组底部砂砾岩不整合覆于熊耳群马家河组顶部砂质页岩夹石英砂岩之上，在汝阳县武湾、鲁山县圪塔等地云梦山组底部砂砾岩不整合于熊耳群不同层位和王屋山期朱阳岔石英二长岩之上。

王屋山运动使华熊地区基本结束了台缘坳陷发展阶段，而秦岭区的西峡—南湾断陷地槽则转化为褶皱带，秦岭地槽向南迁移至南秦岭地区，同时，在北秦岭地区形成二郎坪—刘山岩断陷地槽，控制了晚元古代的沉积。

4. 晋宁旋回

该旋回发生于晚元古代，时限为 1 000~600 Ma，包括晋宁和少林两次构造运动，其中晋宁运动为该旋回的主褶皱幕。

晋宁运动的主幕发生在晚元古代早期末，构造运动比较强烈，波及河南全省，表现在南秦岭区缺失早震旦世地层，上震旦统陡山沱组变质砾岩、长石砂岩不整合在毛堂群马头山组细碧岩及姚营寨组石英角闪岩之上。卢氏—栾川一带，震旦系三岔口组分别不整合于秦岭群陶湾组、栾川群煤窑沟组之上。

此次构造运动在华北地台也有明显的反映，造成鲁山县下汤至泌阳等地震旦系与下伏上元古界洛峪群不同层位之间的平行不整合或微角度不整合接触。

表 1-2-2　河南省构造旋回和构造层(据《河南省区域地质志》)

地质时代(Ma)			构造旋回		构造运动	构造层：中朝准地台			构造层：秦岭褶皱系			大地构造演化		
新生代	第四纪	Q	喜马拉雅	H		中新生代断(坳)陷构造层	H	H_3	中新生代断(坳)陷构造层	H	H_3	近代构造地貌形成		
	2.4				晚喜马拉雅运动									
	晚第三纪	N_2						H_2			H_2			
		N_1												
	25				早喜马拉雅运动									
	早第三纪	E_3						H_1			H_1			
		E_2												
		E_1												
	80				燕山运动五幕									
中生代	白垩纪	K_2	燕山	Y			Y	Y_5		Y	Y_5	中朝准地台盖层褶皱,结束地台发展史,转化为断(坳)陷型盆地	大陆边缘活动带发展阶段	
					燕山运动四幕									
		K_1						Y_4			Y_4			
	140				燕山运动三幕									
	侏罗纪	J_3						Y_3			Y_3			
					燕山运动二幕									
		J_2						Y_2			Y_2			
					燕山运动一幕									
		J_1						Y_1			Y_1			
	195				印支运动									
	三叠纪	T_3	印支	I		盖层	Zg^4		地槽型构造层	I			准地台发展阶段	
		T_2												
		T_1												
	230				?晚华力西运动									
古生代	二叠纪	P_2	华力西	V								秦岭地槽最终封闭,转化为褶皱系隆起		
		P_1												
	270				中华力西运动									
	石炭纪	C_3								V	V_2			冒地槽发展阶段
		C_2												
		C_1												
	320				早华力西运动									
	泥盆纪	D_3												
		D_2									V_1			
		D_1												
	375				晚加里东运动									
	志留纪	S_3	加里东	C										
		S_2												
		S_1								C	C_2			
	440				中加里东运动									
	奥陶纪	O_3												
		O_2					Zg^3	Zg^{3-2}						
					早加里东运动									
		O_1						Zg^{3-1}			C_1			
	500													
	寒武纪	$\in_3$												
		$\in_2$												
		$\in_1$												
	600				少林运动									
晚元古代	震旦纪	Z_2	晋宁	J		层	Zg^2	Zg^{2-2}		J	J_2	秦岭地槽结束大洋地壳发展史		
		Z_1												
	800				晋宁运动主幕									
	早期	Pt_3^1			晋宁运动初幕			Zg^{2-1}			J_1	华熊台缘坳陷演化结束		断陷地槽发展阶段
	1 000													
中元古代	晚期	Pt_2^2	?											
	1 400				王屋山运动									
	早期	Pt_2^1	王屋山	W			Zg^1			W		中朝准地台基底形成,秦岭地槽结束原始优地槽演化		
	1 900				中条运动									
早元古代		Pt_1	中条	Z		基底	Z			Z			准地台基底形成阶段	原生优地槽发展阶段
	2 500				嵩阳运动									
晚太古代		Ar	嵩阳	S			S			S				

晋宁运动在河南地质发展史中,是继中条运动后又一次强烈的褶皱运动,经过这次构造运动,华北地台更加稳定,秦岭地槽再次全面褶皱回返。

5. 加里东旋回

该旋回发生于早寒武纪初至志留纪末,包括早、中、晚三次构造运动。早加里东运动发生在早奥陶世末至中奥陶世初,以升降运动为主,华北地台南部抬升。中加里东运动发生在中奥陶世晚期,华北地台全面上升隆起,长期处于剥蚀状态,缺失晚奥陶世至志留世沉积,南秦岭冒地槽区则呈现持续下降状态,因而中-晚奥陶世为连续沉积。晚加里东运动发生在早志留世末,南秦岭冒地槽区抬升,造成全区缺失中志留世至早泥盆世地层,中泥盆统白山沟组底部砾岩自东向西直接平行不整合超覆在下志留统至奥陶系不同地层上。

由于河南省各处构造环境不同,加里东旋回的各个构造运动的性质、强度及造成的结果亦有显著差异。华北地台以升降运动为主,特别是中加里东运动,使华北地台自中奥陶世晚期开始到中石炭世前长期隆起,缺失中奥陶世—早石炭世沉积,而南秦岭处于冒地槽环境,构造运动表现为不太强的褶皱运动,尤其是早志留世末的晚加里东运动,使震旦系及下古生界发生轻微褶皱,上升隆起,造成中志留世至早泥盆世地层缺失。北秦岭和桐柏-大别地区,构造运动比较强烈,表现为深断裂激烈活动和大规模岩浆的侵入活动及广泛的区域变质作用。

6. 华力西旋回

华力西旋回是发生在晚古生代的一个构造旋回,在河南省包括泥盆纪末和石炭纪末两次构造运动。华北地台在经历加里东旋回后,在华力西旋回的早期仍处于整体上升状态,缺失泥盆纪至早石炭世沉积,中石炭世至三叠纪处于稳定下沉构造环境,连续沉积形成海陆交互相-陆相含铝、煤碎屑岩-红色碎屑岩建造,而在南秦岭褶皱带,则表现为前期的升降运动和后期的褶皱运动。

早华力西运动发生在泥盆纪末,在南秦岭地槽表现为升降运动,运动早期该区上升,缺失早石炭世早期地层,致使早石炭世中期下集组平行不整合于上泥盆统之上。中华力西运动发生在石炭纪末,在秦岭区是继晋宁运动后又一次较为重要的褶皱运动,不仅构造运动强烈,而且岩浆侵入活动也比较活跃,同时伴随区域变质作用发生。

7. 印支旋回

该旋回发生于中生代早三叠纪时期,印支运动使河南省隆起剥蚀,仅在中部渑池、济源等局部地区形成小凹陷。华北地台三叠系及其以前的地层,由于印支运动影响,在地壳上升过程中发生轻微的挠褶,造成下中侏罗统与三叠系之间平行不整合接触,同时在此期间,华北地台伴有极其微弱的岩浆活动。秦岭褶皱系缺失下侏罗统,未见中侏罗统与上三叠统直接接触。在南召县马市坪—方城县柳河、卢氏县朱阳关—西峡米坪等地,零星分部的上三叠统河湖相含煤碎屑岩系局部地段发生区域动力变质,构成线状褶皱,结合南召县南河店、内乡县等地有少数同位素年龄值 192~230 Ma 的伟晶岩脉分布等现象分析,秦岭褶皱系在印支期曾发生构造热事件。

8. 燕山旋回

燕山旋回发生在侏罗纪—白垩纪，是一个重要的构造阶段。该旋回主要表现为强烈的褶皱运动和断块运动以及大规模的岩浆活动。该旋回可分为5个构造幕，各幕所表现的性质和强度有明显的不同。

1）燕山运动一幕

这次运动使华北地台进一步抬升，在济源、渑池地区造成中侏罗统马凹组底部砾岩平行不整合于下-中侏罗统义马组顶部黄绿色页岩之上，在信阳以东北淮阳地区，使西官庄—镇平—龟山—梅山深断裂发生激烈活动，南侧迅速上升，北侧大幅度下陷，形成潢川山前坳陷，控制中侏罗统沉积。

2）燕山运动二幕

燕山运动二幕发生在中侏罗世末，华北地台表现为升降运动。在秦岭褶皱系潢川坳陷内，使中侏罗统朱集组发生褶皱和断裂，经过短暂的上升，随后急剧下降，使上侏罗统段朱集组底部巨厚砾岩不整合于中侏罗统朱集组砂岩之上。

3）燕山运动三幕

燕山运动三幕发生在晚侏罗世末与早白垩世初之间。河南省全省范围内皆表现为激烈的褶断运动和岩浆活动。华北地台中元古代晚期至侏罗纪地层及潢川坳陷内侏罗系发生褶皱和断裂，形成平缓开阔的褶皱，原先形成的断裂重新复活，并同时产生大量的北北东向断裂，如太行山东麓断裂、聊兰断裂和商城—麻城大断裂等，致使河南省被切割成菱形断块。

4）燕山运动四幕

燕山运动四幕发生在早白垩世末、晚白垩世初，以不均衡的断块运动和大规模的酸性岩浆侵入活动为特点。在断裂活动作用下，各断陷继续发展扩大。但这次构造运动各地表现强弱程度不一，豫西各断陷盆地内比较弱，早、晚白垩世之间主要为连续沉积，局部存在沉积间断；而东部潢川坳陷则比较强，造成上白垩统周家湾组红色砾岩不整合于下白垩统陈棚组膨润土岩之上。此外，这次运动酸性岩浆侵入活动特别强烈，形成大量的花岗岩体。

5）燕山运动五幕

燕山运动五幕发生在晚白垩世末，在河南省东、西两地表现形式不太一样：豫西主要盆地处于持续下降状态，有少量的古新统沉积，而且古新统与上白垩统为连续沉积；而东部地区则短暂隆起，缺失古新统，致使始新统直接不整合于白垩统及其以前的地层之上。

综上所述，燕山运动在河南省相当强烈，尤其是燕山运动三、四幕，使华北地台盖层发育褶皱和断裂，形成台褶断带和菱形断块构造格局。燕山运动还造成河南省大规模的酸性岩浆上侵和喷溢，形成一定规模的中酸性火山岩系和大量的花岗岩体及金属矿产，使原先稳定的华北地台转变为比较活跃的构造单元，而比较活动的秦岭褶皱系则趋于稳定。因此，可认为燕山运动是河南省大地构造重要的转折时期。

9. 喜马拉雅旋回

喜马拉雅旋回包括早、晚喜马拉雅两次构造运动。

1) 早喜马拉雅运动

早喜马拉雅运动指新近系中新统与古近系渐新统或上始新统之间的不整合面所代表的构造运动。在河南多地发现中新统洛阳组直接不整合于上始新统卢氏组之上,表明古近纪末河南省曾发生过相对较强的构造运动——早喜马拉雅运动。

2) 晚喜马拉雅运动

这次构造运动发生在第四纪沉积之前,新近纪上新世末,造成河南省下更新统与上新统之间普遍存在平行不整合或不整合。

喜马拉雅旋回早期继承燕山运动基本特征,断块差异运动加剧,同时伴随拗褶运动,使河南省东西分异更加明朗化。西部在总体抬升的背景上,山间断凹盆地继续发展;东部活动性较强,在总体沉陷的基础上,有强烈的断裂活动。

喜马拉雅旋回晚期,断块差异运动迅速减弱,而拗褶运动有所加强,西部继续隆起,东部大幅度沉降,形成了厚数百米至千余米的新近系和第四系河湖相红色及杂色复陆屑建造,掩盖了河南省东部以前的构造面貌。经过喜马拉雅旋回的晚期发展阶段,形成了河南省近南北向展布的西隆东坳构造面貌和西高东低的现代地貌形态及黄淮海平原。

(二) 大地构造单元划分

以地质构造发育过程中性质截然不同或发生突变的构造旋回作为划分一级构造的原则,再以一级构造单元发育历史中内部建造和构造特征的差异作为划分二级构造单元的依据,在综合分析研究各地各构造阶段沉积岩相与建造组合、岩浆活动、构造变动、区域变质程度及成矿作用等特征的基础上,将河南省划分为 2 个一级、10 个二级大地构造单元,具体见图 1-2-3。

1. 华北地台(Ⅰ)

华北地台是我国最古老的陆块之一,南以栾川—确山—南召断裂与秦岭褶皱系相接。该地台的形成开始于 3 000 Ma 前,太古界登封群、太华群优地槽基性-中酸性火山岩-复理石建造、下元古界嵩山群冒地槽陆源碎屑夹镁质碳酸盐建造,经过嵩阳运动和中条运动,强烈褶皱与变质,构成了华北地台的结晶基底。中元古代的火山岩系经过王屋山运动发生褶皱,组成了华北地台基底与盖层之间的过渡层。该区在盖层的发展阶段主要经历升降构造运动,造成了多个区域性的不整合面。燕山运动使盖层产生褶皱和断裂,形成台褶断带,造成准地台活化,肢解为新的活动带和新的稳定区。燕山旋回-喜马拉雅旋回早期,表现为强烈的断块差异运动,在先前构造的基础上,西部断块上升,东部做不均衡沉降,形成大小不同、方向各异的断隆和断陷盆地。喜马拉雅旋回晚期,大型坳褶运动使西部继续隆起,形成低山丘陵,仅在断陷盆地内接受沉积,而东部普遍大幅度沉降,广泛堆积了新近系、第四系陆相堆积物,并有少量新近纪基性岩浆喷发和超基性岩浆侵入活动。据物探资料分析,整个中新生界各种陆相碎屑岩在东部华北坳陷内最大厚度在 8 200 m 以上。

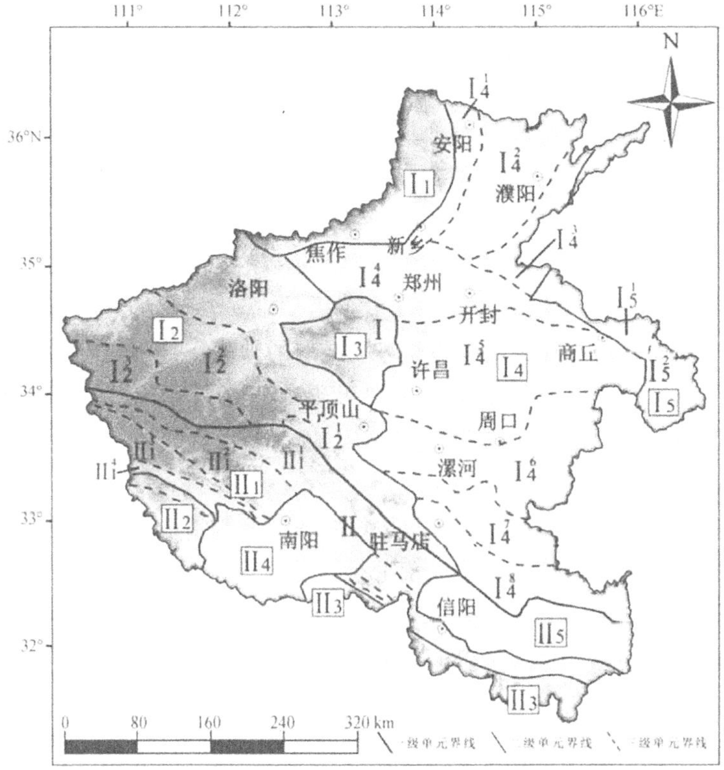

图 1-2-3 河南省大地构造分区

由于各个阶段所经历的构造运动不同，区内构造形态具有较大差异。北部太行山和嵩箕地区构造线主要为近南北向，盖层断裂发育，褶皱形态简单，主要表现为开阔的褶皱、断隆和断陷盆地。南部因为受到秦岭褶皱系和栾川—确山—固始断裂影响，构造线以北西西向为主，仅西部洛河和伊河两断凹盆地为北东向。南北大致以新乡—商丘断裂为界。

该地台在河南省内共包括 5 个二级大地构造单元，分别为山西台隆、华熊台缘坳陷、嵩箕台隆、华北坳陷以及鲁西台隆。

1）山西台隆（Ⅰ1）

本区主要位于山西省，本省境内鹤壁—辉县以西，济源—辉县以北太行山区属于其东南边缘，以汤西大断裂和焦作—商丘深断裂为界，分别与华熊台缘坳陷及华北坳陷相邻。

本区在结晶基底形成后，中-新元古代基本隆起，仅在边缘存在较薄的沉积。古生代和三叠纪时仍具有隆起特征，相应沉积较薄。侏罗-白垩纪发育少量断陷盆地。新生代强烈隆起，但从新近纪以来，沿汾河一线形成山西断陷带。它又包含着两个三级大地构造单元，分别为太行山拱断束及铁山河拱褶断束。前者位于汤西大断裂以西，焦作—商丘断裂以北的太行山区，嵩阳运动形成褶皱基底，燕山运动盖层发生褶皱和断裂，燕山运动后由于太行山东麓断裂和焦作—商丘断裂的活动，本区隆起，形成今日西高东低的断块构造面貌。区内断裂比较发育，根据空间展布规律可划分为近南北向、北西西向、北北东向和北东向 4 组，且以近南北向断裂的规模为最大。后者位于济源县西部铁山河地区，山西台隆南缘，该区主要发育北西西向断裂，其次为北西向和北东向断裂。

2）华熊台缘坳陷（Ⅰ2）

本区位于华北地台南缘，栾川—确山—固始深断裂以北，济源—洛阳—确山以西，包括渑池—确山陷褶断束、崤山—鲁山拱褶断束和卢氏—栾川陷褶断束 3 个三级构造单元。本区基底为太古界太华群深变质岩及混合岩系，出露厚度 5 000 m 以上。经嵩阳旋回和王屋山旋回发展，形成了北西西向的两坳夹一隆的构造格局。嵩阳运动形成结晶基底，王屋山运动结束台缘坳陷发展阶段，晋宁、加里东运动主要表现为升降运动，使本区自南而北逐渐抬升，造成本区南部晚寒武世和奥陶纪地层的缺失。燕山运动使盖层发生褶皱和断裂，形成台褶断带。燕山运动及其后，断裂活动强烈，沿规模较大的断裂形成断陷盆地，控制中新生代沉积。其北东向断陷盆地如洛河、伊河断陷盆地，使本区在北西西向构造基础上形成北东向三隆两坳的构造面貌。

本区构造线方向为北西西向或近东西向，但各部分构造形态差别较大。基底褶皱形态复杂，组成紧闭或倒转褶皱。盖层大部分地区褶皱为平缓开阔背向斜，但南部边缘卢氏—栾川地区，因受到秦岭褶皱系和栾川—确山—固始深断裂带活动影响，构造形态比较复杂。区内发育近东西向、北西向和北东向三组断裂，燕山运动以来，主要表现为高角度正断层。

3）嵩箕台隆（Ⅰ3）

本区位于嵩山、箕山地区，北面和东面是华北坳陷，西面及南面与华熊台缘坳陷相连。本区基底为太古界登封群及下元古界嵩山群，两者为不整合接触。登封群为一套优地槽型基性-中酸性火山岩建造-复理石建造序列，最大厚度大于 4 000 m；嵩山群为冒地槽型陆源碎屑-类复理石建造，变质较浅，厚度 1 419～2 625 m。在沉积盖层中，中元古界汝阳群、上元古界洛峪群为海相陆源碎屑岩夹碳酸盐岩系，西厚东薄，厚度 320～1 603 m。

本区经嵩阳旋回优地槽和中条旋回冒地槽发展演化之后，形成结晶基底。王屋山旋回使本区处于隆起状态，缺失沉积。盖层演化阶段表现为升降运动，造成部分地层缺失和地层间的平行不整合接触。燕山运动使盖层发生褶皱和断裂，形成台褶断带上隆。燕山运动以来，本区继续隆起，并被断裂切割成菱形断块状。

本区具有明显的双层结构，基底构造线方向呈近南北向，由登封群、嵩山群构成一系列轴向近南北向东倒转的同斜褶皱；盖层构造线与基底构造线方向近于直交，呈近东西向，为两翼基本对称的宽缓褶皱。燕山期盖层内断裂比较发育，可分为近东西向、北西向、北东向 3 组。近东西向断裂为高角度正断层，规模较大，北西向和北东向断裂以走滑为主，如五指岭断裂，走滑量长达 50 km 以上。其中近东西向断裂形成较早，北东向断裂形成较晚。

4）华北坳陷（Ⅰ4）

本区位于京广线以东，确山—固始断裂以北，包括了河南省大部分平原，西面由北而南依次与山西台隆、嵩箕台隆和华雄台缘坳陷相接，南以栾川—确山—固始深断裂为界，与潢川山前坳陷相邻。坳陷区内广泛被第四系覆盖,仅在边缘地带有基岩零星出露。相关地区研究成果及物探、钻探资料表明,燕山旋回早期及其以前,华北坳陷与相邻构造单元原为统一的整体,地质构造特征基本相似,进入燕山旋回晚期,西部地区隆起,本区下沉,形成坳陷。坳陷内部燕山旋回晚期—喜马拉雅旋回早期由于基底构造及断裂活动的影响,做不均衡沉降,其结果造成一系列次级断陷盆地内断块凸起。焦作—商丘断裂以北地区,受到太行山山前断裂和聊考断裂的影响,形成的次级凹陷和凸起均为北东东向;焦作—商丘断裂以南地区,次级凹陷和凸起多为北西向或近东西向。

5)鲁西台隆(Ⅰ5)

该区大部分位于山东、安徽两省,河南省境内东北部的台前、范县、商丘、虞城、夏邑、永城等县分别属于鲁西台隆西南边缘的菏泽凸起和永城陷褶断束的一部分,以聊考、焦作—商丘断裂和济阳大断裂为界,与华北坳陷相邻。

2. 秦岭褶皱系(Ⅱ)

河南省南部伏牛山、桐柏山、大别山地区属秦岭地槽褶皱系东延部分,北以栾川—确山—固始深断裂为界与华北地台相邻。

本区在中生代以前是一个典型的长期的、多旋回发展的地槽褶皱系。在长期不均衡多旋回演化过程中,大致以中条、晋宁、华力西运动为转折,将其划分为原始优地槽、断陷地槽和优地槽、冒地槽、断陷4个发展阶段。太古代—早元古代为优地槽发展阶段,强烈的中条运动使秦岭地槽首次全面褶皱回返,结束原始优地槽发展史,形成秦岭褶皱系雏形,并有深断裂形成,奠定本区北西西向构造格架。中元古代—晚元古代早期为断陷地槽和优地槽发展阶段,中元古代本区大部分隆起,王屋山运动使其褶皱并伴有新的断裂产生。晚元古代早期,地槽在迁移至南秦岭地区的同时,北秦岭地区中部西峡县二郎坪—桐柏县刘山岩一带,裂陷成断陷地槽。强烈的晋宁褶皱运动使秦岭地槽再次全面褶皱,最终北秦岭、桐柏-大别山地区变为褶皱带隆起,南秦岭地区转变为冒地槽。震旦纪—石炭纪为冒地槽发展阶段,南秦岭地区经早震旦世隆起之后,自晚震旦世初开始下沉。石炭纪末的华力西运动,使省内秦岭地槽最后回返,随着南秦岭地槽褶皱隆起,省内秦岭地槽全部封闭,结束地槽发展史,转为褶皱系隆起。新中生代为断陷发展阶段,强烈的断块差异运动造成沿断裂形成北西西向断陷盆地。

复杂的演变史使得该区构造极为复杂,褶皱断裂均很发育,总体呈北西西向。北秦岭和桐柏-大别两褶皱带和南秦岭褶皱带毛堂大断裂以北,褶皱形成于晋宁期及其以前各期,表现为多次叠加、形态复杂的线状褶皱组成的规模较大的复式褶皱;南秦岭褶皱带毛堂大断裂以南则以华力西期形成的紧闭背斜、宽缓向斜的隔挡式褶皱为主。断裂以北西西向深大断裂为主,具有规模大、长期活动、性质多变的特征。该区包括北秦岭褶皱带(Ⅱ1)、南秦岭褶皱带(Ⅱ2)、南襄坳陷(Ⅱ3)、桐柏-大别褶皱带(Ⅱ4)和潢川坳陷(Ⅱ5)5个二级构造单元。

1) 北秦岭褶皱带(Ⅱ1)

北秦岭褶皱带位于秦岭褶皱系北部，木家垭—内乡—桐柏—商城深断裂以北，北以栾川—确山—固始深断裂为界与华北地台相接。本褶皱带主要由下元古界秦岭群，中元古界信阳群，上元古界二郎坪群组成，其次带内侵入岩极其发育，以中条期混合花岗岩、加里东期基性-中性岩、加里东-华力西期花岗岩规模最大。本区经中条旋回优地槽、王屋山旋回断陷优地槽、晋宁旋回早期断陷优地槽发展演化之后，转变为褶皱带隆起，与桐柏-大别山褶皱带相连，在以后的地质演化中，该区表现出了较强的断裂活动性。除局部地段沿断裂形成的山间断陷内有震旦纪、石炭纪、中新生代沉积外，绝大部分地区缺失相应时代地层。

本区构造线方向为北西西向，褶皱表现为形态复杂的线状褶皱，并显示多期形变特征，断裂以北西西向深大断裂为主。

2) 南秦岭褶皱带(Ⅱ2)

河南省区域地质背景绝大部分位于湖北、陕西两省，其北部以木家垭—内乡—桐柏—商城断裂为界与北秦岭褶皱带相邻，于内乡—邓州彭桥以东没入南襄坳陷之下，是一个华力西褶皱带。

南秦岭褶皱带出露地层有下元古界陡岭群、上元古界毛堂群、上震旦统陡山沱组、灯影组及古生界、白垩系和新生界。除毛堂群和陡岭群、白垩系与古生界之间不整合接触外，其余地层之间皆为平行不整合接触。本区侵入岩均匀分布于毛堂大断裂以北地区，以晋宁期闪长岩类、华力西期花岗岩类比较发育为特征，次为晋宁期、加里东期超基性、基性侵入岩。

本区经中条旋回优地槽阶段、王屋山旋回隆起阶段、晋宁旋回优地槽阶段之后，由优地槽转化为冒地槽。加里东运动在南秦岭引起构造抬升，印支运动使地槽褶皱回返，转变为褶皱带隆起，随后进入中新生代的坳陷发育阶段。

3) 桐柏-大别褶皱带(Ⅱ3)

桐柏-大别褶皱带北以木家垭—内乡—桐柏—商城断裂为界，与北秦岭褶皱带相邻，西在桐柏县平氏没入南坳陷之下，为一中条期褶皱带。本区地层为太古界大别群和下元古界苏家河群，两者之间为不整合接触。嵩阳运动使大别群强烈褶皱变质，中条运动使苏家河群褶皱变质。侵入岩除印支、喜马拉雅两期外，其余各期均有发育，以燕山期花岗岩最为发育，其次为中条期混合花岗岩、加里东期基性-超基性岩，构成巨大的桐柏-大别山构造岩浆岩带。

本区整体为一北西西向大型复背斜带，即桐柏-大别复背斜带，该带南北两侧皆为断裂所限制。区内发育近东西向和近南北向两组断裂，北西西向断裂多形成于中条期，具有长期活动、性质多变特征，控制本区岩浆活动和成矿作用。北北东向断裂多形成于燕山期，为走滑断裂，错断了北西西向构造。

4) 南襄坳陷(Ⅱ4)

南襄坳陷是叠置在秦岭褶皱系之上的近南北向的中新生代坳陷。地表广为第四系覆盖,边缘地带零星出露上白垩统、古近系和新近系。根据周围地区地质构造特征和物探、钻探资料分析,其基底为秦岭区元古界—古生界。燕山旋回之前,南襄坳陷与秦岭褶皱系原是统一的整体,燕山旋回开始后,周围地区继续上升隆起,本区下陷,成为叠置在秦岭褶皱系上的断陷盆地。晚白垩纪—古近纪主要受控于断裂活动,形成北西西向两个断陷和一个凸起,古近纪以后,大型坳褶运动使本区普遍大幅度沉陷,接受堆积,中新生界最大厚度达 7 000 m 以上。

坳陷内为北西西向正负向间的航磁场。北部社旗—泌阳和中部内乡—唐河县黑龙镇平行展布有串珠状北西西向正航磁异常带;重力主要为重力低区,但北部社旗—泌阳一带为重力高区,两者一方面反映基底埋藏较浅,另一方面反映下部可能有基性-超基性岩带存在。

5)潢川坳陷(Ⅱ5)

本区位于潢川—确山—固始断裂和西官庄—镇平—龟山—梅山断裂之间,呈近东西向展布在信阳—潢川—固始一带,是一个叠加在秦岭褶皱系之上的中新生代山前坳陷。坳陷南缘信阳—固始县武庙一带断续分布着下元古界秦岭群、上元古界二郎坪群、石炭系、侏罗系、白垩系。西部信阳县王岗—游河地区零星出露古近系、新近系,其余地区皆为第四系。各系之间皆为不整合。

燕山旋回以前,潢川坳陷与北秦岭褶皱带原为统一的整体,地质构造基本相似。自燕山旋回开始,在栾川—确山—固始深断裂和西官庄—镇平—龟山—梅山断裂强烈活动影响下,其南、西两侧迅速隆起,本区则大幅陷落,成为叠加在北秦岭褶皱带东段的中新生代山前坳陷。晚白垩—古近纪时期,本区在基底构造和近东西向及北北东向断裂活动控制下,做不均衡沉降,形成两个断陷区和两个凸起区。

潢川坳陷构造多为近东西向,坳陷内部北西西向和北北东向断裂比较发育,自燕山旋回以来多表现为高角度正断层,北东东向断裂为走滑断裂,皆为长期活动断裂。北西西向断裂有栾川—确山—固始深断裂,南侧有西官庄—镇平—龟山—梅山深断裂及新安店断裂等,北北东向断裂主要有山兰青店断裂、商城—麻城断裂和阜阳断裂等。

三、新构造运动与地震

从新第三纪(中新世开始)以来发生的地壳运动称新构造运动,相应的地质时代称新构造时期。新构造运动是引起第四纪自然环境变化的一个重要因素,这一内力作用也引起一系列环境效应并影响地壳稳定性。新构造运动有水平运动(板块运动)、垂直运动、断裂活动、火山活动和地震等。

河南省区域经过燕山运动,特别是燕山晚期至新生代早期的大规模断陷活动以后,其地质构造格局基本确定,地壳活动的断块运动形式显著。原先稳定的中朝准地台转为活动性较强的构造单元,其西南及西北部急剧上升,东部及东北部大幅度凹陷,大华北凹陷、豫西南阳山间凹陷盆地及江汉盆地凹陷带基本形成,并且卷入中国东部大陆边缘活动带的范围之内。原先较为活动的秦岭褶皱系却相对稳定下来,只在局部山区形成断陷盆地,由燕山晚期和新生代早期运动形成的断陷盆地成为新构造期的沉积场所，但这时断陷活动已逐渐消失，被更大范围的凹陷活动所代替。由于喜马拉雅运动的影响，在新近纪本区东部以大范围的凹陷为主陷落，西部则以断块上升为主。华北断坳突破了中期准地台与秦岭褶皱系的边界线，越过新蔡高地，向南扩展到了大别山北麓；在西部，它与豫西山间盆地大面积沟通。此时，在秦岭区仅有南阳盆地孤立存在，南部的江汉盆地凹陷带进一步扩大。新近纪上述凹陷带盆地主要为河湖相粗陆屑沉积与黏土岩互层。在太行山东麓及嵩山西缘常有基性-超基性岩浆沿断裂带喷发，形成玄武岩层和金伯利岩体。南阳盆地比较稳定，为河湖相陆源碎屑岩与黏土岩相间沉积。该盆地边缘的沉积厚度为100~300 m，盆地中心厚度为300~800 m。华北断坳内可分3个凹陷，即濮阳凹陷、开封凹陷和周口凹陷。各凹陷内均为浅湖相砂岩、黏土岩沉积，局部间有河流相砂砾岩和沼泽相黏土岩夹层。周口凹陷沉积厚度为1 000~1 450 m，最厚达2 000 m，开封凹陷沉积厚度为850~2 340 m。

新构造运动在本区主要表现为升降运动和断裂走滑运动，致使地层之间多为平行不整合接触。沿活动的深断裂带局部有基性火山喷发。豫西山地及秦岭-大别山地、神农架山地更加抬升；黄河、淮河、卫河三大水系和长江水系的区内主要分支唐河、白河、湍河等水系基本定型；华北断坳经过巨厚的古近纪沉积物充填，总体上已平原化。在宏观地貌上，此时本区划为两个地貌台阶：由秦岭、大别山、熊耳山、神农架等构成的中山山地第二级地貌台阶和大体在京广线以东的新近纪华北平原区第三级地貌台阶。中山山地前缘边坡的丘陵地带则成为第三级与第二级台阶的过渡地带。第四纪的沉积受断块构造和上述地貌形态控制。

区域新构造运动与地震活动的关系主要体现在以下几点：

(1)一级新构造分区界线是地震发生的主要场所。如一级构造单元界线太行山东麓边界带和新乡—商丘边界带是历史上多次地震的发生带。修武6级地震和封丘$5_{1/2}$级地震等即发生在这些边界带上。

(2)二级新构造分区界线也是地震发生的重要地带，如荷泽7级地震即发生于东濮凹陷与鲁西斜坡带的边界带上。又如汤阴$5_{1/2}$级地震即发生在汤阴地堑与内黄凸起的边界带。

(3)垂直差异运动强烈的地带是地震发生的地带。如开封凹陷与内黄凸起之间是垂直差异运动十分强烈的地带，其新近纪以来的差异幅度达1 000余m，在该带上曾发生过卫辉6级地震。

(4)凹陷内下沉最强烈的部位是地震发生的位置。如洛阳凹陷内洛阳地震区是新近纪以来下沉最强烈的位置，历史上发生过5级地震。

(5)在凸起上局部下沉的部位是地震容易发生的地区，如太康凸起南侧和北侧属于隆起区的局部下沉部位，历史上即发生过许昌6级地震和荥阳5级地震。

四、主要断裂及断裂活动性

河南省及邻区主要跨越了华北准地台和秦岭褶皱系两大构造单元，经历了多期次复杂的构造变动，断裂构造十分发育，并以北西西向和北东东向两组方向断裂构成了区域的主要断裂格架。依据《河南省地震构造特征》，河南省及邻区涉及的主要区域活动断裂 48 条，其中省内 41 条，邻区 7 条，均为规模较大、活动性高或发生过历史强震的断裂，对地貌具有明显的控制作用。河南省各断裂的几何参数、运动学参数及最新活动时代见表 1-2-3。

表 1-2-3　河南省各断裂的几何参数、运动学参数及最新活动时代

断裂序号	断裂名称及分段		几何属性				断错地层及断距/m		断层性质	最新活动时代
			走向	倾向	倾角(°)	长度/km				
F1	林州断裂		NNE	SE	陡	50	新近系底界	50	正断层	
F2	薄壁断裂		NE	SE	50~70	15	上新统	70	正断层	$Qp^1 \sim Qp^2$
F3	汤西断裂		NE	E	75	约 70	下更新统	3	右旋正断	$Qp^1 \sim Qp^2$
F4	汤东断裂	北段	NNE	W	60	约 90	下更新统	30~40	正断层	Qp^2
		中段			陡					Qp^3
		南段			62		下更新统	12		
F5	长垣断裂		NE	SE	>50	约 105	中新统	30~50	正走滑	$Qp^1 \sim Qp^2$
F6	黄河断裂		NNE	NW	40~70		下更新统	数米	正断层	$Qp^1 \sim Qp^2$
F7	聊兰断裂	禹城—韩屯段	NE	NW	>80	约 360	下更新统	50~100	走滑	$Qp^1 \sim Qp^2$
		聊城—范县段					下更新统	80~100		Qp^3
		濮城—兰考段					中更新统	26~31		$Qp^3 \sim Qh$
F8	安阳南断裂		EW	N	80	约 80	上新统	50 余	左旋正断	$Qp^1 \sim Qp^2$
F9	新乡—商丘断裂		NW	N/S	陡	350 余	下更新统	20~80	左旋正断	Qp^2

续表 1-2-3

断裂序号	断裂名称及分段		几何属性				断错地层及断距/m		断层性质	最新活动时代
			走向	倾向	倾角（°）	长度/km				
F10	盘谷寺—新乡断裂	西段	EW	S	60~70	约 160	上更新统	0	左旋正断	$Qp^1 \sim Qp^2$
		中段					中更新统	2.3		Qp^3 早期
		东段		N	40~70					
F11	武陟断裂		NW	SW	约 60	32	中更新统	8.7	正断层	Qp^2
F12	郑州—开封断裂带	上街断裂	近 EW	N	70	约 120	古近系		正断层	PreQ
		中牟断裂			65~70		新近系		正断层	PreQ
		中牟北断裂			65~70		新近系		正断层	PreQ
		须水断裂			65~70		下更新统		正断层	Qp^1
F13	封门口—五指岭断裂	封门口断裂	NW	SW/NE	40~70	出露 32	中更新统		逆走滑	Qp^2
		五指岭断裂		NE	近直立	出露 20	中更新统		左旋走滑	
F14	新郑—太康断裂	西支	NW	N	陡	150 余	中新统	5~475	左旋走滑	Qp^2
		东支	NW NEE	S		约 50	中新统	20~40		$Qp^1 \sim Qp^2$
F15	登封—西华断裂		NWW	N	陡	210	中新统	5~10	左旋走滑	PreQ
F16	汝州北断裂		NW	SW	陡	57	中新统	20	逆走滑	PreQ
F17	襄城—商水断裂		NWW	N/S	>45	130	中新统	10~50	正走滑	Qp^2
F18	新安—部县断裂		NW	NE/SW		180	中新统	3 000	走滑	$Qp^1 \sim Qp^2$
F19	白鹤—石陵断裂		NE	SE	约 80	60	中新统	200~600	正断层	$Qp^1 \sim Qp^2$
F20	温塘断裂		NE	NW	>40	60	晚更新统	17	正断层	Qp^3
F21	洛阳—偃师断裂		EW	S	55~63	13	中新统	300	正走滑	$Qp^1 \sim Qp^2$
F22	洛河断裂		NNE	NNW	较陡	108	中新统	350	正走滑	Qp^1
F23	伊川断裂		NE	NW	—	140	—	—	正断层	PreQ

续表 1-2-3

断裂序号	断裂名称及分段		几何属性				断错地层及断距/m		断层性质	最新活动时代
			走向	倾向	倾角(°)	长度/km				
F24	铁炉子—栾川—南召断裂	西段	EW	N	50~70		上更新统	125	左旋走滑	Qp,
		东段	NW	NE/SW	陡				左旋走滑	Qp^1~Qp^2
F25	朱夏断裂		NW	NE/SW	45~75	700余	第四系	3~6	左旋走滑	Qp^1~Qp^2
F26	商丹断裂		NWW	N/S	陡	250余	中新统	40~140	左旋走滑	Qp^2
F27	山阳—内乡断裂		NWW	N/S	35~75	约60			左旋走滑	Qp^1~Qp^2
F28	新野断裂	新野断裂	EW	N	陡	>75	中新统	100~140	正断层	Qp^1~Qp^2
		构林断裂	EW	S	陡	15				
F29	南阳—方城断裂		NE	E	约42	23	中新统	20~50	正断层	PreQ
F30	鲁山—漯河断裂		NWW	S	70~80	130	中新统	340	正走滑	Qp^1~Qp^2
F31	临颍—郸城断裂	西段	NWW	NE	陡	182	中新统	10~100	正断层	Qp^1~Qp^2
		东段	NE	NW				10~30		
F32	新桥—太和断裂	西段	NWW	N	50~70	140	中新统	60~150	正断层	Q1
		中段						20		
		东段						30		
F33	驻马店—息县断裂		NW	NE	65~73	120	中新统	50~120	正断层	Qp^2
F34	明港—息县断裂		NWW	S	40	170	中新统	5~20	正断层	Qp^1
F35	龟山—梅山断裂			N	30~80	300	—	—	正断层	PreQ
F36	夏邑—太和断裂		NNE	NWW	陡	300	—	—	正断层	Qp^1~Qp^2
F37	光山—阜阳断裂		NE	SE	45	160	中新统	5~20	走滑	Qp^2
F38	永城—固始断裂		NNE	NWW	70	250	—	—	正断层	Qp^1~Qp^2
F39	商城—团凤断裂		NNE	SE	陡	260	—	—	正断层	Qp^3
F40	中条山北麓断裂		NE	NW	60~80	130	全新统		正断层	Qh
F41	华山山前断裂		EW	N	陡	310	全新统	—	正断层	Qh

续表 1-2-3

断裂序号	断裂名称及分段	几何属性				断错地层及断距/m		断层性质	最新活动时代
		走向	倾向	倾角(°)	长度/km				
F42	长治—晋城断裂	NNE	NW	60	350	上更新统	—	走滑	
F43	磁县—大名断裂	NWW	N	陡	150	中新统	200~300	正走滑	Qp^1~Qh
F44	菏泽断裂	NWW	S	75~80	80	—	—	正断层	Qp^2
F45	曹县断裂	NNE	NW	—	140	—	—	正断层	Qp^2
F46	东明—成武断裂	NW	NE	75~85		—	—	正断层	Qp^3
F47	两廊断裂	NW	SW	45~75	250	—	—	左旋走滑	Qp^1~Qp^2
F48	白河—谷城断裂	NW	NE	45~80		—	—	左旋走滑	Qp^2

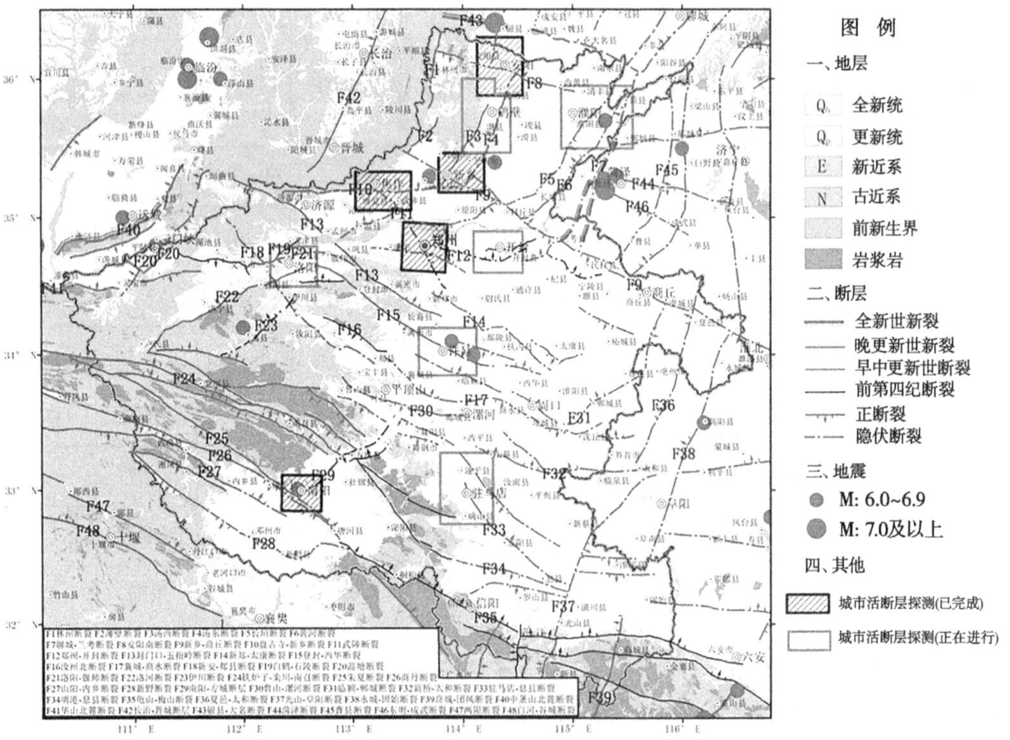

图 1-2-4 区内主要断裂图

(据河南省地震局)

第三节　地层岩性

河南省地层发育较好,各地质时代均有分布,根据地层发育情况及其层序特征、沉积类型和沉积建造组合总貌、古地理条件和古生物群变化等基本地质因素,同时考虑地层间构造界面的分布特征以及与构造运动有关的岩浆活动和变质作用等方面的实际情况,将本区内地层分为华北地层区和秦岭地层区两个地层区。

一、华北地层区

在河南省内,栾川—确山—固始深断裂以北的广大地区为华北地层区。该区基底地层为太古界登封群、太华群和下元古界嵩山群,盖层为中元古界汝阳群或官道口群至中生界三叠系,介于基底与盖层之间的中元古界熊耳群,在沉积建造组合上具有地槽型的特点,在构造变形上则介于基底褶皱和盖层褶皱之间,在变质特征方面又与盖层地层雷同,因此可将其看作基底与盖层之间的过渡层。三叠纪以后的地层,属于后地台阶段山间盆地或断(坳)陷盆地的沉积产物,因而应归另一构造发展阶段的沉积。在华北地层区的地层层序中,有4个重要的构造界面,对地层及沉积类型的划分有重要的意义。这4个界面是:登封群与嵩山群、嵩山群与熊耳群、熊耳群与汝阳群或官道口群之间的角度不整合面及奥陶系与石炭系的平行不整合面。前两个界面具有造山运动的性质,表明准地台基底的基本形成;第三个界面具有构造过渡的性质,地台基底最终形成;而第四个界面则代表在地台发展过程中区域性的地壳升降运动,造成区内缺失晚奥陶世至早石炭世的沉积,并由此转为海陆交替相沉积而最终过渡为陆相沉积。

在华北地层区的基底地层中,登封群和太华群属地壳全面活动时期的产物,其原岩为火山岩-沉积岩组合,是本区最古老的地层。嵩山群属冒地槽的沉积产物,原岩为陆源碎屑岩-碳酸盐岩组合。熊耳群过渡层属古陆边缘活动带断陷地槽的沉积产物,为中(基)性-酸性火山岩组合。在盖层中,汝阳群或官道口群至中奥陶统主要为地台型沉积,属海相陆源碎屑岩和碳酸盐岩的复合组合;中上石炭统为海陆交替相铁铝质岩、碳酸盐岩及含煤碎屑岩组合;二叠系-三叠系主要为陆相含煤碎屑岩和红色碎屑岩组合,后地台阶段的侏罗系-上第三系主要为内陆含煤碎屑岩、含膏盐-石油碎屑岩组合,局部有火山岩-沉积岩组合。在区内盖层各时代地层的岩相及厚度稳定,层序清楚,古生物化石丰富,古生物群演化规律明显。中元古代以后的地层褶皱微弱,一般均为燕山旋回褶皱形成的开阔背、向斜。地层基本未受区域变质。中元古代中期至古生代时期,岩浆活动极微弱。在后地台发展阶段的中生代中晚期(燕山期)至新生代,地壳活动加剧,在边缘活动带或深断裂附近,有强烈的中酸性岩浆的侵入活动和局部的火山活动,有些地段有基性-超基性岩浆的侵入和喷发,这显然与地台的发展阶段不同。

二、秦岭地层区

在河南省内栾川—确山—固始深断裂以南的广大地区为秦岭地层区。该区与华北地层区不同,是个长期活动带,迄今未见真正的盖层沉积,因此不具双层结构。区内最老的地层为大别群，分布于东南边缘，其总的沉积类型和建造组合（或建造序列）与登封群、太华群极为相似，可能同属一个地壳旋回的产物。下元古界秦岭群、苏家河群和陡岭群为原始秦岭地槽沉积产物，其原岩为中基性-中酸性火山岩、碎屑岩和碳酸盐岩的复杂组台，地层强烈褶皱，岩石普遍发生中深变质和混合岩化作用。在大别山地区，苏家河群与大别群呈不整合接触；在信阳董家河尖山一带，秦岭群被信阳群不整合覆盖；在淅川西部地区，陡岭群被毛堂群不整合覆盖。中元古界信阳群属断陷地槽沉积，原岩为陆屑碎屑岩、浊积复理石，夹碳酸盐岩和火山岩组合，地层呈线状褶皱，岩石遭受浅-中深变质，但无混合岩化作用。在信阳董家河地区被二郎坪群不整合覆盖，在商城观庙地区被石炭系不整合覆盖。分布于北秦岭地层分区的上元古界二郎坪群，属断陷地槽沉积，为细碧-石英角斑岩组合，地层呈线状褶皱，岩石浅变质，在罗山凉亭及光山塔耳岗—百步岗一带被石炭系不整合覆盖。分布于南秦岭地层分区的上元古界毛堂群，属地槽型细碧-石英角斑岩组合，地层呈线状褶皱，岩石浅变质，其上被上震旦统陡山沱组不整合覆盖。分布于北秦岭地层分区北缘两段的震旦系，属断陷盆地镁质碳酸盐岩组合，与下伏陶湾组及栾川群为不整合接触。分布于南秦岭地层分区的震旦系-石炭系属冒地槽沉积，为碎屑岩、碳酸盐岩夹基性火山岩的复合组合，其中有3个平行不整合面，地层呈线状褶皱，岩石局部轻微变质，古生物群具东南型与北方型过渡型特点。分布于北秦岭地层分区东段的石炭系，属断陷盆地沉积，为含煤磨拉石建造组合，地层发生中等褶皱，微受变质，古生物也具南北方过渡色彩。该地层分区西段的古生界呈断块出露，为碳酸盐岩，目前尚难确切分析。在秦岭地层区内，中生代地层均沿断陷盆地分布，其建造组合复杂，主要为含煤碎屑岩、红色磨拉石、含膏盐石油碎屑岩及碎屑岩的复合组合。总之，在秦岭地层区内，主要为活动型沉积建造组合和次稳定型沉积建造组合，各时代地层具有沉积厚度大、相变快、沉积建造组合复杂、火山岩较为发育等特点，反映了该区长期活动和多旋。发展的性质，该区岩浆活动强烈，几乎各地质时代均有岩浆的侵入或喷发活动，其中尤以古生代和中生代岩浆侵入活动最强烈，往往形成巨大的构造岩浆岩带。该区变质作用广泛，大多数地层均遭受不同程度的区域变质，甚至三叠系局部也受到了变质作用的影响。但是，除大别群、秦岭群、苏家河群和陡岭群及信阳群为中压区域变质作用外，其他变质地层主要属于区域动力变质作用类型。秦岭地层区断裂发育，特别是长期活动的深断裂十分发育，对各地质时期的沉积作用、岩浆活动和变质作用都有十分重要的控制作用。

以上特征说明秦岭地层区与华北地层区在地层发育、古生物、沉积类型、构造变形、岩浆活动和变质作用等方面都有十分明显的不同。

三、河南省地层表

综上所述，根据地层发育、层序特征、沉积类型和沉积建造、古地理条件和古生物群变化等基本地质因素，同时考虑地层间构造界面的分布特征以及与构造运动有关的岩浆活动和变质作用等方面的实际情况，结合地理地层区划，可将本区分为2个地层区、7个亚层分区和10个地层小区（见表1-3-1）。

表 1-3-1 河南省地层

系	统		华北地层区		秦岭地层区	
			豫西北分区	豫东分区	豫西南分区	豫东南分区
第四系	全新统		冲积层	冲积、风积层	冲 积 层	
	上更新统		冲积、洪积层、马兰黄土、洞穴堆积	冲积—湖积层	冲积—湖积层、冲积—洪积层、	
	中更新统		陕县组、离石黄土 坡积—洪积层	冲积—湖积层 冲积—洪积层	冲积—湖积层、冲积—洪积层、 洞穴堆积、坡积—洪积层	
	下更新统		三门组、午城黄土 冰碛层	冲积—湖积层	五里店组	
上第三系	上新统		静乐组、棉凹组 潞王坟组、大安组	明化镇组	凤凰镇组	
	中新统		鹤壁组、彰武组 洛阳组	馆陶组		
下第三系	渐新统		人峪组	东营组	廖庄组	
	始新统	上	卢氏组	沙河街组	核桃园组	李庄组 (下伏不明)
		中	张家村组		大仓房组	
		下	潭头组	孔店组 ?	玉皇顶组	
	古新统		人章组 高峪沟组		白营组	
白垩系	上统		秋 扒 组		寺沟组 马家村组 高沟组	周家湾组
	下统		大营组、西谭楼组		白湾组	陈棚组
侏罗系	上统		未分			段集组
	中统		马凹组			朱集组
	下统		义马组			
三叠系	上统		谭庄组 椿树腰组		未分	
	中统		油房庄组 二马营组			
	下统		和尚沟组 刘家沟组			

续表 1-3-1

系	统	华北地层区	秦岭地层区		
			南秦岭地层分区		北秦岭地层分区
二叠系	上统	石千峰组			
		上石盒子组			
	下统	下石盒子组			
石炭系	上统	山西组			双石头组
		太原组			杨小庄组
	中统	本溪组	未分		胡油坊组
					道人冲组
	下统		梁沟组		杨山组
			下集组		花园墙组
泥盆系	上统		葫芦山组		
			王冠沟组		
	中统		白山沟组		
下志留统			张湾组		
奥陶系	上统		中上统	未分	
	中统	峰峰组			
		上马家沟组		峠曲组	
		下马家沟组			
	下统	亮甲山组	牛尾巴山组		
		冶里组	白龙庙组		
寒武系	上统	凤山组	三游洞群/徐家庄群		
		长山组			
		崮山组			
	中统	张夏组	覃家庙群/胡家庄群		
		徐庄组			
		毛庄组			
	下统	馒头组	石龙洞组	祖师庙群	
		辛集组	天河板组		
			石牌组		
			水井沱组		

续表 1-3-1

地层	华北地层区				秦岭地层区		
	豫西分区			山西分区	北秦岭分区	南秦岭分区	桐柏山—大别山分区
	熊耳山小区	渑池—确山小区	嵩箕小区	太行山小区			
上元古界	震旦系：罗圈组	震旦系：罗圈组、董家组、黄连垛组	震旦系：罗圈组		震旦系：鱼库组、三岔口组	震旦系：灯影组、陡山沱组	
上元古界	栾川群：煤窑沟组、南泥湖组、三川组、白术沟组	洛峪群：洛峪口组、三教堂组、崔庄组	洛峪群：洛峪口组、三教堂组、崔庄组		二郎坪群：子母沟组、小寨组、大神庙组、大庙组	毛堂群：马止头组、姚营寨组	
中元古界	官道口群：冯家湾组、杜关组、巡检司组、龙家园组、高山河组	汝阳群：北大尖组、白草坪组、云梦山组	汝阳群：北大尖组—云梦山组、兵马沟组	汝阳群：白草坪组、云梦山组、兵马沟组	信阳群：南湾组、龟山组		信阳群：南湾组、龟山组
中元古界	熊耳群：马家河组、鸡蛋坪组、许山组—大古石组	熊耳群：马家河组、鸡蛋坪组、许山组—大古石组		熊耳群：马家河组、鸡蛋坪组、许山组、大古石组			
下元古界			嵩山群：花峪组、庙坡山组、五指岭组、罗汉洞组	嵩山群：花峪组、庙坡山组、五指岭组、罗汉洞组	秦岭群：陶湾组、宽坪组、雁岭沟组、郭庄组	陡岭群：大沟组、瓦屋场组	苏家河群：定远组、许湾组
太古界	太华群：上亚群（雪花沟组、水底沟组）；下亚群（铁山岭组、荡泽河组、耐庄组）		登封群：上亚群（石梯沟组）；下亚群（常窑组、郭家窑组、石牌河组）				大别群：上亚群、下亚群

第四节　不良地质与特殊性岩土

河南省不良地质与特殊性岩土种类多,分布面积广,在豫西、豫西南等不良地质广泛分布的山地区、丘陵区及台地区成为滑坡发育的主要孕灾条件。

一、不良地质

河南省不良地质分布具有明显的地域性特征,分布较为集中,根据不同的不良地质类型,其分布有不同的特点,比如滑坡、崩塌、泥石流多见于山地丘陵区,地面塌陷、地裂缝则于采矿区较为集中。另外,暴雨是促成多种地质灾害的主要诱发因素,且有些不良地质现象具有因果性和继承性特征,因而多种不良地质叠加也是河南省不良地质分布的一个特征。随着人类工程经济活动的增强,其对地质环境的影响也越来越严重,常常成为多种不良地质发育的直接诱因。从空间分布上,河南省内不良地质在山地区、平原区、矿业区和工业区有明显不同。在豫西的山地区,滑坡、危岩、崩塌、岩堆、泥石流等不良地质发育;在豫北及豫南的岩溶区,存在较多岩溶不良地质发育区;在豫北、豫东等煤系地层发育区,存在较多的采空区不良地质。

(一)滑坡

据国土部门有关资料,至2010年底,河南省滑坡共2 033处。从行政区划看,在洛阳市、三门峡市、南阳市、信阳市分布最为集中。从空间分布看,河南省滑坡在西部、西北部、西南部、南部山区丘陵区均有分布,但分布极不均衡,以丘陵区为主。滑坡主要集中分布在三门峡—济源—洛阳—郑州黄河右岸带、豫西南崤山—伏牛山—外方山区、豫南大别山北麓。从时间上来看,滑坡的发生主要受降水时间控制。按多年平均降水分析,河南省滑坡数量以强降水年份最多,从年内降水来看,5—10月集中降水期为滑坡发生集中时间段。

(二)崩塌

据河南省自然资源厅2010年资料,河南省崩塌共2 470处。受岩性控制和人类工程活动的影响,崩塌具有地域集中分布的特点。从行政区划上看,以洛阳市、郑州市分布最为集中。从空间上看,主要集中分布在三门峡—洛阳—郑州黄河右岸的黄土分布区,另外在南阳淅川、驻马店遂平等地分布相对集中。河南省崩塌的直接诱发因素以降雨为主,且多发生在暴雨期间,少部分属于受震动而产生的崩塌。从年内看,统计显示,全省崩塌集中发生在7月、8月,与滑坡相同,强降水年份崩塌发育数量最多。河南省黄土崩塌还有一个显著特点,就是“群体性”,在黄土梁峁、冲沟两侧,往往集中分布,呈现群发性特点,如荥阳市广武镇—巩义市河洛镇、康店镇沿邙山一线。

(三)泥石流

据河南省自然资源厅2010年资料,河南省泥石流地质灾害425处。从行政区域看,泥石流分布以洛阳、三门峡、南阳、平顶山最为集中。河南省内泥石流空间分布主要集中在2类区域:一是在固体矿产开采地,如巩义市、鲁山县、栾川县;二是中低山区,如豫西北的太行山地、豫南的大别山地,其他地区则分布较为分散。从月份看,河南省泥石流在时间分布上与降水具有绝对的相关性，发生在7月、8月的泥石流共315处，占泥石流总数的74.1%。

（四）地面塌陷

河南省地面塌陷共897处，可分为采空塌陷和岩溶塌陷，其中以采空塌陷为主。受煤、铁、铝土、高岭土等固体矿产成因控制，采空塌陷空间分布较为集中。从地域上看，主要分布在安阳—鹤壁、郑州、焦作—济源、渑池—新安、平顶山、永城一带，分属鹤煤、义煤、焦煤、郑煤、永煤、平煤和神火等7大矿业集团。采空塌陷在时间分布上没有明显的规律，采矿活动是控制其发生发展的主因。岩溶塌陷在河南省分布极少，多属自然塌陷，规模小，分布零星分散，多呈单体陷坑形式。

（五）地裂缝与地面沉降

至2010年底，河南省确定地裂缝共141处，其诱因大部分与矿产开发分布密切相关，其他还有胀缩土等因素。从区域上看，河南省内地裂缝主要发育在焦作、济源、平顶山、商丘等矿区及南阳新野、社旗胀缩土分布区。地裂缝在时间上分布特征，从属于导致其发生发展的主地质灾害类型的时间分布特点。

河南省尚未开展全省范围内地面沉降调查，仅在濮阳市开展了持续性地面沉降监测，本书研究仅将具备长时间序列监测结果的濮阳市城区确定为地面沉降地质灾害区。

二、特殊性岩土

河南省特殊性岩土种类较多，主要有黄土、膨胀性岩土、填土、盐渍土、软土、花岗岩残积土、红黏土等。对公路工程边坡稳定性有影响的主要为黄上、膨胀土、软岩、填土、红黏土、花岗岩残积土。

（一）黄土

第四纪以来在干旱和半干旱地区形成的，颜色淡黄、灰黄、黄褐、棕黄或棕红色，颗粒组成以粉粒（0.075~0.005 mm）为主，一般不含粗颗粒，富含碳酸钙，常形成钙质结核，具多孔性，孔隙比一般为0.7~1.2，土质均匀、无层理，有堆积间断的剥蚀面和埋藏的古土壤层，垂直节理发育，表层多具湿陷性，易产生潜蚀形成陷穴或落水洞的土，一般定为黄土。具有黄土的大部分特征，含层理、颗粒组成比较复杂（含砾石、砂等）的土，一般定为黄土状土。

河南省黄土分布范围较为广泛，按《黄土地区建筑技术规范》区划图，河南省大部分黄土属于Ⅲ区关中黄土和Ⅴ区河南黄土，主要分布在本区B台地区、C低山丘陵区、D黄土塬区，其中黄土塬区的D1灵宝黄土塬区和D2洛河黄土塬区尤为典型。

（二）膨胀土

膨胀土是指含有大量亲水矿物，具有吸水显著膨胀、软化，失水急剧收缩、开裂，强度大幅衰减的岩土。膨胀土一般为第四系中更新统和上更新统，少量为全新统及新第三系沉积地层，地貌表现上一般地形开阔平缓，具垄岗式，垄岗与沟谷相间地貌，自然坡度平缓，无明显天然陡坎，坡面沟槽发育。在野外土体形态上，一般颜色以褐黄、棕黄、棕红色为主，间夹灰白、灰绿色带或薄膜，灰白、灰绿色，多呈透镜体或夹层出现。土质细腻，手触摸有滑感，旱季呈坚硬状，雨季黏滑，液限大于40%。

本区内膨胀土主要分布在 B 台地区、C 低山丘陵区、D 黄土塬区、E 中山区，其中 B1 林滤山前台地区、B2 太行山前台地区、B3 嵩山前台地区、B4 伏牛山前台地区、B5 桐柏大别山前台地区、C1 林滤山低山丘陵区、C2 王屋山低山丘陵区、C3 嵩山低山丘陵区、C4 伏牛山低山丘陵区、C5 桐柏-大别山低山丘陵区、C6 淅川低山丘陵区都有典型分布。

在物理性质指标方面，鹤壁地区以硬塑和坚硬状态的低塑性土为主，其液限一般低于 40%，膨胀特性不明显，土的含水量和孔隙比普遍较低，另外，由于分布相对集中，该地区各类型土的指标横向变化较小；平顶山地区膨胀土的状态变化较大，以硬塑的高塑性土（液限大于 40%）为主，属于比较典型的膨胀土，含水量和孔隙比普遍较高；南阳地区所包含的地域广阔，膨胀土的种类也较多，但总体来说，土体的物理性质指标变化不大，主要是硬塑-坚硬的高塑性土，属于比较典型的膨胀土，孔隙比相对较高；驻马店地区膨胀土以硬塑为主，液限均在 40% 上下，物理性质指标变化不大。

在收缩性方面，驻马店地区最弱，其他三个地区整体来说差别不大，大致排序为：南阳<平顶山<鹤壁。在同一地区内，收缩性强弱排序与膨胀性的强弱排序基本一致。比较各类型土收缩性强弱的过程中有一点值得注意，就是南阳地区膨胀性较强，而收缩性却是该地区几类土中最弱的，对比可能的影响指标，发现该地区土的各项指标都没有异常，只有含水量明显低于其他几类土，反过来再比较其他地区膨胀土，可以发现，同一地区不同类型土的含水量要么差别不大，要么与收缩系数成正向关系，说明天然含水量是制约膨胀土收缩性的关键因素之一。

（三）花岗岩残积土

花岗岩残积土是指花岗岩风化后残留在原地的第四纪松散堆积物，其形成过程实质上是岩石的风化过程。花岗岩类岩石在风化过程中，长石、黑云母等矿物易水解成高岭土，K、Na 等易溶元素随降雨而流失，最后使块状岩石分解成土状，即形成残积土。残积土一般可分上、中、下 3 带，风化程度愈强，残积土中高岭石含量愈高，高岭石结构越致密，但吸水性强，遇水后易膨胀和软化，具可塑性和强压缩性。

河南省花岗岩残积土主要分布在内乡、西峡与陕西商南的交界地区，豫南、豫西南的商州—丹凤构造带北缘，以及东秦岭及以东桐柏-大别山地区。层厚一般不大，工程性质与原岩物质成分及风化程度有关。

第五节　公路建设与其他人类活动

公路可以把城市与城市之间的距离缩小，有利于促进经济的发展，并且可以促进偏远欠发达地区的长远发展。同时，公路建设与其他开发建设有关的人类活动往往涉及对自然地形地物的改造和利用，挖方、填方等工程难以避免，有关的建设活动对原地自然条件、工程地质条件、水文地质条件产生一定的影响和改变，对工程滑坡的发生和发展往往起到重要的控制作用。

一、公路建设

河南省位于中国中部，地理位置重要，公路建设事业发展很快。1994 年末，河南省第一条高速公路郑州—开封高速公路开通,全长约 80 km,打破了河南省“零”高速的历史,在此之后,河南省高速公路进入快速发展阶段。截至 2020 年底,河南省公路通车总里程达 27 万 km,其中高速公路 7 114.5 km,一级桥梁 81.0 km,二级桥梁 13.6 km,在全国所有省份中位居第三。

在全国高速公路网“五纵七横”的总目标下,河南省在 2015 年完成了其中两纵两横河南段的建设工作。其中一纵是 G4 京港澳高速,在河南省内起于河南省最北边安阳市,止于最南边的信阳市,长约 547 km。一横指 G30 连霍高速,它从江苏一直通往新疆并且自东向西贯穿整个河南省。在河南省内起于最东边的商丘市,止于最西边的三门峡市,全长约 611 km。这一纵一横两条高速公路共长约 1 158 km,见图 1-5-1。

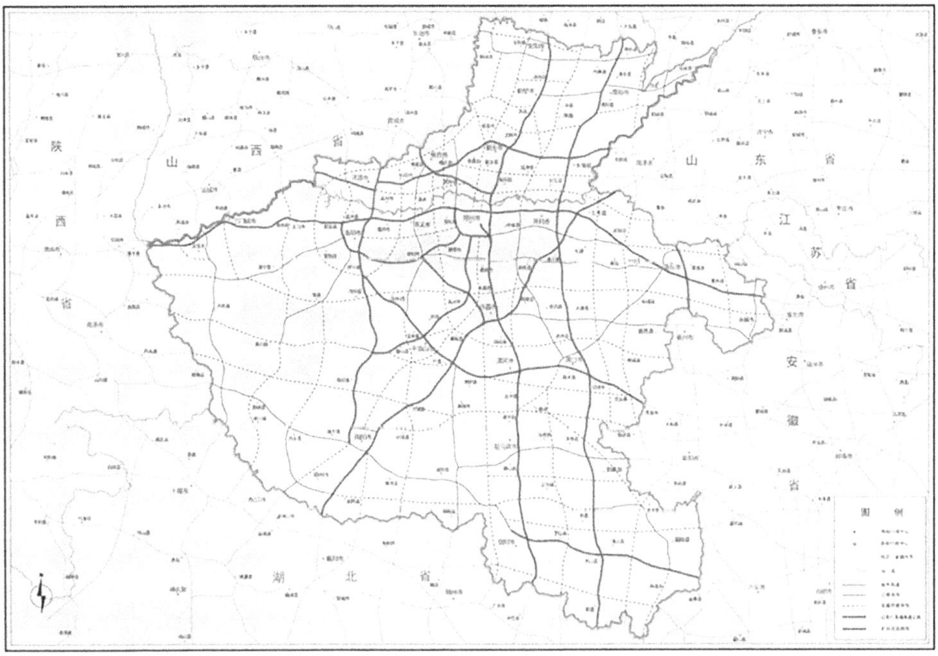

图 1-5-1　公路建设路线示意图

河南省全省一共有 18 个地市,其中有 17 个市的高速公路之间都形成了交叉口。全省一共有 109 个县,其中有 99 个都通达高速公路,通达率 91.8%。2015 年全省共有 36 个在建高速公路,总长 1 207 km。

随着河南西部山区公路规划建设和通车里程的增加,穿越易发生滑坡区域的公路工程项目在建设和管理运营过程中,滑坡问题越来越多。特别是在极端天气情况下,边坡安全问题层出不穷。2021 年雨季,河南省内多条在建及运营期道路出现边坡滑移病害,导致局部路段断行问题。

二、其他人类活动

随着经济的高速发展,人类工程活动的范围和强度进一步扩大,不规范的矿产资源开发、水利水电工程建设等人类工程活动与滑坡灾害也有着密切的关系。如在矿产资源开发过程中,某些矿山企业将废弃矿渣不合理堆放,诱发滑坡发生或造成滑坡隐患;水库蓄、泄水，造成库区水位突升突降，浸润和软化库岸或河岸边坡，产生库（河）岸边坡再造，从而引发滑坡；城市开发及工矿业建设等在山地丘陵区进行大量的场地开挖、切坡，改变了原有的斜坡形态，甚至造就了新的边坡，破坏了斜坡原有的稳定状态，使斜坡出现滑坡等地质灾害。

另外，从时间上来看，河南省滑坡、泥石流等灾害数量在 20 世纪 70 年代以后处于快速发展期。其中 20 世纪 70 年代泥石流等 119 处，20 世纪 80 年代 45 处、20 世纪 90 年代 84 处，2000 年以后 117 处，这种时间上的分布规律，其原因与 20 世纪 70 年代前后大规模砍伐树木及 90 年代以后矿山开采规模加剧，致使山地丘陵区地质环境遭受较大破坏有关。

第二章 公路工程滑坡的识别与勘察

第一节 工程滑坡的定义与分类

滑坡是一种常见的不良地质现象,泛指斜坡上的岩土体,受地质营力及人类活动等因素影响,沿着一定的软弱面(软弱带),整体地或者分散地顺坡向下滑动的自然现象。工程滑坡作为滑坡的一种,除具有自然滑坡的一般特性外,又有其独特的性质和构成因素,其影响因素也更为复杂。

一、工程滑坡的定义

工程滑坡是指在一定的岩、土、水地质条件组合下,与工程活动相关或是由于工程开挖、堆载或蓄水、排水等人为动力作用而引发的滑坡(见图 2-1-1～图 2-1-4)。这类滑坡有的是由人为工程活动直接诱发产生的新滑坡,有的是由人为工程活动使老滑坡复活而产生的滑坡。

(一)工程滑坡的内涵

工程滑坡是与工程建设、运营、养护相关的,由特定诱发因素引起的,局部或全部构建物、构建物基础和地基或构建物场地沿一定层面整体向前滑移的不良地质现象。诱发因素既包含了岩、土、水的地质条件组合和降水、地震等自然条件组合,也包含了开挖、堆载、蓄水、排水等人为活动。其最终的表现形式即为位移变形,或是长期缓慢的变形,或是短期快速的滑移变形。

图 2-1-1 弃土场工程滑坡

图 2-1-2 桥台工程滑坡

(二)工程滑坡的外延

广义上来说,斜坡上岩土体及其上构建物顺坡向下的运动现象均属于滑坡类型,但由于动力因素主次,运动轨迹和形态特征的差异,区分成了不同的类型,主要包括碎屑流、滚石、崩塌、坍塌、错落和滑坡(狭义)等(见图 2-1-5～图 2-1-8),在有些国外资料中统称为广

图 2-1-3　桥位工程滑坡

图 2-1-4　路堑工程滑坡

图 2-1-5　碎屑流

图 2-1-6　滚石

图 2-1-7　崩塌

图 2-1-8　错落

义滑坡。

碎屑流包括坡面泥石流、"土爬"、剥落、碎落等,其共同的特点是坡面物质陆续发生次序混杂的运动。

滚石是斜坡上发生的坡面松动岩块逐个脱落的现象。发生滚石的斜坡,一般岩体的整体性好,能够支承高陡的坡体。坡面松动岩块的脱落,不改变整个坡体的稳定状态。稳定的坡体,不会因为发生滚石而恶化;不稳定的坡体,也不会因为滚石的脱离而稳定。

崩塌一般发生在高大而陡峻的坡体上，构造裂面发育或岩脉穿插成网的坚硬岩土体，其下伏岩体为破碎或软弱岩土层，因下部软弱破碎层剥蚀塌落或压碎破坏等，上部岩土在失去承托和支顶的状态下失稳。

坍塌是斜坡松弛带内的岩土体，因其力学强度不足以抵抗重力作用，发生自下而上、从外向内发展的依次脱落现象。坍塌发生的时间可以很短，但发生的过程是逐次发生不断演变的，而不是整体脱落。

错落是指斜坡下部软弱地层在压力下产生压缩，导致上覆岩土体发生下沉和移动的现象。其特点是不存在贯通的剪切滑动面，且运动形式以向下位移为主，水平位移较小。

（三）关于潜在工程滑坡

潜在工程滑坡，是指自然状态下处于稳定或暂时稳定状态，当人为对自然坡体进行开挖、堆载、蓄水等工程活动时，或地震、暴雨等极端自然灾害等引发滑坡条件，从而诱发形成的工程滑坡。潜在的工程滑坡体可能是开挖的路堑边坡，也可能是填筑的路基，亦或是堆弃的废渣或尾矿等。

潜在工程滑坡往往具有易滑的地层或岩土结构，存在诱发滑坡的降水、集水、地震等自然地理条件，具有破坏岩土体自然平衡状态的人类工程活动，但由于认识不清，分析评价不足，最终形成影响公路工程修建和运营的工程滑坡，造成不必要的损失。

二、工程滑坡的分类方法与原则

工程滑坡的分类对防治工作的开展具有重要的意义。在公路工程中遇到工程滑坡时，从区域资料或勘测成果中迅速判别滑坡变形的模式、规模、坡体的主要结构、变形主因和不利条件等，进而按主次关系进行类属划分，对于滑坡的形态判识、发展趋势，以及变形过程与性质具有很好的指导作用。依据准确的滑坡类别判定，可以预估滑坡防治工作的主要工作内容、工作量与时间，快速确定防治对策的主要手段，理清防治对策相应的测绘、勘察、设计、施工、监测、试验等工作。

（一）工程滑坡分类的目的

工程滑坡的发生与季节、区域地质和工程活动密切相关，往往具有季节性多发和区域性群发的特点，对滑坡和工程滑坡进行分类，便于工程勘察、设计和施工人员加强对工程滑坡的认识与沟通交流，有利于防治工作的开展。如有些区域的工程滑坡常在春融阶段出现裂缝或时滑时停，由于对滑坡类别和模式认识不足，在夏季暴雨期前未进行必要的及时治理，最后很可能产生大滑动。事实上，由于对滑坡类别判断失误而造成大范围失稳后而仓促治理，或者治理措施失效的案例屡见不鲜，且教训深刻。

对工程滑坡的有效分类，可以提高滑坡分析判定的针对性。根据表征与属性的不同，对滑坡进行分门别类，便于排查初筛工作，也有利于对各种类滑坡和各个滑坡工点的深度研究与分析利用。通过类别划分，可以把滑坡变形发生、发展的主要因素通过归纳概括，简明扼要地反映出其内在规律，突出各类属工程滑坡的关键性控制因素，并可通过对不同类别滑坡变形过程的研究，更好地为滑坡预测预报工作服务。

工程滑坡的分类可以用于指导防治工程的勘察设计工作。滑坡类别往往反映了滑坡模式和滑坡机制的核心规律，对滑坡勘察的勘察内容和设计方针具有决定性指导作用。

分类工作不仅能深化对滑坡的认识,而且能够用于勘察方法的选用、勘察岩土参数的取值原则等勘察工作的开展。同时,不同滑坡类型的力学特征、破坏模式、发生发展控制因素和变形过程也决定了设计任务、设计方针的制定,通过有效的滑坡分类,也是设计验算和分析预测模型选择的主要依据之一。

随着勘察技术、监测技术、遥感技术、AI 辅助设计等现代科技的飞速发展,工程滑坡的分析判识与勘察设计的智能化发展,亟待通过有效的途径结合实际工程经验与技术,完成防治工程整个过程的信息化和智能化。不同物质组成类别、不同力学破坏模式、不同变形机制与趋势的工程滑坡可以通过类别划分加快人工智能技术在工程滑坡分析研究与防治工程中的运用,大大提高工作效能与缩短处治工期,为公路工程的安全施工与科学管养提供技术保障。

(二)工程滑坡分类的原则

对于工程滑坡的分类,国际上有两类原则,一类以地质标志为原则,一类以工程标志为原则。前者一般以自然地理或地质学研究者运用较多,适用于理论研究和国土区域性地质灾害防治;后者多以各类工程项目的技术人员运用较多,偏重于交通、水利、建筑等工程项目建设管养的安全保障和滑坡防治。

无论是单纯以地质为分类原则,还是仅以工程为分类原则,对于工程滑坡而言都具有一定的片面性,按照滑坡的少量地质特征,难以体现工程滑坡防治的根本目的,也难以掌握不同工程构筑物涉及滑坡的一般规律,仅仅考虑工程类型、工程破坏模式,往往难以从宏观上把握滑坡的规模、状态、演变过程与变化趋势,不利于防治工程的全面把控。

鉴于以上原因,作者认为工程滑坡分类可以按四个方面的原则进行科学分类。

第一个方面,以带有一定区域地质特征的地质单元或区域单元为标志,再以区域单元内从属单元或部位进行细分,即为区域环境分类原则。

第二个方面,按项目工程的特点进行必要的分类,如公路、铁路等线形交通工程与水库大坝等水利工程,以及房屋建筑和景观场区等都有不同的性质和特点,工程滑坡发生的部位和模式往往具有很大的差别,那么以满足某种功能或目的的项目工程类别,以及基于项目工程使用目的和使用安全耐久性为出发点的滑坡认识和防治分类具有较好的工作意义和实践基础,即为工程目的分类原则。

第三个方面,按滑体的规模和性状、滑带的类别和性质,即滑体及滑带特征的种种从属关系为原则,对滑坡进行综合分类。按不同滑体形态、地层结构、滑带物质组成、滑坡成因和滑坡机制等标志为分类的原则,进行滑坡内在规律的分类,即为滑坡要素的分类原则。

第四个方面,从滑坡的发生发展、稳定性、演变趋势等为分类原则进行工程滑坡的定性分类,即为发展态势分类原则。

(三)工程滑坡分类的方法

依据不同的分类标志,滑坡分类的方法有数十种,从按单一标志或单一特点发展至按几个标志综合分类或按某种目的(利于防治工作,或调查研究工作等)分类。对从事滑坡防治和研究的技术人员而言,任何分类均从侧面阐明有关滑坡的一些特点、规律和属性,对了解滑坡有益而且必要;国内外常用的分类方法主要有以下 30 余种。

按滑坡出口部位划分滑坡有 6 类,即陆上滑坡,水下滑坡,水上、水下混合滑坡,坡顶滑坡,坡面滑坡和坡脚滑坡(坡基滑坡)。

按平面形态划分滑坡有3类,即冰川状(舌状)滑坡、半圈谷状滑坡和横延伸(椭圆形)滑坡。

按表面特征划分滑坡有6类,即平坦而整体的滑坡、平坦铺开状滑坡、丘状起伏的滑坡、块状滑坡,阶梯状滑坡和台地状滑坡。

按地表破坏或变位及其特征划分滑坡有4类,即草皮被破坏的滑动,"醉林"、树木和灌木丛破裂的滑动,道路和沟渠被移位的滑动和建筑物及地下管道等被破坏的滑动。

按滑面通过的情况划分滑坡有3类,即均匀滑坡(发生在无层次的均质岩层中、具弧形滑面的逆向滑坡)、顺层滑坡和切层滑坡。

按滑坡面埋藏深度划分滑坡有4类,即表层(厚度小于1 m)滑坡、浅层(厚度1~5 m)滑坡、深层(厚度5~20 m)滑坡和极深层(厚度大于20 m)滑坡。

按滑面个数划分滑坡有3类,即一个滑面的滑坡、两个滑面的滑坡和多个滑面的滑坡。

按滑面坡度(指地表露头附近的滑面上段)划分滑坡有3类,即滑面很缓的滑坡(坡度小于5°)、缓滑面的滑坡(坡度5°~45°)和陡滑面的滑坡(坡度大于45°)。

按滑动岩土的成因类型划分滑坡有6类,即土沿坡积层滑动、土沿残积层滑动、坡积层沿残积层滑动、残积层沿基岩滑动、坡积层沿基岩滑动和基岩沿基岩滑动。

按岩性划分滑坡有5类,即砂沿黏土层滑动,黏土沿黏土层滑动,砂黏土、黏砂土沿黏土或重砂黏土层滑动,砂沿砂黏土、黏砂土滑动和各种岩石沿黏土薄夹层或黏土透镜体滑动或沿裂面中黏土质填充物滑动。

按滑动起因划分滑坡有3类,即牵引式滑坡、推式滑坡和混合式滑坡。

按滑体完整程度划分滑坡有2类5种,即滑体完整的滑坡(分为一整块的滑坡、含几个大块的滑坡2种),滑体破坏的滑坡(分为塑体滑坡、呈半液态体的滑坡、散碎体滑坡3种)。

按变动斜坡剖面的原因划分滑坡有2类5种,即自然滑坡(分为坡脚遭河流侵蚀冲刷引起的滑坡、坡脚遭海水磨蚀冲刷引起的滑坡和因斜坡上堆积自上方塌至的土石而引起的滑坡3种),人为滑坡(分为开挖坡脚导致的滑动、坡面及坡顶堆方导致的滑动2种)。

按滑坡的来源划分滑坡有3类9种,即自然作用力生成的滑坡(分为岩土自重为主生成的滑坡、裂隙和空洞中的静水压引起的滑动、动水压引起的滑动、地震滑坡和风对树根的作用引起的表层土滑动5种),人为作用生成的滑坡(分为斜坡上部的超荷引起的滑动,发动机、车辆、凿岩机、风镐等机械开动产生振动引起的滑坡和爆破引起的滑坡3种)和混合作用力生成的滑坡,也有上述各种力的组合下生成的滑坡。地震、爆破和机械振动也能引起动水应力,且可使饱水岩石突然压密而降低斜坡的稳定性。

按岩土变化划分(降低斜坡的稳定)滑坡有4类,即软塑化引起的滑动、潜蚀淋溶引起的滑动、风化剥蚀引起的滑动和冻层融化引起的滑动。

按浸湿的性质和方式划分滑坡有7类,即全部饱水下生成的滑坡,沿裂隙浸湿促成的滑坡,沿层间的接触面充水补给生成的滑坡,溪流供水生成的滑坡,溢泉补给生成的滑坡,回水、泛滥、溢水作用生成的滑坡和地表积水补给生成的滑坡。

按水的来源划分滑坡有2类11种,即天然供水形成的滑坡(分为大气降水渗透引起的滑坡,浸湿坡脚的河、湖、海等地表水流作用促成的滑坡,沿裂隙渗入潮解岩石的泉水用下生成的滑坡，上层滞水作用形成的滑坡，含水层中的地下水作用生成的滑坡，从斜坡上渗出的地下水浸湿下生成的滑坡6种)，人为引来的农业用水和技术用水作用下生成的滑坡(分为汲水井和污水坑的水作用生成的滑坡，自来水管、排水沟、喷水池、配水栓、饮水槽等漏水促成的滑坡，花园、菜园、田野的灌溉水作用形成的滑坡，各种试验场排除的污水作用形成的滑坡和斜坡上及其附近的池塘中的水作用形成的滑坡)。

按滑坡生成的年代划分滑坡有2类6种，即现代滑坡(分为正在滑动的滑坡、暂时稳定的滑坡和已稳定的滑坡3种)，古代滑坡[分为暴露的滑坡、埋藏的滑坡和变动的滑坡(指已成岩的滑坡堆积体)3种]。

按滑动发生时间划分滑坡有5类，即外貌新鲜的滑坡、不久前发生的滑坡、很久以前发生的滑坡，老滑坡(指 Q_4 有人类活动以来产生的)和古滑坡(指 Q_4 以前产生的)。

按滑动特征划分滑坡有3类，即一次滑动的滑坡、周期(或不定期、大体上沿同一滑面的重复滑动)滑动的滑坡和连续滑动的滑坡。

按滑动面的形状划分滑坡有3类，即具弧形面的滑坡、具折线形平直面的滑坡和上段为平直面下段为弧形面的滑坡。

按地形演变过程划分滑坡有4类，即幼年期滑坡、青年期滑坡、壮年期滑坡和老年期滑坡。

按滑动速度划分滑坡有2类，即缓慢性滑坡和崩塌性滑坡。

按组成滑面的面数划分滑坡有3类，即单滑面型的滑动、双滑面型的滑动(如V形滑床)和多滑的面型滑动。

按地层及岩性划分滑坡有8类，即第四纪覆盖层滑坡，第三纪砂页岩层滑坡，白垩纪及侏罗纪红层滑坡，煤系地层滑坡，碳酸盐地层滑坡，岩浆岩风化壳滑坡，软变质岩地层滑坡，沿断层带、蚀变带和岩脉发育的岩石滑坡。

按滑体含水程度划分滑坡有3类，即刚体滑坡、塑体滑坡、溜滑和泥流。

按变形特征划分滑坡有6类，即挤出性滑坡、顺层滑坡、流动性滑坡、陷落性滑坡、潜蚀滑坡、浮力滑坡和突然液化滑坡。

按外貌形态划分滑坡有9类，即冰斗形(半圆形)滑坡，正面形滑坡，冰川形滑坡(分单流的和多枝的)，缩口圆形滑坡，带有土流和冲积锥的勺状滑坡，椭圆形、梨形或水滴状的滑坡，角形滑坡，无明显边界的滑坡和由多个滑坡发展或合并而成的复杂而呈不规则形的滑坡。

按具代表性的地点命名的模式划分滑坡类型，例如：苏联黑海沿岸模式的滑坡，日本温泉带模式的滑坡，意大利瓦依扬模式的滑坡，加拿大富兰克林模式的滑坡，瑞典灵敏黏土滑坡等。

按形成滑坡的原因划分滑坡有3类，即稠度滑坡、潜蚀滑坡和构造滑坡。

按滑坡的规模划分滑坡有4类，即小型滑坡、中型滑坡、大型滑坡、特大型滑坡。

按滑体岩土的性质划分滑坡有5类，即坚硬岩石的斜坡移动，风化岩和残积土滑坡，重超固结黏土和软岩滑坡，软黏土滑坡，粉砂、砂和黄土滑坡。

上述30余种分类的方法，概括起来可分为两大类，一类为成因分类，一类为性质分类，都是各类滑坡防治勘察设计中较多运用的分类方法。

三、河南省公路工程滑坡的分类方法

河南省公路工程滑坡,可以依据河南省区域环境及地质背景,结合勘察设计与施工需要按以下4个层级进行分类。

(一)第一个层级按区域特征划分

如第一章有关内容所述,河南省区域特征明显,不同的分区往往反映了自然地理、气象、水文及地质因素的初步分类,在一定区域内的工程滑坡往往具有一定的相似性或相同的控制因素,所以按区域进行滑坡的一级划分(见表2-1-1)可以对滑坡发生频率、发生要素组合有一个基本的认识,对滑坡和工程滑坡的勘察、设计和施工提供工程地质比拟的基本条件。

表2-1-1　按滑坡区域特征分类

<table>
<tr><th colspan="2">地形地貌</th><th>气象</th></tr>
<tr><td>A 平原区</td><td>A1 卫河(海河上游支流)平原区
A2 黄河中游平原区
A3 淮河上游平原区
A4 南阳盆地平原区</td><td rowspan="5">a 干旱区
b 半干旱区
c 半湿润区
d 湿润区</td></tr>
<tr><td>B 台地区</td><td>B1 林滤山前台地区
B2 太行山前台地区
B3 嵩山前台地区
B4 伏牛山前台地区
B5 桐柏大别山前台地区</td></tr>
<tr><td>C 低山丘陵区</td><td>C1 林滤山低山丘陵区
C2 王屋山低山丘陵区
C3 嵩山低山丘陵区
C4 伏牛山低山丘陵区
C5 桐柏-大别山低山丘陵区
C6 淅川低山丘陵区</td></tr>
<tr><td>D 黄土塬区</td><td>D1 灵宝黄土塬区
D2 洛河黄土塬区</td></tr>
<tr><td>E 中山区</td><td>E1 太行中山区
E2 崤山中山区
E3 熊耳外方中山区
E4 伏牛中山区
E5 桐柏大别中山区</td></tr>
</table>

(二)第二个层级按滑体涉及的公路工程进行划分

工程滑坡体涉及的公路工程构筑物受力部位、受力方式、抗变形能力、修复难易程度等也有较大不同,按滑坡影响的工程构筑物分类(见表 2-1-2),有利于滑坡边界条件及变形要求的分析与界定。

表 2-1-2　按滑坡涉及的公路工程分类

<table>
<tr><td>滑坡类型</td><td colspan="3">线内滑坡</td><td>线外滑坡</td></tr>
<tr><td rowspan="5">工程标志</td><td>主线工程滑坡</td><td>匝道与联络线滑坡</td><td>附属场地滑坡</td><td rowspan="5">滑坡的规模、方位、滑向、距离等要素对公路工程影响甚微,由国土部门综合治理的滑坡</td></tr>
<tr><td>涉桥滑坡</td><td>涉桥滑坡</td><td>房建场地滑坡</td></tr>
<tr><td>涉隧滑坡</td><td>涉隧滑坡</td><td>取弃土场滑坡</td></tr>
<tr><td>路基滑坡</td><td>路基滑坡</td><td></td></tr>
<tr><td>涵洞通道滑坡</td><td>涵洞通道滑坡</td><td></td></tr>
</table>

(三)第三个层级按滑坡的性状进行划分

1. 按滑体体积规模划分

滑坡体按体积规模分类,不同的行业、不同的研究者采取的标准是有出入的,为使划分方法贴合公路工程的勘察设计与施工,本书采用公路行业标准《公路工程地质勘察规范》(JTG C20—2011)的分类方法,具体内容见表 2-1-3。

表 2-1-3　按滑坡的体积规模分类

滑坡类型	小型滑坡	中型滑坡	大型滑坡	巨型滑坡
滑坡体积 V/m^3	$V \leqslant 4\times10^4$	$4\times10^4<V\leqslant3\times10^5$	$3\times10^5<V\leqslant1\times10^6$	$V>1\times10^6$

2. 按滑面埋深划分

根据滑面的埋深情况,可按表 2-1-4 进行分类。

表 2-1-4　按滑坡的埋深分类

滑坡类型	浅层滑坡	中层滑坡	深层滑坡
滑动面埋深 H/m	$H\leqslant6$	$6<H\leqslant20$	$H>20$

3. 按滑体物质组成划分

滑坡物质组成是滑坡分类最重要的标志,也是滑坡勘察设计中对岩土问题基本的认识,本书沿用《公路滑坡防治设计规范》(JTG/T 3334—2018)的分类方法,按土质滑坡和岩质滑坡两个大类、土质滑坡 4 个亚类、岩质滑坡 3 个亚类的分类方法进行划分,如表 2-1-5 所示。

表 2-1-5　按滑坡的物质组成分类

类型	亚类	主要特征
土质滑坡	堆积土滑坡	除膨胀土、黄土、填土等特殊土外,发生在第四系地层各种成因土层中,包括风化残积土,由一般土质组成滑坡体,滑动面多位于软弱土层中或基岩顶面
	膨胀土滑坡	发生在含有膨胀土的地层中,滑动面多位于膨胀土活动区深度范围
	黄土滑坡	发生在各时期黄土地层中,由黄土构成滑坡体。滑动面位于黄土层间界面或基岩顶面
	填土滑坡	发生在路堤或人工弃土堆中。滑动面可位于填土内部、老地面或基底以下松软层中
岩质滑坡	破碎岩体滑坡	发生在构造破碎带或严重风化带的破碎岩体中
	层状岩体滑坡	发生在具层状结构的岩体中,滑动面位于层面或软弱结构面
	块状岩体滑坡	相对完整的块状岩体沿构造节理或断层产生的组合式滑动

4. 按滑动方式划分

滑坡按滑动方式可按表 2-1-6 分类。

表 2-1-6　按滑坡的滑动方式分类

滑坡类型	滑动方式
推移式滑坡	中上部滑体挤压推动前缘段产生滑动形成的滑坡
牵引式滑坡	前缘段发生滑动后牵引后部滑体形成的滑坡
复合式滑坡	推移式和牵引式在坡体上组合形成的复杂大型滑坡

5. 按滑带(面)地层划分

滑带(面)地层往往具有鲜明的特征,其岩土层的地质时代、岩土物理性质、岩土耐水性、区域构造特点等往往具有很强的一致性特征,以此为分类的标志,无论是对拟建公路工程,还是对既有道路的管理和养护都有着突出的理论意义和实践意义,这也是本书编写的初衷。

(四)第四个层级按滑体稳定状态和发展趋势划分

按滑体稳定状态可对滑坡进行分类,如表 2-1-7 所示。

表 2-1-7　按滑坡的稳定状态分类

滑坡类型	稳定状态
潜在工程滑坡	当前的边滑坡处于稳定状态,但存在外在因素致使工程滑坡发生的,视为潜在工程滑坡
滑移态工程滑坡	已发生坡体的变形破坏,正在进行蠕变滑移或突变滑移的工程滑坡
稳定态工程滑坡	滑坡体滑动或治理后,致滑岩土体和致滑因素均已得到有效处治或排除,处于稳定状态和工程条件的工程滑坡

按滑坡运动速率和发展趋势进行分类，如表 2-1-8 所示。

表 2-1-8　按滑坡的运动速率和发展趋势分类

滑坡类型	运动速率和发展趋势
蠕动型滑坡	人们凭肉眼难以看见其运动，只能通过仪器观测才能发现的滑坡；发展趋势为长期缓慢变形，当不利条件积累至一定阶段时，滑坡加速或快速破坏
慢速滑坡	每天滑动数厘米至数十厘米，人们凭肉眼可直接观察到滑坡的活动；发展趋势为长期缓慢变形，当不利条件积累至一定阶段时，滑坡加速或快速破坏
中速滑坡	每小时滑动数十厘米至数米的滑坡；滑坡加速破坏，位移范围逐渐扩大
高速滑坡	每秒滑动数米至数十米的滑坡；滑坡高速破坏，直至达到暂时稳定状态

第二节　工程滑坡的识别

工程滑坡的识别是滑坡防治的最基本也是最前端的工作，只有对滑坡进行快速而准确的识别，才能有针对性地开展具体的防治工作。

一、滑坡的识别要素

工程滑坡识别首先要进行要素的分析，不具备滑坡要素的一些公路病害，不宜武断地判定为滑坡，并按滑坡进行工程勘察设计与处治，否则可能不仅仅浪费了处治费用，而且贻误了处治时间，使处治方式更复杂，处治工程规模也更大。

（一）滑坡的形态要素

滑坡滑动后，斜坡表面会发生改变，留下变形痕迹。不同的滑坡，具有不同的变形特征。根据这些痕迹，可以辨认滑坡，进行滑坡分析。每一个滑坡都具有基本的形态要素，包括最基本的主滑体、滑床和滑面（带），也包括后缘圈椅、前缘滑舌、两侧边界陡壁、滑体裂缝等，具体形态见图 2-2-1。

主滑体：指脱离母体、产生移动的岩土体，但不包括滑动后两侧壁和后壁再坍塌的岩土，简称滑体。

滑床：指滑坡体沿之滑动的稳定岩土体。

滑坡壁：指滑坡体下滑后，与周围坡面错动留下的断壁。后面的滑坡壁称后壁，左右两侧的滑坡壁称侧壁。滑坡壁上常可见到滑动擦痕。

滑带（面）：滑坡体与下部稳定岩土体之间，因剪切作用而发生揉皱、错动等结构性破坏的层位，称为滑动带。滑坡体脱离母体、产生滑动的贯通剪切破裂面称为滑动面，常因为上下岩土体错动摩擦而留下滑痕。滑动带和滑动面同时存在时，滑动面位于滑动带内部。滑动带的厚度从几厘米到几米不等。但有的滑坡只有滑动面，或者只有滑动带，因剪切带岩土性质而异。

滑舌：指滑坡体滑动后越出滑坡床，覆盖于前方坡面的部分。

滑坡台坎：包括滑坡台地和滑坡陡坎。滑坡体在滑动过程中，前后速度的差异，不同

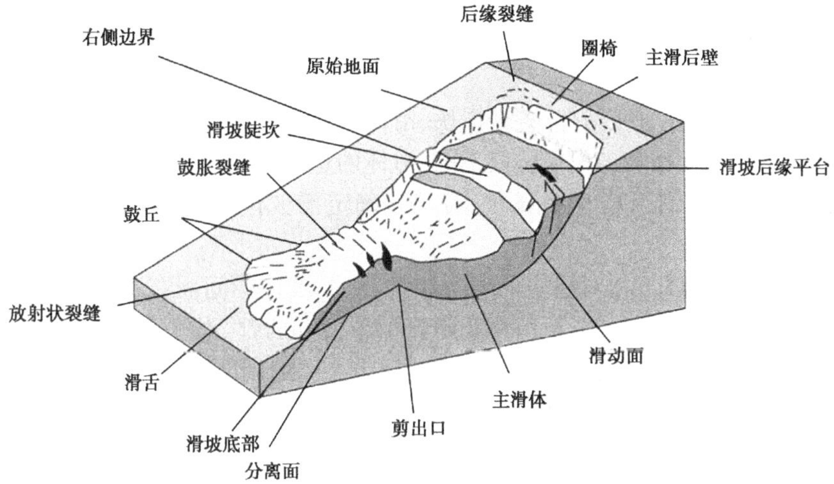

图 2-2-1　滑坡形态要素

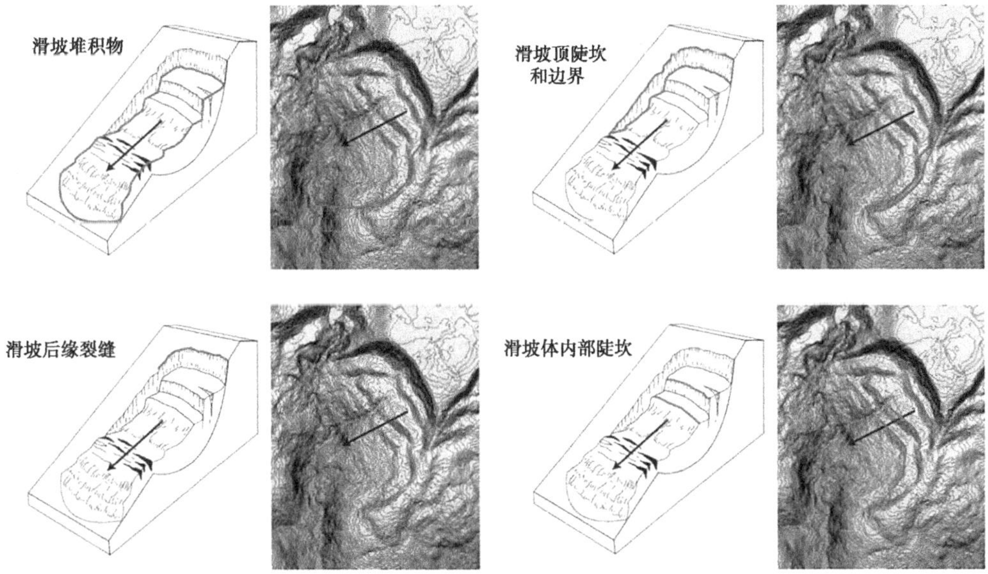

图 2-2-2　滑坡形态地形图对比

的部位出现拉张或挤压。前部移动速度快,后部移动速度慢,则因拉而形成台坎;前部移动速度慢,后部移动速度快,则因挤压而隆起形成缓坡台地。

滑坡洼地:指滑坡体移动与后壁之间拉张而形成的月牙形断陷洼地。滑坡洼地两端形成水流冲沟时,则出现"双沟同源"现象。如果滑坡洼地两端被滑坡壁坍塌岩土体阻塞,则形成封闭洼地、沼泽,甚至积水成湖塘。

滑坡鼓丘:滑坡体因前端受阻而挤压形成的表面隆起。

滑坡裂缝:指滑坡体表面的变形裂缝。滑坡后缘因拉张而形成拉张裂缝;滑坡两侧因力偶作用而形成剪切裂缝;滑坡体前部因前方受阻,挤压隆起的同时,形成鼓胀裂缝;在滑坡前缘没有横向约束的情况下，滑舌扩散而形成放射状裂缝。

滑体、滑带(面)和滑床是滑坡组成的基本部分，也是辨识滑坡，特别是已发生明显位置变形滑坡的最重要标志。

滑体的识别要素包含主滑体、各个滑块、滑体后缘平台、滑体中部台坎、滑坡洼地、滑舌与滑坡鼓丘等，由于滑坡的发展阶段不同，滑体的这些识别要素一般并不能全部展现，一般认为滑体后缘及滑舌特征明显时，可基本确定滑坡体的存在，并作为辨识的基本依据。

滑床由于是滑体以下相对稳定的岩土结构，根据坡体空间展布、岩性和物理力学性质，外界影响控制因素等条件分析可辨识滑床的位置和岩性，对于多个滑带(面)的多层滑坡，相对稳定的滑床地层会由于开挖、堆载、地表水、地下水环境变化等发展成为下一级滑坡的滑体，因而滑体的辨识应结合公路工程施工和运营的各种工况和形态，进行全面的分析和辨识。

滑带的形成和发展是滑坡稳定性的控制性因素，滑带的识别包含了滑带土的物理力学标志，也包含了滑带岩土的表观标志，对于工程经验丰富的地区，对易产生滑带岩土的研究较为深入，也会形成地质年代等地质层序的地质学标志。

滑坡变形是由蠕变和裂缝逐步发展演变的，所以裂缝要素的识别对早期滑坡的发现和处治具有重要的意义。不同滑坡模式，滑坡裂缝的出现部位、衍生过程有很大的不同，但大体上有四种类型，分别是张拉裂缝、剪切裂缝、鼓胀裂缝和放射裂缝。滑体的不同部位，受力和变形影响了裂缝的类型和形态，因而对裂缝标志的辨识是滑体范围、分块、破坏模式等分析工作的基础。

(二)工程滑坡的识别要素

1. 自然地理识别要素

工程滑坡往往具有一定的自然地理孕育条件，常见的识别要素如下。

1)地形地貌识别要素

(1)地形要素，包含绝对高程与相对高程。

(2)地貌要素，包含地貌类型、地貌单元。

(3)坡体要素，包含坡长、坡度、坡向。

(4)植被要素，包含植被覆盖情况和植被类型等。

(5)临空要素。

(6)临水要素。

2)降水识别要素

区域的降水情况与滑坡的发生往往有最直接的关系，其主要的指标要素有：

(1)年均降水量。

(2)月均降水量。

(3)最大月降水量。

(4)最大日降水量。

3)地震场地效应识别要素

对于地震动峰值加速度大于等于 $0.1g$ 的地区，特别是地震动峰值加速度大于等于

0.20g 的地区，由于地震发生频率大和次数多，近场地震对岩土体的扰动破坏较为明显，一般视为滑坡易发的识别要素之一。

地震引起的滑坡活动与地震震级和地震烈度具有明显的相关性。一般来说，5 级左右的近场地方震可以诱发区域内（距震中小于 100 km）滑坡的发生。在相同条件下，地震震级越大，诱发滑坡的面积越大，滑坡的规模越大，发生的数量往往也越多。

2. 地质环境识别要素

工程地质环境是滑坡识别的基础性资料，它包括地质构造、地层岩性、地震、水文地质条件等，其中地质构造和地层岩性是滑坡形成的地质基础，决定着滑坡的范围和规模。

1）地质构造识别要素

（1）断层要素。

断层要素包含断层的性质与类型、宽度、上下盘岩性等。

许多河流沿大断层带的走向发育，滑坡常成群出现于断层上盘岩土组成的一岸。断层带宽度越大、山坡越高远，滑坡的层、级、块越多，且规模惊人，常以每级阶地为出口，产生多层、多级滑坡。位于逆断层上盘，断层走向大致与河流平行，岩层倾向山里（反倾）的一侧山坡，易出现相似的滑坡，工程开挖等工程活动，更易造成局部的崩塌与坍塌变形，进而演变成较大范围的工程滑坡。

（2）单斜山要素。

（3）褶皱要素。

2）岩体产状识别要素

岩体产状识别要素主要为工程场地内岩体产状与路线或构筑物的位置关系，以及开挖或堆填边坡坡向和加载方向与岩体产状的空间位置关系。

3）岩土组合识别要素

岩土组合识别要素主要为岩土出露及土层覆盖厚度、岩土界面产状等。

多数滑坡的形成常与易滑地层和特殊的岩土组合有关。例如焦作—新乡一线太行山区，寒武系中统的下软上硬岩体组合，巩义、新密一带二叠系薄层状浅海相沉积岩组合等。

3. 工程活动识别要素

工程滑坡的诱因，往往是人为的工程活动，这些工程活动是已发生滑坡的机制分析和潜在工程滑坡致滑条件分析的识别要素。这些工程活动因素主要包括以下几类。

1）公路边坡开挖

（1）顺坡向卸荷裂隙发育的边坡。

（2）已发生倾倒变形或蠕变的边坡。

（3）已发生张拉变形的下软上硬的双层或多层结构边坡。

（4）在碎裂结构岩体中和散体结构岩体中开挖的边坡。

（5）存在顺倾结构面，且结构面的倾角小于坡角并大于其内摩擦角的岩质边坡。

（6）坡面上出现平行边坡走向的张裂缝或环形裂缝的边坡。

（7）分布有巨厚层崩积物的边坡。

（8）基底水浸条件下的排土场边坡。

（9）固定帮水浸条件下的内排土场边坡。

(10)被开挖的新、老滑坡体、崩塌体。

(11)曾经失稳的边坡。

(12)超出设计技术指标的陡边坡及高陡排土场边坡。

2)公路斜坡堆载

斜坡堆载也是工程滑坡最常见的识别要素,堆载部位常在坡体的路线上方,甚至侵压公路红线。路线坡体下方一侧堆载也有极个别的情况引发工程滑坡,往往是由于下部推移滑坡,上部坡体临空而诱发牵引式滑动破坏。有时设计方案不合理,路基填方路段,特别是陡坡路堤路段,由于基底处治不当等因素引发路堤堆载滑坡的发生。

3)临近项目场地建设

《公路安全保护条例》是为加强公路保护,保障公路完好、安全和畅通,根据《中华人民共和国公路法》制定。其中,对公路建筑控制区范围的规定是:从公路用地外缘起向外的距离标准为国道不少于 20 m,省道不少于 15 m,县道不少于 10 m,乡道不少于 5 m。属于高速公路的,公路建筑控制区的范围从公路用地外缘起向外的距离标准不少于 30 m。公路弯道内侧、互通立交以及平面交叉道口的建筑控制区范围根据安全视距等要求确定。影响控制区范围的不合理工程建设,都有可能诱发滑坡。

临近项目场地的不合理建设,往往是由于设计的疏忽和施工单位的违规施工,如未采用合理的计算参数,堆载过大,或者不合理的开挖和爆破施工方法等。

4)水环境变化

无论是地上水,还是地下水,当进入滑坡范围,特别是易滑地层时,不但降低了易滑岩土体的内聚力和内摩擦角,同时会增加滑体的重力及下滑分力,导致抗滑力急剧下降,下滑力大幅增大,进而导致工程滑坡的发生。同时水位的陡降还会产生动水压力,这也是滑坡前期辨识的要素之一。在多数情况下,地下水位的上升,往往是滑坡稳定性系数急剧下降的核心要素,在地下水位埋深大的黄土和膨胀土地区,尤其常见。

二、工程滑坡的识别误区

工程滑坡也存在着一些识别误区,主要包括以下几个。

(一)滑坡与崩塌的识别区分

滑坡与崩塌是有一定区别的,但崩塌与滑坡往往又有较紧密的联系。滑坡在地表形迹上反映了以水平运动为主的特征,在滑体形态上保持了一定的物质稳定性,在运动速度上蠕变与快速大变形的变化过程和趋势明显,崩塌在地表形势上反映以垂直运动为主的特征,滑体形态上滑体物质散乱重新排布,在运动速度上以快速变形崩落为重要的特点。但从另一方面来讲,崩塌与滑坡往往有一定的关联性,坡脚崩塌往往是滑坡形成的早期破坏特征之一。

(二)工程滑坡规模识别的误区

工程滑坡规模的识别除依据现有变形裂缝、滑体形态确定已发生滑坡区外,仍应包含对潜在工程滑坡范围的识别,应考虑降雨、地震等设计考虑工况下产生滑坡的范围。

(三)工程滑坡滑带识别的误区

应注意已发生滑坡和潜在滑带,应注意支挡构筑物修筑对滑带的多重因素影响。

(四)平缓地形上的滑坡

我们往往认为滑坡发生在斜坡地形,但事实上,在平缓地形上的公路开挖路堑或填方路堤也有滑动破坏发生,对于一些厚土层或存在外倾结构面的岩质边坡开挖,也会发生坍滑破坏。主要与边坡开挖坡度、开挖岩土体结构、产状、性质及裂缝发育程度有关,叠加降水入渗等外部因素,土体内力变化导致坡顶出现微小裂缝,随着雨水不断下渗,岩土体的抗滑力开始下降,上部裂缝逐渐加大,最终发生坍滑破坏。山腰部分的平坦地带尤其应重点关注。

第三节　公路工程滑坡的调查与勘探

公路工程滑坡的调查和勘探,按公路工程投入使用与否可分为勘察设计阶段、建设阶段和运营管理阶段三个时段。在勘察设计阶段,又依据主体项目勘察设计阶段划分可分为工程可研勘察、初步设计勘察和施工图设计勘察三个阶段。近年来,公路项目建设阶段的工程滑坡明显增多,项目建设过程中对边坡的控制施工越来越受到重视,在项目施工过程中对工程滑坡的调查与勘探也愈加引起公路建设者的关注。

工程滑坡调查勘探内容一般以滑坡或潜在滑坡工点为主线,按滑坡防治的需要做勘测阶段的划分,按每一阶段需达到的目的收集相应资料,并进行必要的调查和勘探;当以建设项目中保证某些设施能安全运转为目的来进行滑坡防治时,应经过经济技术比选来确定防治内容,按每一阶段应防治滑坡的范围、内容和达到的目的进行调查勘探。

一、工程滑坡的勘察工作布置方法

工程滑坡勘察一般采用调查、测绘、物探、挖探、钻探等多种方法进行综合勘察。勘探测试点的数量和位置应在工程地质调绘的基础上,根据滑坡的类型、规模、复杂程度,结合路线及整治工程设计确定。

(一)工程滑坡勘察工作布置的一般步骤

工程滑坡的勘探方法及工作布置一般按先易后难、先整体后局部的原则进行。

(二)工作布置的方法

勘探工作布置中一般勘探点(线)沿滑坡的主滑方向布置。当滑坡的规模大、性质复杂时,勘探点(断面)应结合滑坡级块划分、滑坡稳定性分析以及整治工程设计等进行布置。

(三)工程滑坡勘察工作布置的原则

(1)范围要求:勘探测线宜延伸至滑坡周界以外稳定地层中。

(2)测线要求:勘探线宜布置在拟定主滑方向勘探线及支挡工程附近。对于大型、巨型滑坡,应根据滑坡的规模布置工程物探测线或测网;对于中、小型滑坡,可沿主滑断面布置工程物探测线。

(3)深度要求:滑坡勘探深度应根据滑动面(带)的可能深度确定,滑坡的勘探深度应至滑坡体以下的稳定地层内不小于 3 m。一般要求钻孔应进入可能的最深滑动面(带)以下 3~5 m。滑坡深层滑动面(带)难以判断时,适当加深控制性勘探点深度。

土质滑坡潜在滑面位于岩土分界带或岩体风化带时，部分控制性钻孔应加深至下伏基岩中等风化层以下 1～3 m；为避免碎石土中大块碎石影响岩性判断的准确性，对于部分含大块石、碎石的土质滑坡勘探孔，其勘探深度要求进入滑床的深度应大于土层中所见最大岩块直径的 2～3 倍。

设置支挡工程部位，勘探点的深度应满足支挡工程设计的要求。在土体滑坡勘察中，一般拟建工程部位的控制性钻孔进入滑床的深度不小于滑体厚度的 1/2，且不小于 10 m。

工程物探的探测深度应到滑床以下的稳定地层中。

二、工程滑坡的调查

（一）工程滑坡调查的方法

1. 地质图与区域资料调查和收集

地质图与区域资料调查和收集包括调查和收集滑坡区域的地貌地质图、构造图、工程地质图、水文地质图等，尽可能收集大比例尺图件以及相应图件对应的文字说明和报告资料等；同时还要收集当地的水文气象资料，包括但不限于公路设计周期内年降水量、月最大降水量、日最大降水量、地表水分布情况及补给、径流、排泄条件等；另外，也要收集当地的滑坡史、易滑地层分布，以及当地滑坡整治的工程经验等。对区域图和区域资料的收集，宜关注以下问题：

（1）工程滑坡类型的认知。包括分析工程滑坡的岩土类型、变形类型，规模、性质和危害类型，以及大滑动破坏的趋势和时限等。

（2）滑动历史和治理经验的认知。对于老滑坡，关注有关老滑坡复活的案例或可能性，复活条件和危害，防治的可行性、防治方案和费用等。

2. 航片、卫片调查

航片、卫片调查可在现场调查前进行，也可在现场调查同期或现场调查后进行（见图 2-3-1）。随着无人机技术的快速发展，无人机航拍在工程滑坡的治理中得到广泛的应用，其具有时效性好、操作简单、精度较高的优点，在滑坡的防治工作中发挥了较好的作用。应当指出的是，在人员难以到达现场，或前期勘探的分析研究时，采用航片或卫片的调查和解译分析能解决部分问题，但笔者认为该方法仍受精度、分辨率、干扰因素等影响，难以替代现场调查，宜作为辅助手段选用。

3. 现场调查

现场调查既可以是文字记录、照片，也可以是草图、表格及简图分析等。现场调查主要包括对微地貌形态及其演变过程调查；滑坡周界、滑坡壁、滑坡平台、滑坡舌、滑坡裂缝、滑坡鼓丘等要素的调绘；滑动带部位、滑痕指向、倾角，滑带的组成和岩土状态，裂缝的位置、方向、深度、宽度、产生时间、切割关系和力学属性的调查分析；滑坡的主滑方向、主滑段、抗滑段及其变化的调查调绘；滑坡滑动带（面）的层数、深度和埋藏条件及其向上、下发展的可能性的调查分析等；还包括调查滑带水和地下水的情况，泉水出露地点及流量，地表水体、湿地分布及变迁情况。在现场调查中也应注意对滑坡带内外建筑物、树木等的变形、位移及其破坏的时间和过程的调查与分析。对于滑坡的重点部位，也可通过摄影或录像资料进行分析。

图 2-3-1　工程滑坡航片

(二)工程滑坡现场调查的主要内容

工程滑坡的现场调查主要包括滑坡几何要素和控制要素的调查,几何要素现场调查包括滑体调查、滑床调查和滑带调查,是现场调查最重要的工作内容。

1. 滑体调查

滑体与四周稳定岩土相比,有明显的扰动破坏痕迹,其变形破坏的程度受滑体的厚薄、移动距离长短、滑动中动能消失过程及滑速大小影响。相较滑体外的稳定围岩,滑体的岩土层一般较为松散、透水性大、完整性差和有错层或倾斜位移等。可以通过比对与周围岩土体在结构上的不同点或面而逐次确定滑体的范围,还可从结构松动层次(或新生裂隙发展)判断滑坡发展趋势和潜在的滑坡范围扩大与活动演变。从平面上来讲,处于最外缘裂缝及剪出口圈定范围内的岩土体部分均为松动变形体,即为滑体部分。从纵面上讲,滑带以上的岩土为松动的变形体,即滑体部分。从地貌形态上讲,对于老滑坡,滑体调查应关注坡上的植被有无"醉林"及马刀树等滑动迹象;对于新发生工程滑坡,应调查坡体上岩土体变形及土体上植被、构筑物、排灌水设施变形等。对于岩质滑体的滑坡,应调查松动岩体内的构造裂面状态,形态上是否已错断或张开,对于土质滑体的滑坡,也应调查滑体的松动、散碎情况,土体的密实性、渗透性,有无出水口或井窖等集水点等。现场调查可以选择自河底或沟底逐次向上进行,找出密实岩土的稳定体与松动滑体的分界带,根据地层关系、稳定体与松动体界限关系综合圈定滑体,并通过文字、图片、照片等记录滑体的有关特征和岩性特点等。滑体上的裂隙分布具有一定的规律性,滑动段、抗滑段等不同部位的裂隙类型和形状又具有明显的区别,因而滑体上的裂隙调查对进一步的滑体分析和力学分析具有很好的指导作用。

2. 滑床调查

滑床的判定具有三个基本条件:其一,相对隔水;其二,具有滞水或储水的形态;其三,顶面具有可生成滑带的岩土层。

滑床调查一般通过现场辨别坡体岩土的变形移位情况,查看岩土松动情况和松动范围,判别出滑动体和稳定体。对于多层滑动的工程滑坡,滑床的划定可依据变形先后和变形过程,逐阶段划定滑床。为提高滑床调查的准确性,常需调查比对工程建设前后的地形地貌变化情况,对原始地层、扰动地层和人工填筑层进行调查和分析。在滑坡剪出口调查中,往往可以发现滑带错出的岩土将滑床顶面的植被压倒的现象,这时需合理判定滑床的位置和地层。

3. 滑带调查

现场调查中滑带调查往往从地貌形态上着手,并以剪出口为重要的调查对象。

(1)滑带或潜在滑带地层筛选调查。

对滑坡坡脚至坡顶,或组成坡地地形的岩土,按岩土类别和大的地质时代区段逐类对比找出其中相对软弱的易滑岩土层;调查筛选出相对软弱的岩土层或结构层;调查各典型剪出口上下层面或接触带岩土层;并按由下向上的顺序,调绘出呈带状分布的软层部位,对于含水土层或向坡体外渗水的岩土层应重点标注,根据工程经验,该类岩土层多为滑带或潜在滑带。

(2)滑带生成部位调查。

对于具有区域群发性的阶地型滑坡,其滑带所在的剪出口常位于阶地底面附近,应注意调查沿阶地内侧的山坡坡脚一带水泉、湿地发育情况,该部位常为以上坡体的滑带生成部位。滑带生成部位调查,还应重点关注坡体内所有接触层面(如基岩顶面、顺坡断层带、不整合面、不同年代和岩性的岩层分界面、软弱夹层、岩浆岩侵入的风化壳、不同成因的岩土分界面以及卸荷的缓倾裂隙、填土与原地表接触面等),尤其是接触面呈剪张状态,并有渗水汇集渗出,且存在遇水软化的地层,均为滑带或潜在滑带的生成部位。

(3)滑带证据调查。

滑带证据调查,主要是对滑坡滑动痕迹的调查,包括滑痕、钙膜及滑带水流过的停积物调查,沿滑动方向的矿物平行排列情况调查,滑动后的岩土混杂与扰动现象调查,以及滑带上下的交叉裂隙与剪切裂隙调查等。对于老滑坡,还应调查老滑带岩土体中植物夹杂情况,也可以通过测试有关腐殖质的炭化程度来判断该次滑动迄今年龄。对于填筑土和原始地层接触带类型的滑带,还需调查填筑土与原始地层岩土松散性、饱水性、抗剪性及透水性等。

(三)不同物质组成类别的工程滑坡调查要点

(1)对于堆积层工程滑坡,由于堆积层物质组成、结构和地质时代、成因类型等复杂且多变,在内外营力作用下,尤其是在降雨影响下,常沿不同时代及不同成因的堆积土界面、土岩界面或古剥蚀面滑动。因此,堆积土滑坡地质调绘的重点是摸清各层岩土的界面分布和含水状况。其基本工作包括:

①调查不同成因类型土层的组合与分布情况,调绘其平面分布及平面界线划分。

②调查不同土层的顶底面、软弱夹层、下伏基岩顶面等的形态特征与含水状态。

③调查地表水的分布与补给、径流、排泄条件。

④调查地下水的活动情况及地下水补给、径流、排泄条件;调查坡面及坡脚的渗水

点等。

⑤调查和判断堆积层的发育历史与演变过程。对于人工堆积层,还要调查形成历史,堆积过程的处治措施等。

(2)对于膨胀土地层的工程滑坡,由于膨胀土富含亲水性矿物,具有胀缩性、裂隙性、超固结性等特点,膨胀土地层滑坡往往表现出浅层性、季节性、间歇性、多次滑动性、牵引性、成群分布等特点。其调查要点一般包含以下内容:

①地形形态,包括斜坡自然坡度、坡高、坡长、坡面建筑或构筑物分布情况及位置等,建筑物或构筑物既包括房舍,也包括道路、输电线路线杆或线塔等。

②地貌特征,包括冲沟发育形态、坡面冲刷、剥落、地表植被生长状况等。

③膨胀土地层时代、成因性质、地层岩性、结构构造、分布范围等。

④膨胀土裂隙发育程度、形态、宽度、贯通及延伸长度、分布间距、密度,充填物性质及裂面特征。(膨胀土裂隙发育深度,在一定程度上反映了膨胀土活动区的深度,也反映了膨胀土滑坡特征。)

⑤膨胀土层夹间的软弱层、砾石层、结核层等。

⑥膨胀土层与下伏基岩接触面的形态、产状,下伏基岩岩性、结构面特征及含水状态等。

⑦滑坡范围、滑动面位置,剪出口地形隆起情况[膨胀土滑坡的滑动面(带)常有清晰的镜面擦痕,滑体有明显的反翘、台阶、陡坎等]。

⑧坡面地表水分布及补给、径流情况,地下水出露情况,补给、径流、排泄条件。

⑨当地降雨、蒸发、气温、日照等资料,确定大气影响的活动区深度。

(3)对于黄土地层滑坡,其地质调查的重点包括以下内容:

①黄土的地质时代、成因类型。

②新、老黄土的分界面,古土壤层、粉细砂层、砂砾卵石层、钙质结核等夹层的分布和倾斜度,与下伏岩层接触面的形态、倾斜度和含水状态。

③调查黄土滑体的周界、潜在破坏影响的范围。

④调查滑带和各潜在滑带的空间位置,调查滑带土是黏质黄土滑带,还是粉质黄土滑带,或是软岩滑带等物质类型。

⑤调查滑床或稳定岩土体层位,调查坡体与滑床的空间位置关系。

⑥滑坡裂缝与裂隙调查,既包括坡表裂缝与裂隙,又包括黄土柱状节理、卸荷裂隙等的分布、发育程度、组合关系情况,也包括新构造发育地区老黄土中构造裂隙的组合分布,特别是倾向临空面的裂隙产状和受水、受气作用的情况。

(4)破碎岩体工程滑坡调查要点有:

①破碎岩体的地质时代、成因与组成成分。

②破碎岩体的分布范围、厚度、风化破碎程度及胶结情况。

③各类结构面、泥化夹层、节理裂隙等的性质与分布发育情况。

④可能产生主滑动带岩土的分布、厚度、松散程度和含水状态。

⑤地下水类型、发育程度、补径排条件及其与滑坡的关系。

⑥对于断层破碎岩,还应调查断层产状、性质,上下盘接触面特征,断层泥、糜棱带的

部位。

(5)沉积岩类层状岩体滑坡地质调查重点有:

①各岩层地质时代、沉积环境与成岩矿物等。

②岩层结构特征、性质,层理、层厚等成层情况,节理发育情况,层理、节理组合与坡向的空间位置关系及影响。

③软岩夹层的分布情况,软岩与硬岩接触带、顺坡结构面等在斜坡上的产状变化,层间错动情况,以及软弱夹层在临空面上出露的位置。

④构造裂隙面的组数、组合、产状、宽度、长度、贯通性、充填情况、力学性质。

⑤地下水类型,各岩性段渗透性以及地下水活动情况。

(6)块状岩体滑坡地质调查的重点有:

①块状岩体的成因、类型、构造发育情况。

②块状岩体矿物成分、软弱结构面或泥化夹层发育情况。

③侵入岩脉、构造节理发育情况、变质岩的易软化矿物定向排列情况。

④地下水类型、发育情况、岩体渗透性,以及地下水活动情况。

⑤主滑动面(带)与坡体临空面几何关系,滑动带与软弱夹层、构造破碎带和风化破碎的岩脉空间位置关系。

(四)滑坡影响的公路路线及构筑物调查

1. 滑坡与公路路线关系

工程滑坡与公路路线的关系决定了滑坡处治方案选择的方针,开展的调查工作应包含滑坡平面范围与路线红线范围的重叠和距离等关系,坡上、坡下以及高程上的相对关系,滑坡发展趋势以及范围扩大影响的路段等。

2. 滑坡影响构筑物受力调查

对于一般的路堑边坡和路堤填方部位的工程滑坡,可按路基稳定性分析评价要求的调查内容实施现场调查,对于桥梁墩台涉及的工程滑坡,还应调查桥梁的基本受力情况、水平力极限荷载等。对于隧道工程应调查和研究隧道洞身或洞口应力分布情况和工程有关断面全部或部分承载能力。

3. 构筑物容许位移调查

对于存在机电设备、储水设备和管道、线路工程的构筑物,桥梁墩台、桩基结构,以及隧道洞身、洞门等构筑物或结构物,应对结构整体或关键部位的位移允许值进行调查和记录,为后期工程滑坡处治决策和处理措施提供准确的外界条件因素。

三、工程滑坡的测绘

对于工程滑坡处治设计,一般都需要进行地形测绘和地质测绘,主要内容包含绘制带等高线、标高和地质信息的工程地质平面图和各种工程地质断面图。

(一)测绘的范围和精度

初步勘察阶段滑坡平面测绘的比例尺不宜小于1∶2 000,工程地质断面图的比例尺宜为1∶200~1∶500。测绘的范围应包括滑坡及对滑坡有影响的区域。滑坡边界、滑坡台阶等滑坡要素应实地测量。

详细勘察阶段平面测绘的比例尺一般为1∶500～1∶2 000，工程地质断面图的比例尺宜为1∶200。测绘的目的在于进一步查明工程滑坡的各项要素。

滑坡的测绘一般与路线和构筑物的设置相结合。

岩层露头、滑坡边界、滑坡裂缝、滑坡台阶、滑坡壁、滑坡鼓丘、地下水露头、地层接触线等部位应布置调绘点。

滑坡剪出口、裂缝等露头不良时，宜辅以挖探等进行调绘。

鉴于工程滑坡的规模以中型和小型滑坡为主，工程地质平面图一般宜按1∶500比例尺精度要求，对高差大于0.5 m的陡坎应能测出。对于陡坡地段，高差1 m以下的陡坎应能准确测出。

滑坡四周的测点应集中在后缘、侧缘错台，以及前缘滑带剪出口等。滑坡体的测点应集中在滑坡体内的台阶边缘与冲沟、滑坡前部的鼓丘起伏以及滑坡范围内的局部坑洼与隆起，并包括河岸受冲刷的坡脚等地段。同时应重点测绘及标注出地物的变形和地裂缝等滑坡痕迹，地表水泉、湿地和池塘，以及地质地貌、变形迹象等滑坡要素。

测绘范围一般应包括滑坡体、潜在滑体（块），以及与滑坡相邻的稳定地段。测绘时后方测至滑坡壁以外有一段稳定斜坡（一般不小于1倍滑坡长度）；前方测至坡脚沟底或河床，必要时可至对岸；两侧包括滑坡边缘，常以相邻的自然沟为界。在下述情况下需扩大测绘的范围：

（1）滑坡的地质条件复杂，有必要与范围以外及两侧的地层岩性特征、地质构造和水文地质条件相对比，方可说明滑坡生成条件及性质的地段。

（2）滑坡需按范围以外邻近地段的某些地貌特征（例如砂卵石露头的阶地、垄与坎的错位、上层与下层的断开等迹象）和第四系的某些地层成因与产状，在对比中方可说明古老滑坡的形迹、规模和要素，以及与现在有滑动关系的地段。

（3）从防治工作需要出发，为满足线路方案比选、防治工程项目比选和整治措施比选等需求，需要扩大测绘的地段。例如，当截排地下水的廊道和盲沟、盲洞及盲沟的进出口，出洞后或盲沟外的排水沟等在滑坡范围以外时，测绘范围应包含所有工程涉及的地图范围。

（二）工程地质测绘的主要内容

工程地质测绘主要内容包括重要的地貌点、地质点和整治工程，地貌点、地质点和工程部位点的位置与标高，以及形迹与形态均应测绘并标识于工程地质图上。其余出露不明显的滑坡要素及地质特征，需在地形测绘完成后，经过调查、槽探等验证后，再补充完善。

1. 工程地质平面图

通常的地形图是正北朝上，可标真北或工程坐标北等，但滑坡地形图为了便于描述滑坡，一般是沿滑动方向从上至下，图幅从上至下由坡顶到坡脚测绘的，指北方向并不一定朝上。同时在对各岩层产状、构造裂面产状和滑痕指向以及地震裂缝的走向等的调查及测绘，使用的地质罗盘仪是以磁北为准的，所以滑坡地形图上多标磁北，一般不用真北及工程坐标北。当以真北或工程坐标北标示方向时，应标明磁北与标示方向的关系。

滑坡地形图一般测有经纬度及海拔标高，公路工程中的滑坡测量多以路线为准引出基线。海拔标高多通过国家水准基点引测确定。滑坡地形图上有经纬距及海拔标高,就可以通过其地理位置获得所在地的气象条件和地震条件等基础数据。滑坡工点的测量基线,多选在山坡脚与当地山坡走向平行,一般新生滑坡和老滑坡的滑动方向因常垂直于山坡走向,则垂直基线的断面可能接近于滑动方向,故可按垂直山坡的断面分析滑坡生成的条件及性质,较为切合实际。在滑坡范围大且滑动缓慢的地段,需要进行监测或对比多次航测图与立体摄影图中同一构筑物的变动而求出滑坡的移动量,必要时需建立三角网点及导线,做出永久标志及校核基准标绘于图件上。

作为测绘成果的工程地质平面图在地貌上要有滑坡各要素、地裂缝等;在地质及水文地质上有地层岩性的露头、断层、构造线,各勘探点、勘探线,水泉、湿地;在建筑物变形上有电杆倒、斜,水沟断裂与错开,房屋歪斜与破坏,树木歪斜、翻倒与移位等。各类地质点及地貌点在图上的部位要精确显现且迹象鲜明,以便于突出工程滑坡的规律与特点,一般用各种图例和符号标识,并编号测绘于图上,然后在图幅的适宜范围内按号附素描(或彩照)和说明。

2. 工程地质断面图

滑坡勘察的工程地质断面图一般分为两种。一种与滑坡滑动的方向一致,称之为工程地质纵断面图;一种与滑坡的滑动方向相垂直,称之为工程地质横断面图。应当指出的是,滑坡由后缘至前缘的滑动方向不一定是直线,因而平行于滑动方向的滑坡主轴线在平面上亦非全是直线,而是多呈直线或折线,甚至某些地段为曲线;在主滑断面图上,则宜沿滑动轴线绘制。

滑坡的工程地质纵断面图应包含滑坡主轴纵断面应测的最小范围,一般从滑坡主滑后壁以外的一段稳定地段起,经滑坡后部的错台及滑坡湖(洼地)至滑坡中部的台阶区(包括主、次平台及次错壁),再从滑坡平台的前缘经前缘斜坡而达滑坡前部的鼓丘起伏区,直至滑坡出口,达到剪出口以外一段稳定的老地面为止。同时,尚应考虑滑坡主滑后壁以外上方坡体上可能发展的范围,以及滑坡前缘出口以外滑带向下、向前发展的范围。滑坡的工程地质断面测量要着重测出滑坡四周分界部位的微地形变化,在断面上要反映出地貌和地质点(包括水泉的标高)、建筑物及其变形。一般在滑坡的要素部位(例如后缘裂缝区)应测出高差超过 10~20 cm 的陡坎,其他部分的高差达 50 cm 时也应测出标示。所以,在测断面时应有地质人员配合,按照地质条件始可确定每一滑坡断面应测出的范围。同时应在断面上标出各滑坡要素和地质点的部位、地裂缝和断层等及其产状。因此,比例尺宜为 1:200,不能再小;否则,在断面上无法全面标出上述各个地貌点、变形点、地质点和水文地质点以及各滑坡要素。

工程地质断面图应综合各种勘探成果,在断面上应标出相应的地质勘探点(钻孔、物探点、坑槽洞探等)的位置,附注说明每层的简要地质条件,并对控制性要素的关键地层进行突出标识,标识岩层、岩体及层理、节理等信息。

3. 工程地质测绘的工作要点

工程地质测绘工作的要点包括点、线、面等各种地质要素,主要包括以下几个方面:

(1)测出各个地层分界线,对第四系地层应标明年代、成因类型、岩性,并用小柱状图注明各层厚度,在图例上应说明其颗粒组成、特殊矿物及含水状况。对基岩应分时代圈出岩石露头的范围,并用图例标明地层年代、岩石的层厚及岩石名称;在露头处应填绘该岩层的产状、构造裂面的组数及每一组的产状;在小柱状图上除注明各岩层的厚度外,并应说明风化破碎程度及其厚度和含水状态。

(2)测出各种地质构造现象,如断层,应在图上标出具体位置、产状、性质(出露地段用实线,推测地段用虚线);对岩层倒转,在其边界标出相应的符号;岩层向、背斜等挠曲构造,不整合与假整合构造,火山喷出口等均应测出部位,并在图上标以符号。

(3)测出各个不良物理地质现象,如滑坡范围内的局部坍塌、边坡滑坡、崩塌和泥石流等,均应将其范围圈在图上,标出相应的图例符号,并在图例上说明其性质。

(4)测绘各个水泉、湿地,将之测至图上,并分别用相应的图例符号说明每处水泉、湿地的性质与季节关系(包括涌水量等);对各流水的自然冲沟,分段标出所测流量(注明年月),以说明有无地下水向之补给及地表水的渗漏关系。

(5)测绘各地质调查点、勘探点、各个地质断面线等,并用图例符号标在图上的相关部位。

(三)工程地质测绘的成果应用

为反映滑坡的真实情况,对一些滑动的迹象及滑坡定性与定量的依据(例如在滑坡后缘错壁和滑坡前缘出口上的产状与滑痕指向、滑带岩土组成的构造迹象和含水状态、滑体上建筑物变形与破坏现象等),应编号结合彩照及素描附在平、断面图的适当位置,可帮助平、断面图达到更能说明问题的目的。通过测绘编制的工程地质平面图和工程地质断面图可以用于以下用途:

(1)分析出滑坡范围(包括可能的发展)、滑坡性质(包括当前所处的滑动阶段和可能的急剧变化)、滑坡类型(滑带层数及其所在的地层岩性和可能的转变)、滑坡生成条件(与当地地质条件的关系)和促使滑动的主因(与河流冲刷、地下水作用和地表水作用等的关系)等。

(2)安排生产设施和相应的滑坡加固工程措施,方案比选中每一方案要绘出平面上的分布与立面上的具体部位。

(3)对选中的方案绘出生产设施和各个滑坡加固工程措施设计在平面上的分布及立面的位置。

(4)在施工生产设施和各个滑坡加固工程措施中可作为放线的依据,地形图及断面图应有一定精度和比例,否则不能满足要求。其中平面图比例应为1:500,断面图的纵横比例应一致为1:200。但是有些项目为节约测量费用和便于粗略审阅而对平面图采用比例1:1 000或1:2 000,断面图采用1:500~1:100,甚至纵横比例不一致。在实际工作中,因断面图纵横比例不一致而失真,因比例尺小而在分析及勾连滑带时产生失误、计算精度不足等教训颇多;平面图比例尺小,许多变形迹象反映不清影响分析,工程措施反映在平面图上密密麻麻,不利于审核。

四、工程滑坡的勘探测试

工程滑坡的勘探和测试是滑坡勘察的主要内容,也是滑坡处治所需岩土结构认识和岩土参数取得与处治设计的主要依据所在。勘探方法一般采用槽探、井探、硐探、工程钻探、工程物探等五类，测试方法主要分为原位测试和室内岩土试验两大类。

（一）槽探

槽探具有施工简便、技术设备要求不高、速度快、成本较低的特点。一般用于确定滑坡周界、后缘滑壁和前缘剪出口附近滑动面（带）的产状及裂隙延伸情况，采集原状岩土试样，有时也可用作现场原位剪切试验（见图 2-3-2）。

图 2-3-2　滑坡槽探

（二）井探

井探用于观察滑体结构和滑动面（带）特征、采集原状岩土试样和进行原位剪切试验。井探主要应布置在滑坡的中前部主轴附近，可与抗滑桩井相结合布置。

（三）硐探

硐探分为平洞和斜洞两种，主要用于了解滑坡内部特征，采集原状岩土试样和进行原位剪切试验。硐探适用于地质环境复杂，厚层、巨厚层滑坡。洞口宜选在滑坡两侧沟壁或滑坡前缘。平洞可兼作观测洞，也可用于汇、排地下水，常结合滑坡排水盲洞施工布置。

（四）工程钻探

工程钻探是滑坡勘探最常用的方法，主要通过钻探、取样和原位测试来查明滑体结构、滑动面（带）深度和层数、地下水赋存情况及水位、水量等，通过采集滑体、滑动面（带）及滑床岩、土、水样进一步取得滑坡分析评价和治理的岩土参数，并可通过钻孔成孔进行滑坡深部位移的观测。

（五）工程物探

工程物探可用于探测滑坡厚度、地下水分布及监测滑坡变形等。

探测滑坡厚度可选用折射法、反射法、瑞利面波法、高密度电法、电测深法、地质雷达法等。

探测滑坡地下水分布可选用电剖面法、激发极化法、充电法、瞬变电磁法等。

高密度电法一般在滑坡规模较大、物性差异较大、地形地物变化较小时采用，常用于了解滑体厚度、岩性变化，了解下伏基岩起伏和断裂破碎带的分布，了解滑坡区含水层、富水带的分布和埋深等效果较好。

浅震反射波法一般在非人口密集区滑坡规模较大时采用,常用于探测滑坡区基岩埋深,滑动面(带)位置、形状等。

监测滑坡变形可选用井斜测量和井径测量。

(六)原位测试

滑坡勘察中的原位测试主要分为两大类,一类是滑带或潜在滑带的力学原位测试,既包含在钻探过程中对软弱土层及软弱夹层采用的动力触探或标准贯入试验,又包含布置于探槽或探洞内的剪切等力学原位测试试验。另一类是在滑坡体上施做的水文地质与水力联系试验,包含抽水井、观测井及在钻孔中测滑带水流向的试验等原位测试。

(七)岩、土、水室内试验

滑坡室内的岩土试验对于砂土、碎石,主要是颗粒分析试验,对于岩石主要是结合支挡工程设计选取代表性岩样做抗压强度试验和剪切试验。

滑带岩土的抗剪强度试验应结合滑动条件、岩土性质选择滑面重合剪、重塑土多次剪切试验等,具备条件时,宜进行原位大面积剪切试验。

宜采集水样做水质分析,评价环境水的腐蚀性。

五、工程滑坡勘察的注意事项

工程滑坡的勘察不同于一般公路构筑物的勘察,在勘察方法选择、工艺要求及勘探记录要素上有更高的要求。

(一)勘察方法的选择

勘察方法的选择应根据勘察目的、任务及工期要求综合确定。

(二)勘探工艺的要求

滑坡工程地质钻探应根据滑坡体及滑带的物质组成选择干钻、无泵反循环或双层岩芯管钻探等方法。

钻探应严格控制钻进回次。至预估的滑带以上 5 m 或发现滑带迹象时,必须进行干钻,回次进尺不得大于 0.3 m,并及时检查岩芯,确定滑带的位置。物探断面宜与钻探断面一致。采用的物探方法应在方法试验的基础上确定。

(三)地下水的勘探

在钻探过程中遇地下水时,应尽量量测初见水位、稳定水位,确定含水层厚度。地下水发育时,应做抽水试验。

第三章　河南省公路工程滑坡易发地区研究

第一节　地理与地貌因素分析

河南省公路工程滑坡的孕育和发生具有明显的区域特征,从区域地貌上来说,在地域上,济源、洛阳、郑州处于高易发区;在地形和微地貌上,在台地区具有多发性特征;在地质构造上,构筑发育的地段岩体破碎,水文地质条件复杂,容易造成公路工程滑坡;在气象因素上,降水具有明显的影响;在人类活动方面,集中开发在时间效应上也有一定的规律性。

一、河南省滑坡发育的地域特征

河南省总面积 16.7 万 km^2,包括郑州、新乡、洛阳、安阳、焦作、济源、许昌、平顶山、漯河、开封、濮阳、鹤壁、南阳、三门峡、驻马店、商丘、信阳、周口 18 个地级市。根据国土部门统计的成果,河南省境内滑坡发育具有一定的地域分布特征和孕灾特点。

(一)郑州市

郑州市位于秦岭东段余脉,属于我国第二级地貌台阶与第三级地貌台阶的交接过渡地带。郑州总体上地势西南高、东北低,由西部、西南部构造侵蚀中低山逐渐过渡为构造剥蚀丘陵、黄土丘陵、倾斜台地和冲积平原。

郑州市的土质滑坡主要分布于北部黄土丘陵地区以及基岩山丘黄土覆盖和风化坡积物地带,岩质滑坡分布在西部嵩山、西南部箕山及其环山基岩丘陵地形陡峻、风化强烈的斜坡地带。其中,土质滑坡是区域最主要的类型。

郑州市的土质崩塌主要分布于西部巩义、荥阳黄土丘陵地区,在中西部的新密、登封黄土覆盖丘陵及河谷地带亦有分布;岩质崩塌主要分布于西部嵩山、西南部箕山和环山基岩丘陵地区,尤以嵩山背斜两翼和箕山背斜北翼发育明显。

郑州市目前存在滑坡灾害隐患点 105 处,崩塌 385 处,不稳定斜坡 102 处,其中,特大型崩塌隐患点 4 处,滑坡隐患点 2 处,不稳定斜坡 2 处。主要分布在登封、荥阳、新密等中低山丘陵区。

据有关资料统计,自 1992 年以来,全市共发生以崩塌、滑坡为主的地质灾害百余起,死亡 37 人,受伤数十人,毁坏房屋数百间,破坏了大量的耕地、电力及水利和公路设施等,直接经济损失超过 5 000 万元。

(二)洛阳市

洛阳市地处崤山和熊耳山东翼,外方山的北侧,总体地势西高东低。地貌分为南部熊耳山北麓及西北崤山侵蚀构造中山地貌、洛宁断陷盆地及嵩县盆地边缘的侵蚀构造低山丘陵地貌、洛宁和嵩县盆地的侵蚀堆积黄土台塬地貌和分布于洛河、大涧河及伊河沿线一带的倾斜堆积台地地貌。

洛阳市境内山川、丘陵、黄土台塬交错，地形复杂多样。滑坡在各个县（市、区）均有发生，其中南部、西部基岩山区，栾川、嵩县、洛宁等地较为集中。

洛阳市的土质崩塌主要分布在洛阳市西部及西南部的洛宁、嵩县、偃师、汝阳、伊川、新安等地的黄土台塬区，以黄土崩塌为主，规模多为中小型。岩质崩塌主要分布在洛阳市西北部、西部以及南部基岩山区，以栾川、嵩县、新安、伊川、洛宁、汝阳等较为集中。

洛阳市存在滑坡 382 处，崩塌 367 处，不稳定斜坡 105 处，其中特大型崩塌 4 处，特大型滑坡 1 处，特大型不稳定斜坡 1 处。崩塌、滑坡主要分布在洛阳西南部和西部中山区的栾川县和洛宁县，西北部的新安县有 1 处特大型滑坡。据有关资料统计，洛阳市近年来滑坡、崩塌等地质灾害发生达 706 起，死亡 139 人，受伤 8 人，直接经济损失达 21 828.74 万元。

（三）安阳市

安阳市地处太行山东麓，地势西高东低。西部为太行山隆起区的侵蚀剥蚀中山地貌，中部为剥蚀堆积地貌的低山丘陵，东部渐变过渡到低缓的垄岗地貌，垄岗以东为堆积平原地貌。

安阳市的滑坡灾害主要分布在林州市境内林滤山中低山区。土质滑坡主要发育在中低山的斜坡上及工程切坡过陡处，岩质滑坡主要分布于基岩山区。

安阳市的崩塌以基岩崩塌为主，一般为小型，主要分布在主干断裂带附近的脆性地层中，在矿山及边坡陡峭的公路沿线也有分布。

安阳市已发现崩塌 7 处，滑坡 30 处，不稳定斜坡 29 处；其中大型 14 处，中型 28 处，小型 24 处。无特大型，主要分布在林州市中低山丘陵区。

（四）鹤壁市

鹤壁市位于太行山东麓与华北平原的过渡地带，地势西高东低，有低山、丘陵岗地、平原 3 种地貌类型，东部为太行山东麓的侵蚀、剥蚀低山；中部为丘陵岗地，主要分布在低山区以东，京广铁路以西；京广铁路以东为平原区，属于淇河、卫河、黄河冲洪积形成的冲洪积平原。

鹤壁市的滑坡以土质滑坡为主。滑坡物质组成多为黏土和风化残坡积碎石土，主要分布在西部丘陵地带以及基岩山区黄土覆盖和风化坡积物地带。

鹤壁市的崩塌分为土质崩塌和岩质崩塌两类。土质崩塌主要分布于西部山前黄土丘陵地区，以自然降雨型引发的崩塌为主，其次为人工挖掘动力型及河流沟谷侧蚀型崩塌；岩质崩塌主要分布于西部基岩山区和丘陵地区。

鹤壁市分布有滑坡 15 处，崩塌 38 处，不稳定斜坡 25 处，其中大型 7 处，中型 20 处，小型 51 处。鹤壁市突发性的滑坡、崩塌时有发生，滑坡、崩塌等灾害已造成人员伤亡 21 人，毁坏公路累计 2.696 km。

（五）濮阳市

濮阳市位于东濮凹陷之上，地貌属于黄河冲积平原。地势较为平坦，自西南向东北略有倾斜。由于历史上黄河沉积、淤塞、决口、改道等作用，造就了濮阳平地、岗洼、沙丘、沟河相间的地貌特征。

濮阳地势低洼平坦，典型的崩塌和滑坡不发育，个别道路存在局部的不均匀沉陷引起的塌陷及水毁等。

(六)新乡市

新乡市位于河南省北部,地处太行山东麓与华北平原的交接过渡地带。地势总体西高东低,有低山、丘陵岗地、平原 3 种地貌类型,其中新乡西北部属于太行山东麓的侵蚀、剥蚀低山区,低山区东部为丘陵岗地地貌,丘陵岗地以东是呈条带状近南北展布的平原地貌。

根据有关统计资料,新乡市现有滑坡 56 处,崩塌 64 处,不稳定斜坡 24 处;按规模和危害程度来分,特大型 3 处,大型 5 处,中型 32 处,小型 104 处。

新乡市分布有特大型滑坡 3 处,均分布在新乡市北部的太行山区。新乡市北部的山区、丘陵区高陡边坡和陡崖地貌,强烈的风化侵蚀和剥蚀作用,并且在人类工程活动的影响下,极易诱发崩塌、滑坡等地质灾害。据不完全统计,从新中国成立初期到 2004 年底,新乡市共发生地质灾害 102 起,造成 27 人死亡、8 人受伤,直接经济损失达 3 172.6 万元。

(七)三门峡市

三门峡市位于河南省西部,豫、晋、陕三省交界处,地处豫西丘陵山地西部,地形地貌复杂,兼有山地、丘陵、黄土台塬、河流阶地等地貌类型,地势西南高、东北低。辖区内中部、南部、西部、东南部、东北部主要为中山、低山地貌;丘陵地貌主要分布于辖区内陕州区东南部、灵宝市弘农涧河东南、渑池县城和义马市涧河两侧;河谷阶地和黄土台塬主要分布于市区北部沿黄南岸一带。三门峡市有“五山四陵一分川”之称。

三门峡市的滑坡分为土质滑坡和岩质滑坡两类。岩质滑坡集中分布于卢氏、灵宝、陕州区等地,以自然沟谷边缘、交通沿线两侧及居民房前屋后切坡处等场所较为集中;土质滑坡主要分布于灵宝、卢氏、陕州区、渑池、湖滨区等低山丘陵区,即黄土及风化坡积物覆盖较厚地区。

崩塌是三门峡主要地质灾害之一,按物质构成可分为岩质崩塌和土质崩塌两类。岩质崩塌主要分布于卢氏、灵宝、蒲池、陕州区等地形陡峭、沟谷纵横、地质构造复杂、岩体风化、人类工程活动复杂而强烈的基岩山区;土质崩塌主要分布于灵宝、陕州区、渑池等地,集中发育于黄土塬边缘和黄土山地丘陵区。此外,黄河在灵宝、陕州区等局部地段塌岸较为严重。

据有关资料统计,三门峡市有滑坡 159 处,崩塌 217 处,不稳定斜坡 77 处(含黄河塌岸 7 处);其中,特大型 1 处,大型 37 处,中型 128 处,小型 280 处。其中特大型滑坡 1 处,区内滑坡、崩塌较多分布于三门峡灵宝市、卢氏县境内的中低山区。

(八)济源市

济源市位于我国第一阶梯与第二阶梯的交界处,地势西北高、东南低,北部和西部为太行山和中条山,南部和东南部为黄土丘陵。其中,山区占全市总面积的 67.8%,丘陵区占全市总面积的 20.4%,平原区占全市总面积的 11.8%。

济源市的滑坡分为土质滑坡和岩质滑坡两类。主要分布于邵原镇、王屋镇、大峪镇、下冶镇、坡头镇、承留镇、思礼镇、轵城镇一带。

崩塌是济源市丘陵区和山区常见的一种地质灾害,规模大部分为小型。按物质构成可分为岩质崩塌和土质崩塌两类,主要分布在北部山区和西南部丘陵区,即王屋镇、下冶镇、邵原镇、大峪镇、较城镇等一带。

据国土部门资料，济源市有滑坡174处，崩塌62处，不稳定斜坡60处；其中特大型1处，大型10处，中型60处，小型225处。济源市存在特大型崩塌点1处，滑坡、崩塌主要分布在北部山区和西南部丘陵区。

（九）焦作市

焦作市地处太行山脉与豫北平原的过渡地带。地势由西北向东南倾斜，从北部山区到南部平原呈阶梯式变化。山地地貌主要包括构造侵蚀中山、构造溶蚀低山和构造剥蚀丘陵；山前平原地貌包括山前倾斜平原、沁黄河冲积平原、冲积扇及扇前洼地、岗地和滩地等。

焦作市的滑坡按动力成因分为自然动力型滑坡和人工动力型滑坡两类。自然动力型滑坡多为岩质滑坡，主要分布在北部中山区，以暴雨诱发型居多；人工动力型滑坡主要分布在铁路、公路沿线和开采矿区及其周围。

焦作市的崩塌按动力成因分为自然动力型崩塌和人工动力型崩塌两类。自然动力型崩塌主要分布于焦作北部的太行山区和南部黄河、沁河沿岸；人工动力型崩塌主要分布于北部丘陵区和南部平原区，主要是由采矿活动引起的。

焦作市已发现滑坡4处，崩塌40处，不稳定斜坡37处；其中大型1处，中型19处，小型61处。

据不完全统计，自1990年以来，焦作市发生较大规模的滑坡、崩塌等地质灾害多起，死亡6人，破坏房屋400余间，毁坏公路约10 km、公路桥梁2座、水库1座，直接经济损失6 000万元，间接损失近2亿元。

（十）平顶山市

平顶山市位于河南省中南部，地处豫西山地和淮河平原的过渡地带，西部以山地为主，东部主要为平原，具有西高东低的特征，主要地貌类型为山地、丘陵和平原，从总体上呈现北西—南东展布的“三山夹两河”地貌。

平顶山市的滑坡分为土质滑坡和岩质滑坡两类，主要分布于辖区内北部和西部山区，规模均为中小型，土质滑坡成分多为碎石土，一般发生于松散坡积层与基岩接触带。

平顶山市的崩塌按物质构成可分为岩质崩塌和土质崩塌两类。岩质崩塌主要分布于鲁山县基岩山区旅游道路沿线，表现为小规模的崩塌及危岩体；土质崩塌多位于黄土丘陵区和膨胀土分布地带。

平顶山市存在滑坡137处，崩塌76处，不稳定斜坡58处；其中特大型1处，大型18处，中型71处，小型181处。特大型滑坡隐患点1处，位于平顶山市区北部山区。总的来说，箕山、外方山山地滑坡、崩塌易发、高发，下汤镇西北及昭平台库区南、尧山镇、鲁山县中西部、舞钢市山地等区域都是滑坡、崩塌的易发和高发区。

（十一）南阳市

南阳市位于河南省西南部，东、北、西三面环山，中南部为开阔的盆地，山区、丘陵、平原各占1/3。

南阳市的滑坡分为岩质滑坡和土质滑坡两类。岩质滑坡与土质滑坡在南阳市均较为发育。岩质滑坡主要分布在伏牛山中山区、伏牛山东南部低山丘陵区，多为暴雨成因类型；土质滑坡主要分布在低山区，以暴雨型滑坡为主。

南阳市的崩塌按成因分主要有剥蚀卸荷型崩塌、河流侧蚀型崩塌和人工采掘型崩塌，前两者是自然因素形成的，后者是人为因素形成的。剥蚀卸荷型崩塌主要分布在宛西伏牛山中山区、伏牛山东南部低山丘陵区，崩塌规模大小不一；河流侧蚀型崩塌主要分布在白河和唐河两岸；人工采掘型崩塌分布范围较广，主要分布在山区公路沿线及露天采矿、采石场等矿业活动剧烈地段附近。

南阳市分布有滑坡245处，崩塌251处，不稳定斜坡190处；其中大型39处，中型270处，小型377处。南阳市滑坡崩塌的分布与地形、地貌、地质环境条件有着密切的关系。伏牛山中山区，伏牛山东南部低山、丘陵区，桐柏-大别山区都有滑坡、崩塌不良地质的分布。

（十二）信阳市

信阳市位于河南省南部，地处华北平原南缘，地形地貌明显呈山区与平原接触带特征，可划分为山地、丘陵岗地、平原与洼地三类。大别山与桐柏山构成豫南山地蜿蜒于豫鄂边界，中部是丘陵岗地，北部是平原和洼地。

信阳市的滑坡分为岩质滑坡和土质滑坡两类。岩质滑坡主要分布于南部基岩山区，以光山、新县、商城等地较集中；土质滑坡主要分布于罗山、光山、新县、商城等低山丘陵区，成分多为碎石土，一般发生于松散坡积层与基岩接触带。

信阳市的崩塌按物质构成可分为岩质崩塌和土质崩塌两类。岩质崩塌主要分布于光山、罗山、新县、商城等地基岩山区，土质崩塌主要分布于浉河区、平桥区、罗山、光山等地。

据国土部门有关统计资料，信阳市存在滑坡264处，崩塌69处，不稳定斜坡93处，按规模分类特大型19处，大型44处，中型123处，小型240处。其中，特大型滑坡点2处、崩塌点2处、不稳定斜坡15处。主要分布在信阳东南部中低山丘陵区。

（十三）驻马店市

驻马店市位于河南省中南部，地势西高东低，由西部构造剥蚀中低山，向东逐渐下降过渡为构造剥蚀丘陵、倾斜平原和冲积平原。

驻马店市分布有滑坡13处，崩塌14处，不稳定斜坡10处；其中大型1处，中型9处，小型27处。

驻马店市的崩塌、滑坡分为土质崩塌、滑坡和岩质崩塌两类。土质崩塌、滑坡主要分布于西部、西南部确山、泌阳、西平等地的山前坡积物地带，岩质崩塌主要分布于西部泌阳、确山等基岩裸露山区。其西南部、西部山区是滑坡、崩塌的高发区，山前丘陵岗地是崩塌、滑坡的易发区。

（十四）许昌市

许昌市位于河南省中部，京广铁路纵贯南北，许昌市西部为低山丘陵，东部为淮海平原西缘，地势西北高、东南低，自西北向东南缓慢倾斜。地貌景观呈东西向分带，按地貌成因及形态组合，可分为平原、低山丘陵和岗地三大类。平原主要分布在中东部，低山丘陵主要分布于禹州市西部及长葛市西北部，岗地主要分布在禹州、长葛及襄城。

许昌市的滑坡分为土质滑坡和岩质滑坡两类。土质滑坡除个别分布在长葛市西部的岗地外，主要分布于禹州市西部、北部山区；岩质滑坡均分布在禹州市西部低山丘陵区。

许昌市的崩塌按物质组成可分为土质崩塌和岩质崩塌两类。土质崩塌主要分布于长葛市西部的丘陵区,岩质崩塌主要分布于长葛市西北部和禹州市西部的低山丘陵区。

许昌市分布有滑坡16处,崩塌17处,不稳定斜坡2处;其中大型2处,中型6处,小型27处。主要分布在许昌西部、北部低山丘陵和中北部丘陵区,禹州西部、北部尤其发育。

(十五)商丘市

商丘市位于河南省的东部,地处华北平原的东南部,黄淮冲积平原的交接部位,除永城市北部芒砀山外,商丘地区地势平坦,地势西北略高,东南稍低,由西北向东南微倾斜。商丘地区的地貌可划分为:黄淮冲积平原地貌,广泛分布在商丘境内;剥蚀残丘地貌,分布在永城市北部芒砀山一带。

市域内主要发育有崩塌,主要分布于人类矿石开采活动强烈的芒砀山,均为岩质崩塌。国土部门统计记录的崩塌有1处,规模为小型。

河南省滑坡、崩塌、不稳定斜坡分布地域特征见表3-1-1。

表3-1-1　河南省滑坡、崩塌、不稳定斜坡分布地域特征

地市名称	区域面积/km^2	崩塌				滑坡				不稳定斜坡				数量/处	每百平方千米数量/处
		特大型	大型	中型	小型	特大型	大型	中型	小型	特大型	大型	中型	小型		
济源	1 931	1		11	50		8	33	133		2	16	42	296	15.33
郑州	7 446	4	66	214	101	2	16	43	44	2	20	47	33	592	7.95
洛阳	15 230	4	27	193	143	1	41	159	181	1	10	51	43	854	5.61
三门峡	10 309		11	53	153	1	18	51	89		8	24	38	446	4.33
鹤壁	2 182		1	10	27		2	4	9		4	6	15	78	3.57
平顶山	7 882		2	22	52	1	9	22	105		7	27	24	271	3.44
南阳	26 600		3	69	179		23	112	110		13	89	88	686	2.58
信阳	18 925	2	6	15	46	2	23	80	159	15	15	28	35	426	2.25
焦作	4 071.1			8	32				4		1	11	25	81	1.99
新乡	8 269			6	58	3	5	26	22				24	144	1.74
安阳	7 413		1	4	2		4	13	13		9	11	9	66	0.89
许昌	5 260			3	14			3	13		2			35	0.67
驻马店	15 083			5	9		1	3	9			1	9	37	0.25
商丘	10 704				1									1	0.01

二、滑坡发育的地形地貌特征

滑坡发育的首要条件即为存在具有势能的岩土体,而山地地貌是该类岩土体产生的基本条件。河南省地处中原,为我国第二级地貌台阶向第三级地貌台阶的过渡地带,区内太行山、崤山、熊耳山、嵩山、箕山、外方山、伏牛山、桐柏山、大别山等山地分别分布于河南省的北部、西部、南部,构成了河南省基本的山地地貌。豫西黄土地貌区沟谷发育、沟壑纵

横，也成为滑坡发育的重要地貌区。

河南省滑坡和工程滑坡地质灾害的发育和分布特征与地貌形态密切相关，主要分布于河南省内的豫北山地区、豫西山地区和豫南山地区，各山地地貌区滑坡的发育特征各有不同。

（一）豫北山地区

豫北山地区的太行山、林滤山，以中低山地貌为主，中间夹着林州断陷盆地，相对高差300~700 m。太行山受岩质及地质活动影响，整体山势较为陡峻，出露岩层主要为奥陶系和寒武系层状灰岩、泥质砂岩、页岩等，构造切割强烈，灰岩溶蚀现象较为普遍。王屋山出露地层则以砂岩、泥质砂岩等碎屑岩类为主，河川侵蚀切割剧烈，沟谷多呈"V"字形。

豫北山地区受新华夏系构造控制，自第三纪以来，地壳变化以抬升作用为主。由于该区处于东西向构造和新华夏系构造的复合部位，山体切割强烈，加之人工造田工程活动规模广、范围大，因此遇强降水或连续阴雨天时极易形成和发生滑坡灾害。

在豫北太行山区，滑坡地质灾害分布广、数量多、活动频繁，对人民生活和工程建设造成较大危害。在本区内的滑坡和工程滑坡以土质滑坡为主，岩质滑坡在基岩出露区也有少量分布。区内发育的滑坡多数滑坡形态较为完整，边界轮阔清晰，滑坡体在地貌形态上多具明显的圈椅状地形；滑坡体滑移特征明显，但滑床、滑带不明显，部分滑坡体前缘的滑舌、鼓丘比较明显地高于周围地形，后缘有拉张裂缝的滑坡体主要分布在中、低山地区。

1. 土质滑坡

土质滑坡是指主要由第四纪覆盖层组成的滑坡。土质滑坡在豫北太行山地区活动频繁，造成的危害较大。其滑坡特征为：该类滑坡往往发育在中、低山的斜坡上和公路削坡及居民建房切坡过陡处，滑坡体的物质组成主要为粉土、粉质黏土、坡积碎石黏土。当坡积物下部出露有透水性弱的黏土、粉质黏土、泥质页岩等软弱岩层、基岩层面时，在地下水及暴雨下渗、浸润软化下，其抗剪强度急剧下降，下滑力增大，使斜坡稳定性降低而产生滑坡。其规模多为小型，但威胁人口往往较多，危害性较大。

如石板岩乡桃花洞村七为道滑坡，该滑坡在地形上位于山脊前缘一侧，坡体岩性为下寒武统毛庄组下部的灰白色泥质灰岩、灰白色泥质页岩，其风化坡积物厚度一般为1~2 m，地形坡度40°，坡向265°，坡长80 m，坡宽96 m，滑坡体厚2 m，滑坡整体形态呈圈椅状。1996年8月，因降暴雨导致下部泥质灰岩及灰白色泥质页岩风化面软弱层产生滑动，滑距4 m，滑坡体及后缘产生裂缝4条，裂缝呈月牙形，宽度为0.15~1.0 m。毁坏房屋15间，后缘拉张裂缝造成房屋40余间不同程度变形，经过现场调查和测量，确定为易发滑坡体，在雨季极可能复活，发生滑坡灾害。

2. 岩质滑坡

岩质滑坡在豫北太行山区也有少量分布。其滑坡特征为：该类滑坡一般发育在中、低山基岩出露的斜坡上，且坡度往往较大，一般为45°~80°。滑体岩性主要为片麻岩、石英岩状砂岩，滑面为节理、裂隙面，规模多为小型。

如任村镇皇后村滑坡，其岩性为元古界石英岩状砂岩，岩层倾向45°，岩层倾角8°，滑坡长14 m、宽22 m、厚2 m，滑坡体积616 m^3。由于切坡建房，1996年8月3日遇暴雨后，降雨沿石英岩状砂岩节理裂隙下渗至岩层层面，在岩层层面浸水饱和及一定的水动力压力作用下,岩层层面抗剪强度降低,下滑力增大,使上层岩体发生移动下滑,滑坡的发生毁坏房屋3间。滑坡体现有裂缝长25 cm、深2.5 m,处于危险状态。

公路沿线滑坡如林州市东南线河口至任村段,合嘴线合涧至山西段、东姚至鹤壁段,翟阳线东姚至卫辉段,浚南线五龙至鹤壁段及林石公路、任石公路段公路沿线,由于交通干线建设切坡,加上自然风化破碎的岩石,在汛期时常发生崩塌、滑坡等灾害,但整体规模不大,危害级别为轻级。

(二)豫西山地区

豫西山地区以中山为主,主要有东北、东、东南方向的峭山、熊耳山、外方山、伏牛山及嵩山、箕山,呈折扇形展布,多悬崖峭壁,沟谷深切呈"V"字形,水流湍急,海拔500~2 000 m,山体主要由岩浆岩、变质岩及碳酸盐岩组成。

本区内具有漫长发育历史和多次活动特征的秦岭纬向构造体系,自陕西延入河南省后经小秦岭、崤山、熊耳山、外方山及嵩山、箕山后向东没入平原。区内由一系列近东西向展布的褶皱带、大断裂及古老隆起组成,对我国华北与华南地质发展史的差异性起着控制作用。在嵩山、箕山以西,受伏牛山-大别弧形构造带的影响,具有相似岩相建造和结构,它的中段受新华夏系的影响和改造,发育了北东向的斜列山地和黄土盆地。

该构造带为东西向线状延伸的压扭性构造体系,北部受东西向构造带控制,褶皱、断裂构造发育;南部受伏牛山-大别弧形构造带控制,北西向断裂密集分布。区内地形高差较大,植被稀少,并且矿区众多,因长期采掘和碎石尾矿堆积,遇强降水冲刷极易形成滑坡灾害。

区内滑坡发育特征:滑坡表面形态以舌形、圈椅形、喇叭形为主,其次为半圆形、三角形、矩形等,剖面形态呈直线状、弧状、波浪状、阶梯状等,但以圈椅状形态为主。滑坡边界轮廓往往清晰,后缘滑壁保留,滑体滑移特征明显,部分滑坡具有双沟同源现象,但滑床、滑带不明显。滑坡主要分布在区内低山区,以土质滑坡为主,岩质滑坡次之。滑坡规模悬殊较大,一般滑坡规模为小型。

滑坡的平面形态主要受地形地貌、地层岩性及水文地质条件、人为因素等的控制,滑坡的剖面形态则受滑坡体岩性及滑坡运动特征所控制。

大部分滑坡体物质组成为风化残坡积物及碎块石(破裂状风化基岩)。土质滑坡以粉质黏土为主,少量为黏土,碎石含量20%~30%,土石比7:3~8:2,碎石的块度一般为2~20 cm,大者达40 cm,滑体厚度一般为1~10 m;滑床形态有线状、波浪状、折线状、弧线状、阶状;滑带土一般为粉质黏土,滑带土含水率高,内摩擦角、黏聚力值较低,呈软塑或流态状居多,强度遭到彻底破坏,滑带土的厚度一般为0.05~0.6 m。

1. 土质滑坡

豫西山地区以土质滑坡区多。分布于山坡、阶地等各种成因的土体,其岩性一般为黏土、粉质黏土夹碎块石、砂土夹碎石等,一般结构松散,呈疏松状态,在受到内外地质营力的作用下,极易产生滑坡。形成土质滑坡的条件,多为地形地貌、地层岩性、水文地质条件、土体工程地质性质、环境地质条件、影响因素、触发因素等诸多不利条件。在滑坡形成的地段斜坡前缘均有临空面,临空面一般坡度陡、高差大,坡角一般为35°~70°,相对高差为10~100 m不等,滑体中部坡角一般为30°~40°,后缘山坡坡角大于40°,斜坡两侧大部分有冲沟切割，形成三面临空，使地形上处于斜坡上的土体下滑。一般形成滑坡的土体大部分为第四系残坡积粉质黏土夹碎石，以及基岩（如砂页岩、砂砾岩、泥灰岩）的强烈风化砂、风化泥，其土体结构松散、黏结性差、孔隙度较大，厚度一般为 0.5～10 m，大部分土层厚度为 1～5 m，下伏基岩往往为相对隔水层，如志留系砂页岩等，地表水和地下水流动于土体与岩体砂页岩中间，造成土体软化，地表大气降水、连续不断的大暴雨对斜坡土体冲刷泡胀，在短期内大大降低了土体的强度，增大了土体中的孔隙水压力，使土体失稳。

在豫西低山区，土质滑坡数量众多，分布面积大，对工程建设和人民生命财产安全威胁也较大。如卢氏县城郊乡高庄村老分槽大型滑坡，该滑坡位于卢氏盆地第三系砂砾岩和第四系黏土、粉质黏土组成的丘陵地带，微地貌特征为山丘，坡度 30°。滑体岩性为第四系黏土、粉质黏土，下伏基岩为第三系砂砾岩，规模为长 300 m、宽 400 m、厚 50 m，滑体体积约 600 万 m^3，滑动方向南东 157°，平面形态为半圆形，剖面形态呈阶梯状。滑坡体滑动特征明显，滑体后缘滑壁高约 40 m，坡角 60°，控滑结构面为盖层与基岩接触面。滑坡体下方为一条冲沟，沟长约 500 m，沟宽 10～20 m。滑坡形成于 1959 年 8 月，由于连降暴雨，大气降水沿土体下渗，使土体软化，形成流态，随后发生下滑。2000 年 7 月，由于大雨，该滑坡复活，开始滑动，滑体后缘出现宽达 1.5 m 的拉裂缝。该滑坡在汛期极可能复活，发生滑坡灾害。

2. *岩质滑坡*

豫西山地区岩质滑坡多分布在基岩裸露的中低山区。形成岩质滑坡的岩性有灰岩、砂岩、页岩、泥岩和砂质页岩互层等，有单一岩性、软硬相间、上硬下软 3 种岩性组合类型。地貌特征上多为斜坡坡角在 30°以上的顺层坡，前缘临空，岩体上有两组以上的构造裂隙或层面切割岩体，形成块状岩体。在内力和外力的作用下，如大气降水、冲刷切蚀、人工开挖斜坡、修路、爆破采石等作用下，引发岩质滑坡。在剥蚀-重力卸荷及降水侵蚀软化等内外力的长期作用下，滑体下部或岩层之间充水饱和，水动力作用增大，抗剪强度减小，下滑力增大，使斜坡稳定性逐渐或急剧降低，从而发生岩体脱离母体的岩质滑坡。岩质滑坡规模多为小型。岩质滑坡一旦发生，斜坡体往往会由不稳定斜坡变为稳定斜坡，相对保持一定时期的稳定。如果临空面仍然存在，则在自然降水侵蚀、岩体风化的作用下，上覆岩层会逐渐变为滑坡体。在没有人为活动加强或继续破坏的条件下，这一渐变过程往往需较长的演变时间。如卢氏县 209 国道香山段岩质山体滑坡，该滑坡位于冠云山背斜的南翼，岩性为中元古界熊耳群安山玢岩夹凝灰岩，受构造变形作用的影响，岩石片理化强烈，片理产状 38°∠56°，斜坡结构类型为陡倾顺向坡。坡脚为 209 国道，由于修路削坡，使坡角增大为 83°，增大了顺向坡的临空面，加之山体岩石破碎，属极易发生基岩山体滑坡的岩性。该滑坡长 20 m、宽 24 m、厚 2 m，规模约 960 m^3。主滑方向与片理面倾向一致，平面形态为舌形，剖面形态呈直线形。

（三）豫南山地区

豫南山地区以中低山、丘陵为主，包括桐柏山、大别山，低山以剥蚀为主，地形起伏较大，南坡陡北坡缓，河流发育，标高 500～800 m，相对高差 350～450 m，山体向东南方向延伸，由花岗岩、变质岩组成。丘陵分布在低山的前缘，呈弧形展布，标高 200～300 m，相对高差 50～100 m，剥蚀作用强烈，山顶浑圆，坡度小于 45°，并且植被发育，河流多垂直于山脉走向,河谷浅而宽,多呈"U"形,并有松散堆积物分布。

该区构造是由秦岭东西向构造带派生出的北西西向伏牛山、北西向的桐柏山及近乎东西向的大别山组成的,表现出反"S"形构造图案,构成伏牛-大别弧形构造带的主体。伏牛山的东北、西南两侧,分别受山前的潘河—黑沟—车村大断裂与朱阳关—夏馆—南阳大断裂所限,由前寒武纪变质岩系和燕山期岩浆岩构成的复背斜和复向斜均呈北西西展布,构造形迹表现为复背斜、复向斜及压扭性断裂;桐柏山斜列于伏牛山余脉西南,呈北西—南东向延伸,也是由前寒武系变质岩和燕山期火成岩构成桐柏山复背斜和南湾复向斜。在伏牛-大别弧最大弯曲部位的最大张应力带,燕山中期逐渐陷落,发展成今日的南阳盆地。伏牛-大别弧从力学性质上分析兼具压扭性。

分布于豫南的大别山、桐柏山区,位于伏牛-大别弧形构造带和新华夏系反接复合部位,受新华夏构造运动影响,桐柏、大别山位于较强烈上升区,北东向、近东西向两组断裂构成该区的主体构造骨架,切割成菱形断块。

该区植被覆盖率较高,基岩风化强烈,山高坡陡,在自然和人类工程活动条件下,降水沿岩石裂隙渗透,易出现滑坡灾害。滑坡是豫南山地最主要的地质灾害灾种,分布广泛,岩性以第四系黄色黏土或黏性残坡积物为主,部分滑坡体为强风化、弱风化的基岩。土质滑坡一般规模较小、点数多、空间分布分散,基岩滑坡规模不等,自小型至大型均有分布。区内滑坡存在突发性强的特点,区内多数有影响的地质灾害事件多为滑坡造成。

豫南山地区滑坡主要有土质滑坡和岩质滑坡,并且分布分散,表现为极不均匀的特征。区内土质滑坡平面形态不一,有半圆形、不规则形,剖面多呈凸形或凹形,滑体结构零乱,物质组成多为松散碎石土及粉质黏土,滑面呈线形,埋深1~5 m,土质滑坡主要位于山谷的边坡地带;基岩滑坡一般分布在松散覆盖层较薄或基岩出露地带,由风化花岗岩及石炭系砂岩、片岩、泥岩、粉砂岩、片麻岩等组成,且多为顺向斜坡。受降水入渗影响,岩层层面充水饱和,水压力增大,岩层层面之间的软弱夹层或岩层层面之间抗剪强度降低,下滑力增大,在前缘具备滑移空间时,滑坡极易发生。岩质滑坡发生的特点是速度快、预警时间短、滑移距离大,造成的危害性大。岩质滑坡的形态不定,往往根据所处的地形地貌特征及岩体风化程度的分布、主动下滑力的分配等而随机发生,滑坡形态不一。

1. 土质滑坡

土质滑坡一般规模较小,影响范围小,但形成的滑坡群往往范围大,影响范围也大。区内单体滑坡规模绝大多数为小型,滑坡体积为0.01万~3.00万m^3,大部分滑坡影响范围较小。土质滑坡主要由残坡积土层构成,在山区分布虽广泛,但厚度不大且不均匀,分布连续性较差。另外,山区居民多分散切坡建房,以至于单体滑坡的规模发育较小,其影响范围也多限于切坡点附近,危害程度相对较低。但是,在边坡带,当地层、岩性和地貌条件及切坡开挖方式相似时,往往产生群体式小滑坡群,其影响范围往往较大,威胁对象也较多。

如固始县段集乡桂岭村河沿滑坡群,该滑坡群位于段集乡桂岭村,分布在宽110 m、长150 m的地段,滑体平均厚度为2.0 m,原始斜坡高度约为190 m,斜坡整体坡度为50°~60°,剖面形态为凹形坡。该滑坡群2004年8月14日发生,桂岭村4个村民组均出现山体滑坡,冲毁农田 29 亩[1],冲毁房屋近 90 间,严重威胁当地村民。滑体岩性为棕黄褐色黏土坡积物,富含砾石,含量约 30%,块度 10~30 cm。

2. 岩质滑坡

低山、丘陵区多数为花岗岩及石炭系砂岩、片岩、泥岩、粉砂岩、片麻岩等,节理、裂隙发育,风化严重,形成了厚度较大的风化岩层,在水、风化作用及其他外力作用影响下,易形成土状或泥状软弱层,或层面间充水减小了抗剪强度,形成了滑坡发生的地质环境条件。

如淅川县大石桥乡郭家渠村火星岗滑坡,该滑坡位于大石桥乡郭家渠村火星岗自然村,荆淅公路北侧,南邻丹江水库,属丘陵区,冲沟发育,植被稀疏。坡体岩性为白垩系上统高沟组泥岩、粉砂岩,呈互层状,单层厚 0. 2 ~ 1. 0m,层面产状 175° ∠25°,坡面坡向 225°,坡度 25。层面倾向与坡向小角度相交,坡度相近,为顺倾岩边坡。岩体发育有垂直层面的节理裂隙。该边坡于 2004 年 8 月 12 日发生滑动,滑坡体长 254 m、宽 200 m、厚 1. 0 m,滑坡体体积 5 万 m^3 左右,平面形态不规则,剖面形态呈直线状(见图 3-1-1)。滑坡后缘陡壁呈锯齿状,滑动距离 5. 5 m,为沿泥岩层面滑动的牵引式滑坡,致使两户 6 间房屋被毁,1 人死亡。据当地村民介绍,滑坡发生前 1 个月曾在滑坡后缘陡壁部位发现拉张裂缝,其走向与坡向垂直,宽 0. 5~2 cm,可见长度 30 m 左右。

图 3-1-1　淅川县火星岗滑坡现场照片

(四)豫中西部黄土地区

豫中西部的黄土地貌区主要有黄土覆盖低山、黄土丘陵、黄土塬、黄土梁及黄土岗状平原等地貌类型。其中,黄土覆盖丘陵区分布在卢氏—长水及崤山北麓等地,标高 500~1 000 m,相对高差 400~600 m,且沟谷发育,谷底常有基岩出露,水土流失严重;黄土丘陵主要分布在熊耳山东麓,新密、摩天岭等地,标高 200~500 m,相对高差 50~150 m,沟谷发育,地形起伏较大,水土流失严重;黄土塬主要分布在三门峡、灵宝、偃师等地,标高 200~

[1] 1 亩 = 1/15 hm^2 ≈666. 67 m^2。

800 m,塬面平坦,四周冲沟发育,一般切割深度 50 m 左右,最深达 120 m,沟头多呈“V”形,沟口多呈“U”形;黄土梁主要分布在洛阳北、渑池、洛河北岸等地,标高 300~500 m,梁面平坦,侵蚀强烈,沟壁陡,发育有黄土柱、黄土桥、落水洞等潜蚀地貌;黄土岗状平原主要分布在荥阳、郑州市区、新郑等地,标高 120~200 m,相对高差 10~30 m,地形起伏较大,岗凹相间,岗坡度小于 20°。沟谷切割一般,多呈“U”形。

豫中北西向构造带斜贯河南省中部,东北侧以封丘—商丘断裂为界,西南侧以三门峡—宜阳—鲁山—息县—固始一线为界。在山区除断裂、褶皱外,还有一系列北西向盆地。自晚第三纪以来,豫北、豫西、豫南等山地以抬升作用为主,隆起区相对上升 500~1 400 m,形成多级夷平面。根据抬升速度和活动强度,豫西山地为持续缓慢上升区,包括小秦岭及伏牛山等地。豫西黄土区由次级构造断陷盆地、槽地组成,为间歇性上升断陷盆地,晚近期断裂强烈活动,使山地和盆地明显分异,山地缓慢上升,自晚第三纪初至中更新世初形成三级夷平面,而盆地自第四纪以来,则表现为间歇性上升,形成了黄土塬、黄土梁等地貌。黄土地貌受黄土工程地质性质的影响,黄土塬、黄土梁和黄土覆盖低山丘陵区,黄土均具有大孔隙、直立性、易受冲刷、易遭受潜蚀、垂直节理发育、具有湿陷性等特征。因长期水土流失,冲沟发育,往往是壁高坡陡。受流水地貌浸润影响,黄土中软弱夹层在降水渗透后充水软化,抗剪强度急剧降低,软弱面贯通后,易发生黄土滑坡或崩塌。

黄土分布地区,崩塌较为多见,但滑坡也较为常见,多为小型滑坡。豫中西部黄土地区黄土厚度往往较大,具有结构松散、大孔隙、抗剪强度和抗风化能力较低和湿陷性等特性。同时,土体垂直节理发育,沟壑密集,切割强烈,在汛期极易产生滑坡,而且多为顺坡向型滑坡,滑动面一般为黄土分层的层面或与古土壤层分界的层面等;在中西部中低山黄土分布区地形陡峻、风化强烈的斜坡地带,由上覆黄土和下伏基岩组成的斜坡,由于大气降水沿黄土垂向节理入渗至基岩表层,形成潜水,潜水沿基岩表面顺坡向径流,使土岩结合部位土体软化,抗剪强度降低,易形成土状或泥状的软弱层,成为潜在的滑动带,在滑动面贯穿连通后,在重力作用下,上覆土体易形成滑坡。在黄土滑坡形成中,一般会在坡顶产生弧形拉张裂缝,在两翼产生羽状剪切裂缝,但是,滑坡体往往呈不规则形态,其形成与软弱带、地下潜水径流渠道有关,个别黄土滑坡也呈舌状或圈椅状。

如荥阳市汜水镇西邢村滑坡,该滑坡位于荥阳市汜水镇西邢村,地处北部黄土丘陵区,坡脚海拔 153.0 m,微地貌特征为一陡边坡,紧邻居民住房。黄土陡坡原始坡高 30 m,住户前方有 1 条冲沟,沟长 800 m。该滑坡体长 30 m、宽 18 m、厚 14 m,坡度 50°,坡向 90°,体积为 0.756 万 m^3,规模属小型滑坡。坡体上部为荒地,滑坡平面形态为舌形,剖面形态呈凸形直线形。坡体为第四系上更新统(Q_3)黄土状粉土,土体较为松散,孔隙、裂隙均较发育。2004 年 8 月,坡体后缘出现拉张裂缝,裂缝宽 10~20 cm,坡体上出现大量裂缝,呈现出阶梯状,裂缝宽 10~30 cm,坡体上树木歪斜,坡体前缘呈舌状。该滑坡为降雨所致,同时存在人为切坡。2004 年 10 月 16 日晚 10 时 20 分,受前期汜水镇连续暴雨影响,雨水沿黄土垂直节理及裂隙渗入坡体,使土体软弱夹层饱水软化,抗剪强度降低,滑体自重增加,在滑动面贯通后发生了滑坡灾害。此次滑坡共造成 1 人死亡、4 人受伤,5 孔连体窑洞坍塌,8 间房屋被摧毁。

综上所述,地理与地貌因素是滑坡发生的主控因素,也是区域滑坡发生概率和滑坡群分布的全局要素,河南省滑坡易发区域从地形地貌上分析,主要发生的区域为豫北山地区、豫西山地区、豫南山地区和豫中西部黄土区四大区域,各区域滑坡从地貌形态上各有特点,区域内滑坡也有一定的共性特点,这为滑坡防治提供了认知路径和工程条件经验类比的基础平台。由于滑坡地质灾害和公路滑坡地质灾害都有一定的属地化管理特色,通过行政区域滑坡发育的数量与特征分析,可以有针对性地指导区域性公路设施建设及管养单位或部门进行区域内的工程滑坡防治工作,加强防灾治灾人员及物资储备,提升对工程滑坡认识程度,提高工程滑坡的预防和处治水平。

第二节　地质条件因素分析

滑坡的孕育和发生、发展,地质条件因素往往起了决定性的主导作用。滑坡的规模、性质、破坏模式、稳定状态等也多由地质条件所控制。地质构造的分布区域、易滑地层等地质条件的组成状况以及水文地质条件等共同组成了滑坡和工程滑坡易发区域的地质环境控制要素。

一、地质构造

一个区域的地质构造单元决定了整个区域的地质环境格局和框架,造就了整个区域岩土地层的空间展布形态。地质构造与滑坡关系通常是以局部构造影响为主,结合坡体外形、坡体结构和坡体内水的活动、构造裂面的分割关系,以及软弱破碎带的分布等方面影响滑坡的生成和发展。与构造相关的滑坡分布特征通常有以下几点:①滑坡一般发育在岩浆活动频繁区、地槽内隆起与凹陷带的边缘、山体受挤压严重及地应力半释放和释放的松弛带、由新老岩层搅乱所组成的坡体内,特别是新构造活动带。②在复杂易滑构造带的不利坡体稳定的小构造发育区域,不利软弱破碎岩体或不利结构面易发展成滑带进而产生滑坡。③不利坡体稳定的小构造包括向临空缓倾的断层带和构造劈理带、张开的层面和片理面与流纹面、含易滑岩性的层次和泥化夹层、不同时代和堆积成因的分界面、岩浆侵入的接触面和蚀变分层与风化界面、各种构造裂面和卸荷裂隙等。

(一)断层

断层是常见的地质构造类型,是指地壳受力发生断裂,沿断裂面两侧岩块发生显著相对位移的一种构造。由较多位置相邻、性质相近的断层组成的一组或一系列断层带,称为断裂带。在地貌上,大的断层常常形成裂谷和陡崖。

基岩受多次地质构造作用而产生各种产状与力学破坏性质不同的构造裂面,组成岩体的裂隙网络。特别是有错距的断层面,是产生滑坡最为有利的孕育条件。对于断层而言,断层上盘的岩石一般因经过移动而更为破碎,降水及地表水更易于下渗至断层带。

断层的糜棱带,是断层在移动过程中受碾压的细粒土受水风化后形成的次生矿物和泥化层,其随岩性不同和含水条件变化而抗剪强度降低,特别是沿构造擦痕方向的摩擦角很小,极易发生顺该方向的滑动。

具有以下形态的断层常是滑坡易发地区的标志:

(1)由巨大宽阔而深厚的断层破碎带组成的坡体。区域上大的断裂带内常有许多次一级构造现象,各次级裂面的网络、软弱岩土的分布、裂隙水的变化以及坡高和坡体的外形等,结合岸边冲刷、表水冲刷和其他作用综合影响,往往形成区域内一系列滑坡或滑坡群。该种类型的坡体在多次构造作用下,各组断层上下成层、左右成条、前后成级,将山体分割成破碎的网格,坡体结构松散,崩积物、坡积物、洪积物混杂,具有广泛的水体下渗通道。

(2)受陡立断层组分割的平行河谷发育坡体上的阶梯状山坡。该种断层发育带地层,往往是易滑的松散堆积层,极易受工程扰动影响发生工程滑坡。另外,河流发育与逆断层走向一致的地带,河两岸常不对称。位于上盘一岸的断层倾向山坡地段常产生逆断层以上的切层大滑坡,在有倒转岩层的分布带也常发育崩塌、滑坡等。

(3)河流沿背斜轴断块发育的地堑中行进,临近正断层的一岸,由岩浆岩多次侵入形成片麻状风化岩组成的坡体。

(4)断层与河流斜交时,断层走向与河流走向之间的夹角小于30°时,断层破碎岩体沿河岸长距离分布,受水流及汇水影响,均是崩塌、滑坡的高危易发区。当两者夹角达到45°以上时,断层破碎带受河流影响段相对较小,对于红层泥岩类及页岩类破碎岩体,仍会发育有较小规模的滑坡,而对交角大于50°的,一般自然滑坡甚不发育,但应注意避免大范围工程开挖和坡体加载,以免发生工程滑坡。

(二)褶皱

褶皱是岩层在构造运动作用下,因受力而发生弯曲所形成的地质现象。一个弯曲称为褶曲,一系列波状的弯曲变形则叫褶皱。褶皱构造对滑坡孕灾的影响主要体现在两个方面:一个方面是向倾、背斜等产生的层面产状向临空倾斜,即产生顺倾岩临空面;另一个方面是褶皱形成时产生的层间错动或核部等产生的层间空隙,以及沿空隙发育的侵入体和各种不整合面,以及形成的劈理带,经后期构造活动和自然营力影响,形成滑带进而发生滑坡。第二种情况在临河区域沿后期构造产生的短轴中向临空缓倾裂面组的滑动尤为多见。褶皱内层间的空隙,既有因软硬岩石在褶皱形成时受力和变形作用不同而产生,也有一部分因岩层中易溶盐溶解或含煤层自燃烧失所形成。

对于公路等线形工程而言,路线顺褶皱中轴方向展布时,经过褶皱一翼形成的顺倾岩边坡工程是大部分褶皱构造影响和形成的工程滑坡类型。

如某市政道路工程滑坡即为此类成因。该滑坡位于该市政道路的左侧,该侧岩体为褶皱的一翼,道路边坡岩体破碎、岩石顺坡向倾角较大,岩石上覆胀缩性红土,该滑坡于2019年7月3日发生大面积滑塌,破坏的山体长250 m左右,距第八级边坡顶3~10 m,裂纹推算深度为30 m左右;在第四级设计平台上,根据现场开挖暴露,破坏后缘裂纹距第四级坡顶约45 m左右,且可见破坏裂纹,破坏山体滑坡总体积约为120万 m^3,属于大型深层滑坡(见图3-2-1)。

(三)其他构造

与滑坡孕育有关的其他地质构造主要指断层与褶皱以外的构造类型,包括各种力学性质的破裂面、重力卸荷裂隙、各种不整合接触面、岩浆侵入构造等。

1.破裂面

各种力学性质的破裂面,是指除断层以外的破裂面,主要是无相对错距或错距微小的

图 3-2-1 下伏褶皱岩体滑动产生的工程滑坡

节理、裂隙和劈理等,在力学性质上表现为在构造应力作用下形成张、压、剪、扭性的裂面和劈理面。这些破裂面错距不明显,但岩石破坏严重,岩石破碎分割从而结合强度大幅降低,抗剪强度随之减小,叠加水、气等沿裂隙侵入及风化作用,逐步生成次生矿物,其在水的作用下产生软化,并在水的动、静压力与潜蚀作用下形成滑动破坏。

破裂面常常成组出现,对于硬质岩层,破裂面临空产状在25°~40°时常常触发滑动坡坏,而对于软质岩石,破裂面临空产状15°~25°即可触发滑动破坏,对于个别的泥质含量高的泥岩层、薄层泥岩粉砂岩互层的破裂面,有时临空产状7°~9°即可发生滑动破坏。

对于受河流侵蚀和侵蚀基准面影响的临空不利破裂面发育的岩体,常常形成多层多级的滑坡,或沿多条平行的纵截山坡的陡立构造面分割而发育成多条滑坡。

2. 卸荷裂隙

在块状或层状近乎水平层次的岩层组成的高陡坡体地带,沿岸边或坡体边缘常发育有卸荷裂隙。由于临空面的高度和岩土体的工程性质,卸荷裂隙发育的程度和发育的范围略有不同,一般认为坡高越高、岩土体工程性质越差、人为扰动越严重,则卸荷裂隙越发育。卸荷裂隙带有时可发育至离岸边百米以上,并平行于岸坡形成长大而贯通的地裂缝带,随着后期地表水入渗加强,岩土体软化加重形成大范围的滑动破坏。该种类型的滑坡在干旱少雨地区,常形成突发性的大规模崩滑破坏,造成较大的工程破坏和威胁。

3. 各种不整合接触面

各种不整合接触面的滑坡,常与河流侵蚀下切和人工开挖有关,尤其是上硬下软的接触面,当接触面产状不利于开挖坡体稳定时,常发生工程滑坡。如栾川区域的上部花岗岩、下部变质岩分布区域区域,即是此种工程滑坡易发区类型。

4. 岩浆侵入构造

侵入体与围岩接触的热力蚀变带、动力破碎变质带、严重风化带、岩脉、岩墙与围岩的接触面,原生冷凝节理的张裂面和流面中的夹层,以及与四周似层状的接触带等,当其中矿物风化生成泥质或呈层状的含泥质岩土时,都容易产生滑坡或工程滑坡。如桐柏某公路的边坡工程,岩浆岩侵入岩脉破裂风化,造成坡体局部崩滑的情况即属于此种类型。

(四)新构造运动

新构造运动对滑坡的影响主要是地震的影响,地震的强烈作用使斜坡的岩土体结构在地震波的作用下发生张拉或剪切破坏,地震等级越高,诱发的滑坡数量越多,规模也就越高,对滑坡的稳定性控制也越高。新构造活动带的滑坡共有3种类型:一是崩塌性滑坡;二是在砂土及黄土平缓地区产生的砂土液化滑坡;三是普遍发生于坡度在30°~50°的各类岩土坡体中的滑坡。

二、地层岩性

地层岩性是滑坡发生的基础内因,相对薄弱的易滑地层或不利岩体结构是滑坡和工程滑坡产生的基本条件。

(一)基本地层

如第一章内容所述,河南省地层按地层分区和地质时代可以进行系统的地层划分。基于滑坡分析的便利性,可以把一般的基本地层划分为覆盖层和岩层两大类。

1. 覆盖层

覆盖层是指覆盖在基岩之上的各种成因的松散堆积、沉积物。地质时代上,主要为第四纪地层和部分未成岩的第三纪地层。岩性上主要为黏性土层、粉土层、粗颗粒的砂卵砾石层、砂土层,以及人工填筑的填土层、碎石土层等。

2. 岩层

岩层是指两个平行或近于平行的界面所限制的由同一岩性组成的地质体,通常由一个层或若干个层组成。岩层的上下界面称为层面,上为顶面或上层面,下为底面或下层面。顶面和底面间的垂直距离称为真厚度。与水平面相垂直的厚度称为铅直厚度。

岩层由岩石组成,依据其成因可分成岩浆岩、沉积岩和变质岩三大类。各类岩石由造岩矿物按一定的结构集合而成为具有一定结构和强度的地质体。岩浆岩又称火成岩,是由地壳下面的岩浆沿地壳薄弱地带上升侵入地壳或喷出地表后冷凝而成的。沉积岩是由成层堆积于陆地或海洋中的碎屑、胶体和有机物等疏松沉积物团结而成的岩石。沉积岩占地球地表岩石的70%。沉积岩主要包括石灰岩、砂岩、页岩等。变质岩是指原岩(包括岩浆岩、沉积岩和已经生成的变质岩)在地壳运动中,由于构造运动、岩浆活动等所造成的物理和化学条件的变化,即在高温、高压和化学性活泼的物质(水气、各种挥发性气体和热水溶液)渗入的作用下,在固体状态下改变了原来岩石的结构、构造甚至矿物成分,形成的一种新的岩石。

对公路工程建设而言,涉及的主要是岩体,是指在一定工程范围内,由包含软弱结构面的各类岩石所组成的具有不连续性、非均质性和各向异性的地质体。岩体具有一定的结构和构造。

(二)稳定地层

稳定地层是指不可能发生相对滑坡的地层,也就是在任何条件下,稳定地层内部是不可能形成主滑动面,也不会发生滑动。稳定地层包括厚层的风化极弱或未风化的硬质沉积岩(灰岩、白云岩、砂岩)或喷出岩、侵入岩等。稳定地层不易产生滑坡,或者仅是上部滑坡体的下伏岩体或稳定滑床。应当指出的是,稳定地层也仅是相对概念,当边坡或工程开挖面过大时,稳定地层也可整体沿下伏易滑地层的顶面发生滑动,或稳定地层被易滑地层“承载着”,并随下伏部分易滑地层一起发生滑动。因此,需根据边坡形态及涉及的所有地层进行综合分析验算,才能确定稳定地层所属范围。

(三)易滑地层

易滑地层顾名思义,即是易于发生滑坡的地层,相对于稳定地层而言,其具有与形成滑坡相关的物理、化学和水理性质。一般而言,易滑地层由于组成成分和时代成因的规律性,因而具有一定的区域性特征,表现为呈区域性分布的黏性土、页岩、泥岩、泥灰岩,软弱岩偶夹硬质岩的地层,某些变质岩(千枚岩、板岩与片岩)等。易滑地层大都含有较丰富的黏土矿物(如蒙脱石、伊利石和高岭石),具有易滑性。易滑岩层有蒙脱石、伊利石和高岭石3类矿物定向排列或呈薄层状定向排列的岩体结构等。某些主要由硬质岩(偶夹软弱岩)组成的地层内,夹有软弱岩层薄层,当该薄层仅局部存在,对岩体整体影响不大时,这类地层可称为偶滑地层。

覆盖层类的易滑地层分布常与地貌有关,以堆积层为例,堆积层按堆积地貌的部位不同,可分为山坡堆积层和沟口堆积层两大类。崩坡积及残坡积地层一般分布于山坡地带,而坡洪积层多分布于沟岔入河谷处。上述位置也是工程滑坡的易发和多发区域。

沉积岩易滑地层常与古沉积盆地的分布和沉积矿物、沉积环境有关,因而河南省区域中生代至第三纪的沉积盆地成为易滑地层的典型分布区。

各类易滑地层的分布特征及易滑性质在第四章中有进一步的论述和说明,在此不再赘述。

三、水文地质条件

水文地质条件是滑坡发生发展的主要激发因素,地下水对滑坡的作用主要体现在以下三方面:一是地下水可以降低岩土体的力学性能,尤其会降低滑带或软弱结构带的抗剪强度;二是地下水渗流以及水压可以使岩土体产生不利于边坡稳定性的力学行为;三是地下水的物理化学作用可以加速滑带的产生进程,水的物理作用包括渗透、润滑、冲刷和侵蚀等,水的化学作用包括溶解、软化、泥化崩解和水化等。地下水对滑坡的作用对渗透性差的岩土体往往是一个长期且缓慢的变化过程,但对于存在破碎带或宽大裂隙的老滑坡体等,则可能是相当迅速的一个启动和破坏过程。

绝大部分滑坡的发生,几乎都具有滑带浸水或水气软化滑带岩土的情况发生,且滑坡变形进一步发展也常常涉及滑带水文地质条件的变动,包括水量、水压、水化学作用的强度变化等。

滑坡的水文地质条件不仅影响滑坡的发生、发展,也对治理措施有着一定的影响,如对滑带水进行截、排和疏干措施以使地下水位降至滑带以下的处治措施只适用于滑带水流动性好,即渗透性较好的地层。

受水文地质条件影响大的滑坡主要有:厚层的顺层洪积成因的黄土滑坡,大中型洪积扇、坡积锥体内发育的滑坡,上覆堆积体下伏软岩顶面具承压水的堆积层滑坡,具含水层及成层水作用的厚层黏土顺层滑坡,沿顺坡断层带具承压水作用而滑动的大型破碎岩石滑坡,以黏土岩及其变质岩为隔水层的上覆覆盖层或含水硬岩滑坡,厚层岩体沿含水软弱不整合带、底砾岩层以及层间错动带滑动的滑坡等。

对于滑体规模巨大、滑床平缓的大中型滑坡,往往是滑体内具成层的含水层供水,滑带完全饱水才能形成滑动破坏。对于此类规模巨大的滑坡，如只以增加滑坡前部抗力的抗滑桩、墙和锚索工程为主的治理措施，非但不经济，且易发生判断失误和支挡失效，而采取截断滑带供水的措施往往是最经济且彻底的根治对策。

在实际工作中，由于查清补给滑带水的来源和地下水动态的勘测、监测和水力试验过程复杂，周期长，往往为了稳固滑体，并为有关试验争取一定的时间而采取一定的临时或抢险支挡措施，借此争取时间以完成水文地质条件的勘测和滑坡地下水的治理措施，从而实现较为经济的根治对策。

第三节　气象水文因素分析

河南省属于暖温带-亚热带、湿润-半湿润季风气候，一般特点是冬季寒冷雨雪少，春季干旱风沙多，夏季炎热雨丰沛，秋季晴和日照足。全省年平均气温一般为 10.5~16.7 ℃，1 月-3~3 ℃，7 月 24~29 ℃，大体东高西低、南高北低，山地与平原间差异比较明显。气温年温差较大、日温差也较大，极端最低气温-21.7 ℃(1951 年 1 月 12 日，安阳)；极端最高气温 44.2 ℃(1966 年 6 月 20 日，洛阳)。年均降水量 407.7~1 295.8 mm，南部及西部山地较多，大别山地区可达 1 100 mm 以上。区内全年降水的 50%集中在夏季，这种气候夏季常带来强对流天气(雷雨、大风、冰雹)等灾害天气，这也是滑坡和工程滑坡多于夏秋两季发生的主要因素之一。

气象水文因素不仅是许多滑坡发生的直接诱发因素，而且深刻影响着滑坡的发育和运动过程。如高温高湿气象环境对膨胀土的循环劣化作用，又如地表水对松散堆积层坡体的冲刷与浸润产生溜滑、坍塌直至一定规模的滑坡等。

滑坡坡脚的稳定性常受临水及汇水条件制约，如临水库库岸、临河流冲蚀岸的易滑地层坡体，往往是滑坡集中发育的地段，因而临水条件的水文因素也是该类型滑坡的重要致滑因素。

在长期地质演化中，以冲刷侵蚀为主的河流切割作用导致了山势的陡峻和深谷地貌，为滑坡的发育提供了基础条件。降雨或冰山融雪等形成地表径流并冲刷侵蚀坡面，或通过坡面节理裂隙入渗坡体，导致干湿性交替变化和脉动水压力，并降低了岩土体的力学强度，破坏了岩土体的完整性和连续性，大大增加了发生滑坡的可能性。

一、降水

降水通常指地面从大气中获得的水汽凝结物，包括自然界中发生的雨、雪、露、霜、霰、雹等各种现象。降水受地理位置、大气环流、天气系统条件等因素综合影响，是水循环过程的最基本环节，降水既是地表径流的本源，又是地下水的主要补给来源。降水在空间分布上的不均匀性与时间变化上的不稳定性是引起洪、涝的直接原因，也是很多滑坡发生的直接诱因。

(一)降雨

降雨是滑坡发生的最直接诱发因素之一。降雨产生的水量一部分转化为坡面径流，沿坡面和沟谷汇集，另一部分则在重力作用下入渗到坡体内部。入渗到坡体内部的雨水一方面增加了坡体岩土体的重度,加大了下滑分力;另一方面雨水入渗后,岩土体由非饱和状态向饱和状态转变,抗剪强度减小,软弱夹层或软弱结构面强度进一步降低,坡体的抗滑力急剧减小,而下滑力不断增大,进而发生失稳滑坡的现象。

降雨作为滑坡发生发展的重要影响因子,国内外相关的研究较多,且收获颇丰。与滑坡稳定性相关的降雨特征主要包括降雨强度和总降雨量。其中降雨量与滑坡发生的临界值的研究大致分为两类认识,一部分研究者强调前期降雨的影响,以一次降雨总量作为发生滑坡预警的依据;另一部分研究者则以小时降雨强度或日降雨强度作为判别标准。降雨与滑坡时空关系体现在对各地区降雨临界值的统计分析基础上,建立前期降雨量、日降雨量、过程降雨量、降雨历时等不同的降雨影响值或降雨因子与滑坡发生频率的数学关系,从而对后期的滑坡发生概率进行预测和防控。表 3-3-1 是部分国家和地区滑坡启动的降雨强度临界值。

表 3-3-1　部分国家和地区滑坡启动的降雨强度临界值

<table>
<tr><th colspan="3">国家和地区及要素</th><th>一次降雨过程累计降雨量/mm</th><th>小时降雨强度/(mm/h)</th><th>日降雨强度/(mm/d)</th></tr>
<tr><td colspan="3">巴西</td><td>250~300</td><td></td><td></td></tr>
<tr><td colspan="3">美国 SanBenite</td><td>>250</td><td>>6</td><td></td></tr>
<tr><td colspan="3">美国 Alameda</td><td>>180</td><td></td><td></td></tr>
<tr><td colspan="3">加拿大</td><td>>250</td><td></td><td></td></tr>
<tr><td rowspan="6">中国</td><td colspan="2">香港</td><td>>350</td><td>>40</td><td>>100</td></tr>
<tr><td colspan="2">四川盆地</td><td></td><td>>70</td><td>>200</td></tr>
<tr><td colspan="2">长江云阳奉节地区</td><td>280~300</td><td></td><td>140~150</td></tr>
<tr><td rowspan="3">三峡库区</td><td>堆积层滑坡</td><td>50~100</td><td>6</td><td>30</td></tr>
<tr><td>中厚层堆积层滑坡和破碎岩石滑坡</td><td>150~200</td><td>10</td><td>120</td></tr>
<tr><td>厚层大型堆积层滑坡和基岩滑坡</td><td>250~300</td><td>13</td><td>150</td></tr>
</table>

通过对河南省滑坡灾害点与降雨量和降雨强度进行矢量化绘图与比对分析,可以发现二者之间也有一定的对应关系。以豫西部分图件为例,图 3-3-1 为豫西滑坡灾害分布点与多年平均降水量的关系,图 3-3-2 为豫西滑坡灾害点分布与降雨强度的关系。通过分析可以发现,年均降雨量小于 600 mm 的区域其滑坡灾害点的数量和密度明显小于年均降雨量大于 600 mm 的区域,同时在日最大降雨强度超过 200 mm 的地区,其滑坡灾害发生数量及密集程度明显高于其他地区。

同时,滑坡的发生跟强降水过程有着明显的相关性,在累计降水量、强降水覆盖范围、日雨量和小时雨强等方面均表现出显著极端性的地区,滑坡发生的数量、频率和密度都较其他地区问题更为突出。通过气象资料分析,过程累计降水量超过 400 mm 的气象站点集中分布在太行山东麓临近地区和伏牛山东侧迎风坡一侧,上述地区也是近年来滑坡、泥石流等灾害和工程滑坡易发、多发的区域。

(二)融雪

河南省存在海拔较高的中山区,当存在易滑地层的坡体发生冬季积雪和春季消融时,

图 3-3-1　河南省滑坡灾害分布点与多年平均降水量分布关系(豫西部分)

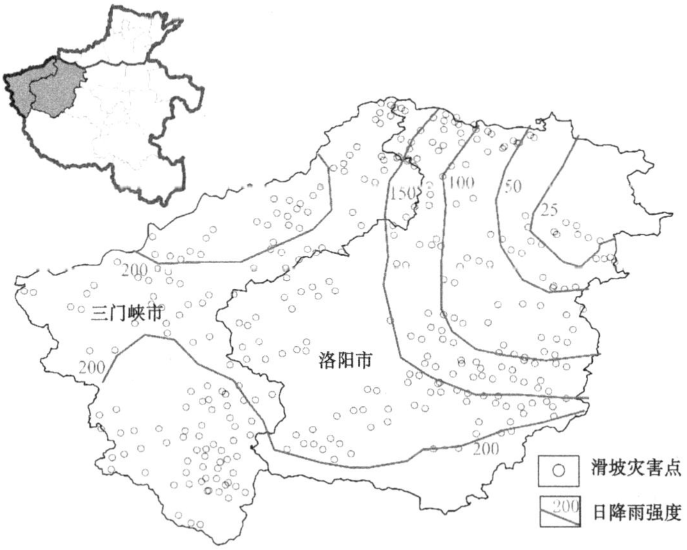

图 3-3-2　河南省滑坡灾害分布点与日降雨强度分布关系(豫西部分)

也偶有融雪产生滑坡的现象,其原因往往是积雪消融对松散堆积层、易滑膨胀土、黄土层等易滑地层的结构特征产生主要作用,在积雪融水条件下,长期受浸润、渗透、潜蚀作用,形成软化带、落水孔、落水洞、地裂缝等不良地质现象,再加之人类工程活动等加速和加剧滑动带的形成与贯通,进而形成工程滑坡。该类滑坡多表现为后缘位移大,而中、前缘的位移相对较小,说明滑坡中、前部处于受压、变形状态,多属于推移式滑坡。由于公路工程建设选线阶段大多绕避了有关区域,因而该类型的公路工程滑坡在河南省公路工程中极为罕见。

二、临水

对于临水区域，特别是存在易滑的松散堆积土、膨胀土、黄土等易滑地层的临水区域，往往是易发生滑坡或工程滑坡的区域。其中较为常见的类型有库岸型临水地区和河岸型临水地区，二者既有共同点，也有一定的不同之处。

（一）库岸易滑地区

库岸地区滑坡的发生，主要受库区地质条件和水库调度过程中的水位变化的影响，正常蓄水位线附近岩土体在频繁的干湿交替作用下内部渗流场被频繁扰动，结构和力学强度不断劣化，则极易发生库岸的滑坡。从滑坡数量和规模来看，河南省库岸型滑坡以中小规模塌岸和零星滑坡为主，数量较少，规模一般都比较小。比较典型的是小浪底库区的几个滑坡，其中大柿树滑坡是体量较大的一个滑坡。

小浪底库区的大柿树滑坡，地表多为黄土覆盖层，且有较多崩塌现象发生，地裂缝、落水洞分布较多，裂缝贯通性较好。滑坡前部滑塌区分布于滑坡体前部高程 150~190 m，前缘上游部位受河水主流长期冲刷、淘蚀影响，西部（上游）稍窄，南北宽 160~250 m，平均宽约 200 m，厚约 20 m，平均坡度 20°，主要由滑塌堆积的灰绿色、紫红色砂岩、黏土岩岩块组成，局部夹有多层黄土。该部分滑体地貌上呈舌状分布于滑坡前缘，现仅残存部分迹象，其中最明显的舌状滑块位于前缘东部。该部分岩层产状杂乱，岩块间架空现象普遍，透水性极强，滑移特征以滑移崩塌为主。该滑坡中部滑体北侧大致以 190 m 高程斜坡与缓坡地形突变处为界，南以 230 m 左右高程基岩陡坎为界，在地形上表现为多级台阶式地形，平均坡度 10°左右。滑体厚度一般在 30 m 左右，主要由二叠系石盒子组砂岩、黏土岩组成，表层覆盖有 3 m 左右厚的黄土。微观地貌主要表现为凸凹不平的鼓丘，尤其是靠近前缘部分表现更为突出，是岩土体发生较强烈变形的产物。变形后岩层扭曲强烈、产状杂乱、裂隙张开，但仍保持一定的层序。该滑坡的后缘以基岩陡坎、土质山梁和黄连地沟为界，东西分别以煤窑沟、水泉沟为界。滑体地形上表现为斜坡—陡坡地形，平均坡度 30°左右。滑体地表分布有较多的弧形裂缝，最大的一条弧形裂缝横贯滑坡东西（贯通性裂缝），长达 740 m，宽 0.5~1 m，沿此裂缝于后缘土质梁顶形成一宽约 3 m，长达 100 m，深 0.5~1 m 的沉陷凹沟，如图 3-3-3、图 3-3-4 所示。

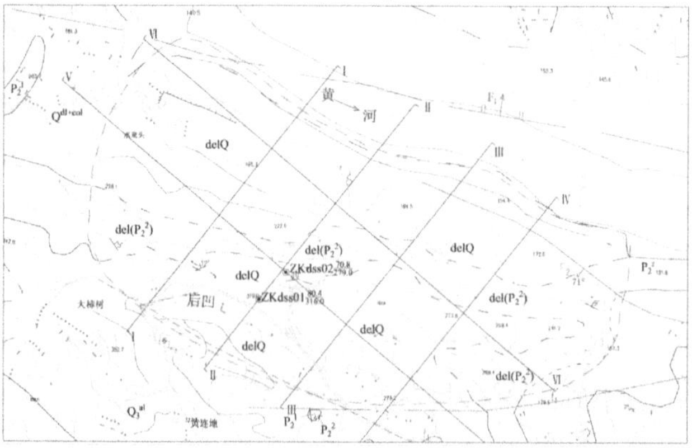

图 3-3-3　大柿树滑坡平面

图 3-3-4　大柿树滑坡前缘、中部和后缘照片

(二)河岸易滑地区

在河流的两岸,尤其是冲蚀岸侧,当有堆积层、变质岩风化层、沉积岩顺倾岩层存在时,也是滑坡发生的高危区域,比较典型的案例如东苗家滑坡。

东苗家滑坡位于小浪底水库大坝下游约 2 km 的黄河右岸,滑坡整体呈舌形,东西向平均宽约 350 m,南北向平均长约 400 m,滑坡体平均厚度约 35 m,总体积约 500 万 m^3。滑体上部为第四系松散堆积物,下部为三叠系强风化紫红色砂岩,滑体被 4 号公路分割成上下两部分(见图 3-3-5、图 3-3-6)。2021 年河南郑州"7·20"特大暴雨引发该滑坡的进一步破坏,坡体发生明显变形与局部垮塌,现已得到有关部门的加固整治。

图 3-3-5　东苗家滑坡平面

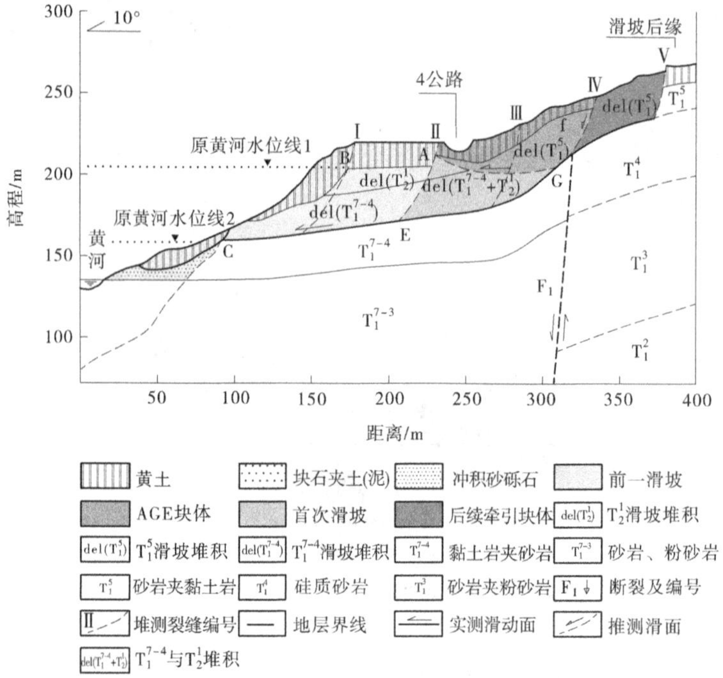

图 3-3-6 东苗家滑坡剖面

三、汇水

在坡地地形中，坡表水汇集的冲沟，坡脚或半坡平缓地带的积水或滞水区，也是容易发生滑坡的地形地貌区。

(一)冲沟易滑地区

在公路工程建设中，对于山岭重丘区等山区地貌，路基涉及的填挖工程是难以避免的，在这些挖方路堑工程和填方路基工程中，要特别注意原坡表冲沟地形地貌的调查和调绘，该类地貌常是工程滑坡发育的温床。如洛宁县杜河村某公路项目，对膨胀性岩土边坡进行了刷坡，削平了原来的两个深切的“V”字形冲沟，使坡表的地表径流难以通过坡降较大的冲沟快速排泄，而在坡表形成局部汇集和漫流，在坡脚处又由于平台和房屋等建筑的修建，阻滞了汇水及时流入河道，因而影响了整个坡体防排水，经几个雨季的发展，滑坡规模不断扩大，对整个工程方案造成了较大影响。

(二)坡前积水易塌滑区

在易滑地层发育的山前、塬前的坡脚地带，尤其是黄土和膨胀性岩土发育的区域，由于坡前积水而产生的滑坡，也是公路工程滑坡较常见的类型。如三门峡某公路项目，在山前坡脚地带通过挖方和填方工程，形成互通工程部分匝道和房建场地，在公路项目修建前，该场地内岩土层序清楚，整个坡体处于稳定状态，在公路工程修建过程中，由于坡脚地形经工程建设后失去原有地形的排水坡度和效能，坡脚地表平缓坑洼，使易浸水软化的地层不断受水影响，抗剪性能不断弱化，直至发生部分护面墙坍塌和工程滑坡。

第四节　建设活动因素分析

公路工程作为线形工程,路线展线过程中难免会遇到较高的路堑边坡或整体性差的易滑易塌地层。在公路的建设活动中,边坡开挖、物料堆载、井窖灌水、人工爆破等都可以成为滑坡发生的直接诱发因素。在公路工程修建完成后的运营养护阶段,坡地上路基或桥梁工程路侧的乱堆乱放、垃圾倾倒、耕植灌溉等建设活动或人类活动均是改变坡体岩土体受力条件、改变坡体岩土抗剪性能和坡体稳定性的重要因素。工程滑坡的发生往往与建设活动息息相关,控制好建设过程和管理好工程环境,可以大大减少滑坡破坏的发生,更好地保障国家财产和人民生命财产安全。

至2008年河南省与人类活动相关的滑坡崩塌数量统计见表3-4-1。

表3-4-1　至2008年河南省与人类活动相关的滑坡崩塌数量统计

类型	总数/处	与人类活动有关/处	占总数百分比/%
滑坡	1 821	1 035	56.8
崩塌	1 681	1 009	60

一、边坡开挖

滑坡的形成,往往是以地形的改变和临空面的产生为最先起因。对于导致工程滑坡的因素而言,边坡开挖,特别是坡脚开挖,往往是最主要和最常见的致滑因素。

公路工程,特别是山区的公路工程,在修建过程中路堑边坡是常用的断面形式,因而对路堑边坡的勘察设计是该类项目重要的设计内容之一。

对于膨胀土存在的边坡工程,常常会由于坡脚开挖和未做及时的支挡工程,而引起牵引式的滑坡,该类滑坡一般深度可能不大,常常在5~7 m,即使坡度放缓到15°以下,仍会引发滑坡破坏,且滑坡会发展到后缘很远的范围,并对坡体上的浅基础房屋、线杆、树木等造成一定的破坏。

部分坡体存在一定的锁固结构,在坡体前缘存在一段良好的抗滑锁固体,在工程建设过程中,由于高程整平等工作的需要,对前段岩土进行了开挖施工。前缘阻滑的锁固体受到破坏,后部易滑的塌积体等随之失去阻挡限制,从而发生一系列的牵引破坏。

比如洛阳市的槐扒滑坡,该滑坡南北向长约495 m,东西向平均宽度约370 m,滑体面积约20万 m^2,滑体平均厚度约20.0 m,体积约400万 m^3,主滑方向324°左右,属大型中层滑坡(见图3-4-1)。滑体为第四系坡崩积和冲积碎石土,基岩为互层的反倾砂岩和泥岩,在滑坡前缘出露。滑坡体后缘地形较陡,中部趋缓,前缘为铝矿露天开采矿区,地形平坦,沿露天开采边界的东、南两侧形成10~25 m高的陡坎,坡度在45°左右。滑坡前缘反倾岩层破坏前,滑体处于稳定状态,坡面未发现变形迹象,坡表有居民居住;反倾岩层遭开挖破坏后,坡面开始出现拉裂缝,经历长期蠕滑后遭受持续降雨而发生失稳滑动,摧毁了坡脚处的输水渡槽。

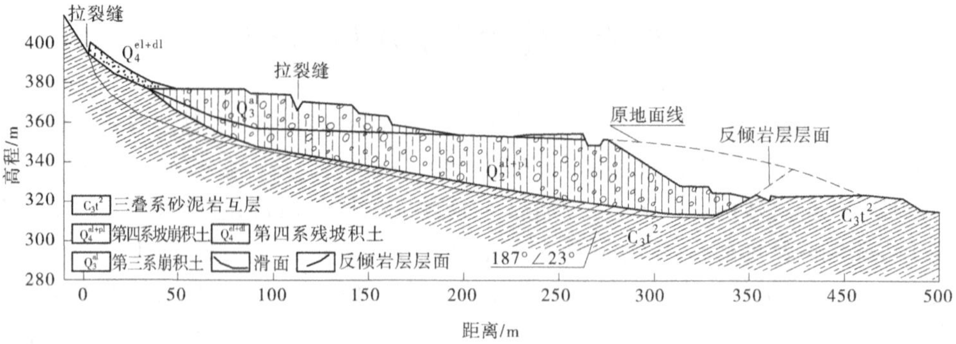

图 3-4-1　槐扒滑坡地质剖面

二、堆载

不正确的边坡人工堆载，在人为活动诱发的工程滑坡中占有较高的比重。以公路工程为例，一类堆载是在公路建设过程中，填方路基置于欠稳定陡坡之上，或物料等堆放于开挖边坡的堑顶部位等；另一类为建成公路在运营期间，其他工程活动于公路边坡的不利位置进行的不良堆填行为。

比如郑州市某公路工程，其一桥梁工程原地形坡体整体性好，自然坡度 8°～20°，原始地貌不存在滑坡形迹，也不存在老滑坡等不良地质，道路通车运营后，状况良好。后期桥梁周边进行了建设开发工作，在桥梁的西侧倾倒了大量的建筑垃圾，形成坡体堆载（见图 3-4-2），后堆积杂填土经过堆积加荷、降水、膨胀土胀缩等因素扰动，杂填堆积体连带部分下部粉质黏土发生滑移错动现象。滑坡坡脚出现坡脚松散杂填土堆积体，坡体顶部出现多条长裂缝，该工程滑坡于 2014 年 7 月 7 日发生较大滑动位移，对桥梁 6#墩柱及承台造成了破坏（见图 3-4-3）。

图 3-4-2　桥侧坡顶的垃圾土堆载

图 3-4-3　堆载产生的滑坡致桥梁破坏

三、耕植灌溉与井窖灌水

在易滑地层分布的坡体上进行耕植活动，尤其是需水量较大的果木种植，在降水量少的黄土地区,往往可以使坡体土含水量增加,长期的耕植作业,还可能抬高整个坡体场地的地下水位,最终导致关键滑带土的软化而发生一定规模的滑坡灾害。另外,一些工程建设活动中开挖或整治的坡体,在原村落存在井窖等储蓄水的构筑物,在工程修建过程中如不能有效地处治,后期由于降雨灌水等极易使局部坡体破坏,并进一步使较大范围的坡体岩土饱水,从而诱发较大规模的工程滑坡。

如南阳市某公路的隧道洞口,其岩土层结构为:上覆坡积的粉质黏土层,间夹含砾石粉质黏土层,下伏闪长岩层。场地区地下水由松散岩类孔隙水和基岩裂隙水组成。该隧道仰坡上存在着村民浇水的井窖。隧道洞口施工期间正值雨季,雨水汇入井窖中,使洞口顶部的原井窖位置发生了塌冒现象,后虽经回填,但坡体原坡表的疏排水体系已遭破坏,降水不能充分通过地表径流等系统快速排出到坡体以外,较多的降水渗入土体形成上层滞水或潜水,使土体软化,抗剪强度降低,整个坡体岩土的自重增大,下滑力增加,并于后期发展成洞口范围的工程滑坡(见图3-4-4~图3-4-6)。

图3-4-4　井窖灌水引起冒顶

图3-4-5　滑坡中部错台

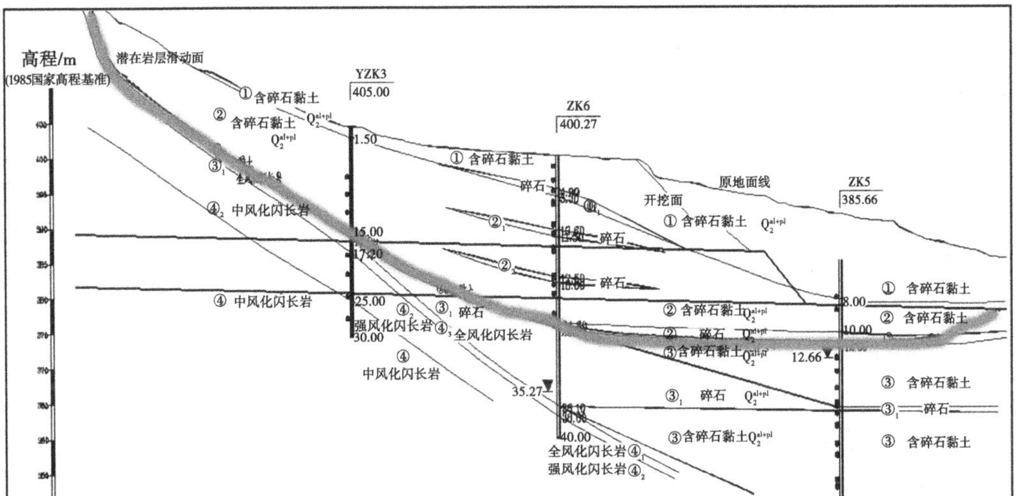

图3-4-6　滑坡剖面图

四、工程爆破

工程爆破是公路工程中另一个影响边坡稳定的不利因素，特别是对于上部岩体强度较低，而下部岩体强度较高，需要采用爆破开挖的路段，必须严格控制下部爆破工艺，防治爆破震动扰动上部岩土体，造成薄弱带强度降低或裂隙张开扩大而产生滑动。河南省三门峡某省道深挖路堑边坡，上部为黄土，下部为灰岩，在下部灰岩爆破开挖过程中，由于爆破的振动作用，导致了上部黄土层的滑塌，给工程施工造成了一定的影响，如图 3-4-7 所示。

图 3-4-7 爆破导致的边坡上部黄土层滑塌

第五节 公路工程滑坡易发地区的分布规律与分区

河南省滑坡灾害的易发地区与工程滑坡的易发地区具有高度的重合性，其二者在空间分布上受地形要素、地貌要素、构造带要素影响具有一定的平面空间展布规律性，同时，在垂直空间展布上，受地层岩性中的易滑地层控制，可以分为覆盖层型、第三系半成岩型、沉积软岩型和变质岩型滑坡易发地区，根据公路工程构筑物挖填活动情况，可产生显著的作用影响。同时，工程滑坡易发地区滑坡的发生和发展受降雨强度和降雨时间等因素的间接影响，又反映出一定的时间规律性。基于以上属性和大量滑坡实例分析，对河南省工程滑坡分布规律和区划分区，可以更加有效地掌握工程滑坡的本质和区域性特点，更好的指导工程滑坡的预防和治理工作。

一、河南省滑坡分布的空间分布规律

(一) 地形分布特征

地形对滑坡影响的因素主要包括坡向、坡度、坡形、坡度变率、坡向变率、地形起伏度、高程变异系数、地表粗糙度及地表切割深度等 9 个地形因子。其中，具有重要影响的因子为坡度、坡形、坡向，对河南省滑坡崩塌统计数据进行分析，河南省滑坡多发生在坡度中等

(30°~45°)、坡向倾向于阳坡(90°~270°)处,而坡形以凸形坡为主;崩塌类型多发育于大于45°的高陡坡,坡向以阳坡为主,崩塌坡形以直形为主,其次为凸形,凹形坡一般不易发育崩塌(见表3-5-1)。

表3-5-1　河南省滑坡分布地形特征

项目	坡度/(°)			坡向/(°)		坡形		
	≤30	30~45	≥45	90~270	270~360或0~90	凸形	凹形	其他
滑坡	580	1 032	209	1 085	736	1 465	61	234
崩塌		13	1 668	1 153	528	620		1 061

(二)地貌分布特征

河南省滑坡主要发生和分布于地形起伏的山地区和台地区。其中低山丘陵区和台地区是滑坡最为多发的地貌类型,主要包括B1林滤山前台地区、B2太行山前台地区、B3嵩山前台地区、B4伏牛山前台地区、B5桐柏大别山前台地区、C1林滤山低山丘陵区、C2王屋山低山丘陵区、C3嵩山低山丘陵区、C4伏牛山低山丘陵区、C5桐柏-大别山低山丘陵区、C6淅川低山丘陵区。其次,黄土塬区的边缘部位,特别是黄土-泥岩地层结构组合的黄土台塬边缘和沟壑强发育区,也是滑坡发育的重要地貌类型。与之相对,处于中山区的太行山区、崤山中山区、伏牛中山区和熊耳外方中山区则是崩塌、泥石流高发,而滑坡不甚发育的地貌区。河南东部广大的冲积平原区则自然滑坡极为少见,个别河道清淤工程等填土坡脚开挖引起的工程滑坡也仅有极个别案例发生。

(三)构造带滑坡分布特征

河南省全省有影响的断裂带共有48条,其中全新世活动性断裂有4条,分别是F7聊兰断裂、F40中条山北麓断裂、F41华山山前断裂、F43磁县—大名断裂,其余均为更新世及以前发生过活动的断裂带。由于断裂带多由一系列断层组成,主断层和支断层沿断裂带分布,导致断裂带岩体破碎,断层面切穿岩土层等,成为滑坡和工程滑坡高发的分布带。东部平面区的断裂带与断层多为深埋隐伏,对工程滑坡孕育发展的影响可忽略不计,因此考虑断裂带所在地貌区及工程滑坡发育情况,河南省存在的断裂因素的工程滑坡易发带共有30条,分别为:F1林州断裂滑坡易发带、F2薄壁断裂滑坡易发带、F3汤西断裂滑坡易发带、F4汤东断裂滑坡易发带、F8安阳南断裂滑坡易发带、F10盘谷寺—新乡断裂滑坡易发带、F11武陟断裂滑坡易发带、F13封门口—五指岭断裂滑坡易发带、F15登封—西华断裂滑坡易发带、F16汝州北断裂滑坡易发带、F18新安—郜县断裂滑坡易发带、F19白鹤—石陵断裂滑坡易发带、F20温塘断裂滑坡易发带、F21洛阳—偃师断裂滑坡易发带、F22洛河断裂滑坡易发带、F23伊川断裂滑坡易发带、F24铁炉子—栾川—南召断裂滑坡易发带、F25朱夏断裂滑坡易发带、F26商丹断裂滑坡易发带、F27山阳—内乡断裂滑坡易发带、F28新野断裂滑坡易发带、F29南阳—方城断裂滑坡易发带、F30鲁山—漯河断裂滑坡易发带、F32新桥—太和断裂滑坡易发带、F33驻马店—息县断裂滑坡易发带、F34明港—息县断裂滑坡易发带、F35龟山—梅山断裂滑坡易发带、F37光山—阜阳断裂滑坡易发带、F39 商城—团凤断裂滑坡易发带、F41 华山山前断裂滑坡易发带。

（四）易滑岩性带分布规律

易滑岩性带的分布既与岩土类别、物质成分、地质时代、构造运动相关，也与易滑岩土所处的地形地貌区域、地表水与地下水等水文与水文地质条件有关，从大类上讲，河南省的易滑地层带主要分为四类：一类是覆盖层类的易滑地层，主要包括松散堆积土层、膨胀土层、黄土层等；一类是第三纪的半成岩层，主要为新近系和古近系的半成岩泥岩、泥质砂岩、泥质砾岩等；一类是中生代及以前的沉积岩易滑地层，主要为泥岩、泥质砂岩、页岩等；一类是变质岩类易滑地层，主要包括千枚岩、片岩、片麻岩等。各类易滑岩性地层的分布与各岩土层的沉积环境密切相关，此部分内容本书第四章将进一步详细分析说明。

二、河南省滑坡发生的时间规律

大量滑坡和工程滑坡的实例表明，在与时间相关的因素方面，滑坡的发生与降雨有着密切的联系。图 3-5-1 为河南省 1961—2013 年的暴雨量和降雨总量的年际变化曲线图，由图 3-5-1 可以看出，1961—2013 年河南省降水量变化总体呈波动起伏趋势；1962 年、1963 年、1964 年、1967 年、1971 年、1975 年、1979 年、1982 年、1983 年、1996 年、1998 年、2000 年、2003 年降水量偏大，均超过 800 mm，以上年份均是滑坡等地质灾害发生的次数和频率的大年；1966 年、1978 年、1986 年、1997 年、2013 年降水量较小，均低于 600 mm，其中 1966 年降水量最小（494.3 mm），以上年份均为滑坡等地质灾害发生的小年，滑坡发生的次数很少，即使发生，规模也较小。近年来的数据也反映着相似的规律性，如 2021 年河南省，特别是郑州地区的“7·20”特大暴雨，引起区域内稍具规模的建成公路工程滑坡破坏近百起。因而降雨量的大年，往往是滑坡灾害和工程滑坡灾害多发和破坏较大的年份，也是应做好防范的时间规划参数。

图 3-5-2 为河南省 1961—2013 年降雨暴雨日数、暴雨量和总雨量的月际差异分布图，从图 3-5-2 中可以看出，河南省暴雨从 4 月开始出现到 10 月以后逐渐消失，6—8 月较为集中，其中 7 月达到暴雨发生的最高峰，暴雨量可达到总雨量的 40%，8 月次之，可达 34%。通过对滑坡灾害发生时间的分析，7 月一般也是河南滑坡发生最多的月份，二者具有明显的相关性。图 3-5-3 为河南省 2010—2015 年短时强降水总次数、平均短时强降水雨量和总雨量的月际差异分布图，反映了河南省短时强降水分布占比大、次数多的 7 月、8 月两月为河南省滑坡发生的高频月份。

公路工程滑坡也反映了同样的时间规律，如平顶山某高速公路在建设过程中发生的较有影响的工程滑坡，其于 2010 年 4 月初入雨季时，局部坡体产生的坍塌和溜塌破坏，后 2010 年 7 月和 8 月的多次强降雨后，发生了较大规模的滑动，对工程产生了诸多不利影响（见图 3-5-4）。

三、河南省公路工程滑坡的分布规律性与分区

综合上述内容，以滑坡灾害发生点统计为基础数据，运用 ArcGIS 软件，综合考虑工程滑坡的影响因素、发育物征、分布规律等，将河南省工程滑坡易发地区分为 4 类易发区和 2 类易发带，分述如下。

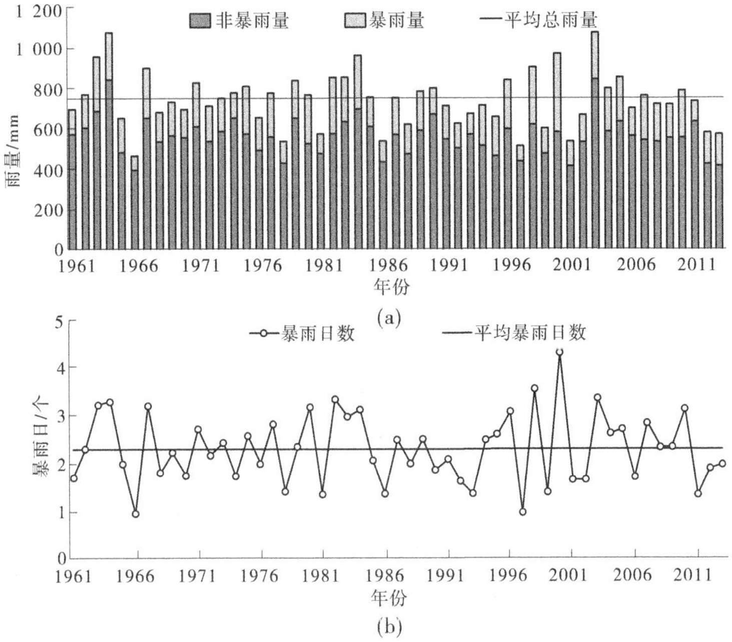

图 3-5-1　河南省 1961—2013 年暴雨量和总雨量及暴雨日数的年际变化

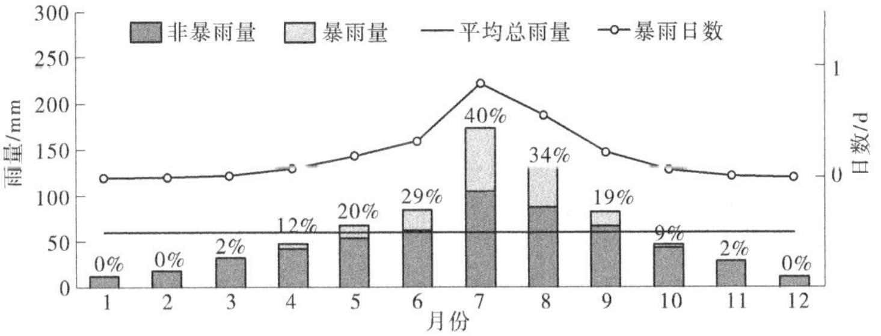

图 3-5-2　河南省 1961—2013 年年均暴雨日数、暴雨量和总雨量
(百分数为暴雨量占总雨量的百分比)的月际差异分布

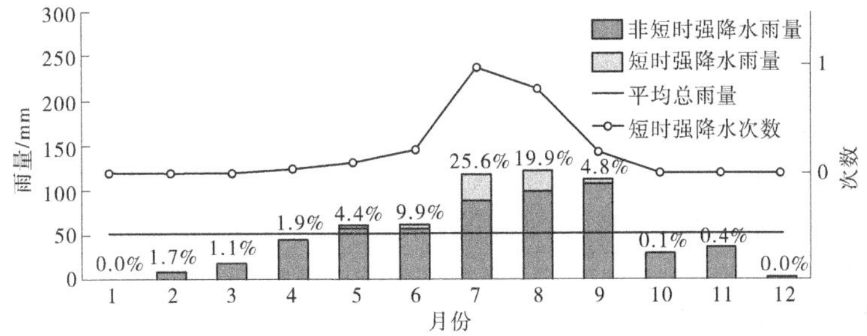

图 3-5-3　河南省 2010—2015 年短时强降水总次数、平均短时强降水雨量和总雨量
(百分数为短时强降水雨量占总雨量的百分比)的月际差异分布

图 3-5-4 平顶山某高速公路边坡雨后滑动破坏

(一)河南省公路工程滑坡的易发区

1. 低山丘陵易发区

(1)林滤山低山丘陵区。

本区位于豫北的林滤山前,行政区划上主要属于安阳市,区内构造发育岩体破碎,存在膨胀土等特殊性岩土,属于公路工程滑坡的高发区,每至雨季,该区域的县乡道路多有崩滑及封路的报道。

(2)王屋山低山丘陵区。

本区位于王屋山前,行政区划上主要属于济源、焦作市,是河南省滑坡和工程滑坡灾害最为多发的地区,上覆黄土和膨胀土,下伏基岩多为泥岩、泥质砂岩、页岩等易软化岩层,沿山形地势多存在顺倾岩问题,易发生覆盖层滑坡和顺倾岩滑坡。

(3)嵩山低山丘陵区。

本区位于嵩箕山脉东侧的山前地带,行政区划多属于荥阳、新密一带,岩性以上覆黄土和下伏沉积岩为主的地层结构,第三系地层出露较多,并广泛分布有煤系地层,地面塌陷等不良地质发育较多,山坡岩土体切割破碎,极易由工程建设活动引发工程滑坡。

(4)伏牛山低山丘陵区。

本区伏牛山东麓的山前地带,地貌为起伏中等的低山丘陵,本区域内膨胀土广泛分布,公路工程的膨胀土溜塌、崩滑或工程滑坡较为常见。区内分布有多条变质岩带,变质岩产状不利时,也易诱发变质岩类的工程滑坡。

(5)桐柏、大别山低山丘陵区。

本区位于熊耳-外方-伏牛山低山丘陵区南部的桐柏-大别山前区,该区为一弧形分布带,面积较大,由于该区域为河南省降雨量较大的区域,因而区域内降水诱发的堆积层工程滑坡、膨胀土工程滑坡均是较为常见的类型。

(6)淅川低山丘陵区。

本区位于河南省的西南角,属于长江水系,该区域的新近系、古近系等含泥量大的沉积岩顺倾岩滑坡和膨胀性岩土类工程滑坡较为多见。

2. 黄土塬易发区

(1)灵宝黄土塬区。

本区位于豫西灵宝、三门峡一带的黄土塬区，区内黄土层较厚，多具湿陷性，黄土陷穴等潜蚀现象多发，在天然边坡和人工边坡地带极易因为坡形过高或坡长过长而发生滑坡事件，另外，在盆地边缘地带由于缓倾第三系泥岩的存在，黄土-泥岩类型的工程滑坡也时有发生。

(2)洛河黄土塬区。

本区位于洛河两岸及花园口至洛口段黄河两岸的黄土塬地区，区内广泛覆盖马兰黄土，黄土冲沟发育，由于长时降雨或短时强降雨引发的黄土层内崩塌、滑坡和沿黄土基岩交界滑动的工程滑坡是常见的工程滑坡破坏类型。

3. 台地易发区

(1)林滤山前台地区。

本区位于豫北的林滤山低山丘陵区东侧，行政区划属于安阳、鹤壁，工程滑坡较常见的为膨胀土和堆积层滑坡。近年来，随着煤矿等矿区采空区的改造和建设，由于采空区塌陷或废渣堆填造成的滑坡灾害也时有发生。

(2)太行山前台地区。

本区位于新乡北侧的太行山前地带，区内洪积裙及洪积扇发育，其沉积的堆积层由于公路建设等工程活动诱发的工程滑坡，是该区域内主要的滑坡类型。

(3)嵩山前台地。

本区位于嵩山低山丘陵区东侧，地形较低山丘陵区平缓，波状台地和条状垄岗地形发育，区内以黄土滑坡较为多见，沉积岩带的顺倾岩滑坡在公路工程建设中也常遇到，由于沉积岩泥质含量高，且岩体破碎，锚固体系治理不足，可能导致治理工程再次破坏(见图3-5-5)。

图3-5-5　锚固体系再次破坏

(4)伏牛山前台地。

本区位于伏牛山低山丘陵区东侧，以膨胀土类滑坡较为多见，偶见花岗岩残积土及花岗岩风化带的崩塌和滑坡。

(5)桐柏大别山前台地。

本区位于桐柏大别低山丘陵区东侧的一条狭长弧状区域,区内膨胀土广泛分布,以膨胀土类的工程滑坡最为多见,下伏泥岩类沉积岩及花岗岩残积土区域也是工程滑坡的多发地带。

(6)南阳盆地边缘台地。

本区位于南阳盆地的西、北、东三侧的边缘地带,地形起伏不大,膨胀土广泛分布,以膨胀土类的工程滑坡最为多见。

4. 中山地貌工程滑坡易发区

中山地貌工程滑坡易发区分布于区内的太行中山区、崤山中山区、熊耳外方中山区、伏牛中山区、桐柏大别中山区5个区域,这些区域一般山势较陡,多发育深"V"谷,工程滑坡多与构造断裂破碎岩带,或工程开挖和爆破高陡边坡有关,做好有关的预防措施,一般可有效处治工程滑坡问题。近年来,随着山区公路的增多,也有一些陡坡上的公路工程采用了填方路基的形式,或公路过凹口沟未采用桥梁形式,而采取路基深沟高涵的形式,该类工程常由于暴雨等强降水、强冲刷天气造成滑坡破坏,甚至道路中断等,也应引起足够重视。

(二)工程滑坡易发带

在以上的14个易发区中,又有两类工程滑坡高发带,一类是沿断裂带构造的临近带,一类是临河流库区的临带高发带。

1. 沿断裂带的工程滑坡高发带

沿断裂带的工程滑坡高发带共有30条,其中最为突出的是晚更新世的活动断裂带,主要包括盘谷寺—新乡断裂、温塘断裂、商城团风断裂,由于这类断裂活动期较晚,岩体破碎情况严重,因而发生滑坡的概率也更高。

2. 沿河流库岸的工程滑坡高发带

由于大型河流两岸阶地、台地发育,物质成因、成分混杂,沉积年代不长,且冲沟发育,切割剧烈,大都也是工程滑坡的高发带,如黄河沿岸的小浪底水库临近段,不长的数千米范围内就分布了两个中型以上的较大规模滑坡。

(1)沿黄河及主要支流的高发带。

该高发带主要包括黄河花园口以上的上游河段和弘农涧河、伊河、洛河等主要支流的两岸地带。

(2)沿淮河及主要支流的高发带。

该区域主要包括汝河、沙河、颍河等河流山地区、台地区的上游河道两岸地带。

(3)沿长江上游水系易发带。

该分布区域包含丹江两岸及水库临水区域,以及白河、唐河山地区、台地区的河段两岸等条带区域。

(4)海河上游支流水系易发带。

该区域包含漳河、卫河及其支流峪河、沧河、淇河、安阳河等河流太行山东麓流经段和林滤山低山丘陵流经段等带状区域。

河南省公路工程滑坡易发地区分布见图3-5-6。

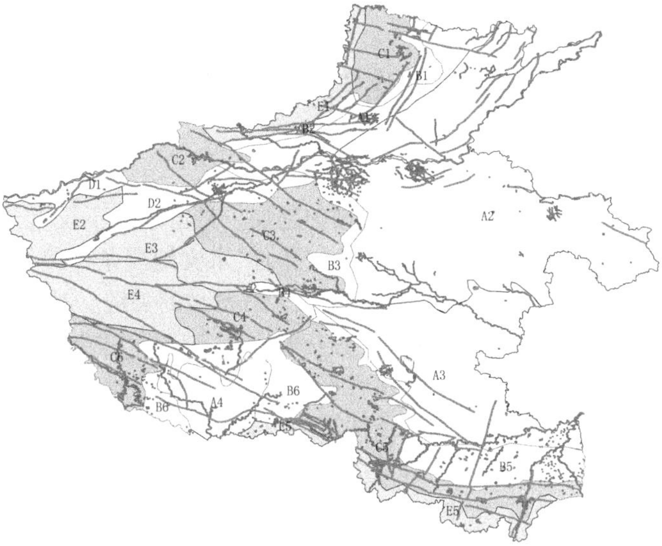

图 3-5-6　河南省公路工程滑坡易发地区分布

第四章 河南省公路工程滑坡易滑地层研究

易滑地层,顾名思义,就是易于发生滑坡的地层。易滑地层不仅仅与地层岩性有关,还与地层的地质构造条件、空间展布条件、临空条件、水文地质条件等相关。易滑地层的分析与研究常常是研究区域滑坡发育规律,防治工程滑坡的关键。对于易滑地层而言,只要同类地层在另一地区已显示出易滑地层的有关特性,则不论这类地层在当地或当时是否已发生滑坡,都应归为易滑地层。河南省易滑层分布于前述章节的易滑地区,与区域地质构造、地形地貌、地层岩性、气象水文条件紧密相关。

按地质时代和岩土成因,对河南省易滑地层进行筛选和分类,其主要易滑地层包括第四纪易滑地层、第三纪易滑地层、中生代沉积岩易滑地层、古生代滑积岩易滑地层、前寒武纪沉积岩易滑地层和变质岩易滑地层等。

第一节 第四纪易滑地层

在公路工程滑坡中,发生在第四纪地层,或以第四纪地层为主要滑体的工程滑坡达到实际发生工程滑坡数量的一半以上。其中,尤以松散堆积体滑坡发育最多,主要包括坡洪积地层、膨胀土地层、黄土地层、填土地层、岩石残积土地层及地震液化土与软土地层等。

一、堆积层地层

(一)堆积层概念

堆积层是指在山前和河谷两岸分布的第四系松散堆积层(不含黄土、黏性土),其岩性除残积、坡积、洪积、冲积、崩积等成因的砂砾石、含砾石或碎石土外,还包括填筑的路堤、人工回填的尾矿渣等,该类地层成分一般较为杂乱,有时具有不完整的层状或透镜体结构。堆积层地层滑坡的滑壁通常比较陡直,规模大小不一。

(二)堆积层的分类与空间分布规律

根据堆积层成因可划分为残积层、坡积层、洪积层、冰水堆积层、混合成因堆积层、人工堆积层等亚类。

1. 残积层

残积层一般指残积土,它是岩石风化后未被搬运而残留在原地的松散岩屑和土形成的堆积物,该风化层称为残积层。残积层向上逐渐过渡为土壤层,向下逐渐过渡为岩石的风化层。

残积层的分布主要受地形控制,常分布在覆盖层极薄或地表岩石暴露、风化作用强烈和地表径流速度小的分水岭地带、平缓斜坡地带和剥蚀平原等地区。残积层一般不具层理,碎块呈棱角状(见图 4-1-1),土质不均,孔隙率大、强度低、压缩性高,透水性较强,残积层厚度随山形地势变化很大,花岗岩残积土等含有遇水软化的矿物成分,耐水蚀和冲刷能力极差,容易产生坡面溜滑和较大范围的坍滑破坏。

图 4-1-1　坡积层、残积层与岩石全风化层

2. 坡积层

坡积层是指在重力或降水冲刷搬运等自然营力作用下,山坡的表土层或岩石的风化层运移到山坡下方或坡脚山麓地带所形成的堆积物。坡积层常形成状似衣裙的坡积裙,其厚度不大,稳定性差,通过外力作用,可二次转化为洪积物或风积物等。

坡积层一般成分复杂,常常细粒和粗粒成分混杂,其岩性成分多以黏性土为主体,夹有砂层、角砾或岩块碎屑等。坡积物的分选性和砂砾磨圆度较差,大小混杂,结构疏松,常具有与坡面大致平行的不清晰层理或不连续界面。由于坡积层底面倾斜度常与下伏基岩坡面一致,因而易发生沿接触线滑动的滑坡(见图 4-1-2),尤其是晚更新世以来堆积的坡积层,其土质疏松、压缩性高、沉陷性强。

3. 洪积层

洪积层是指经由山洪急流搬运的碎屑物质流出山谷沟口后,由于纵坡变平缓、地形变开阔,水流分散,流速降低,流水搬运能力骤减等原因沉降堆积下来的沉积层。洪积层空间展布上一般表现为石块、岩屑、砂砾等粗大碎屑在靠近沟口就近堆积,且越靠近沟口一般厚度也较大,而较细的泥沙则多堆积在沟口外围一带或浅部。由于山洪急流的长期作用,在沟口一带常形成洪积扇。洪积层由于丰雨和枯雨不同的水文年分沉积不同的物质,在勘探中常揭示为同一钻孔的取芯中粗粒成分与细粒成分夹间出现的情况。该土层结构往往细粒组的黏性土层具有顺坡向的假层理结构,且有遇水软化的岩土性质,而粗粒组的砂砾、岩屑等具有较好的透水能力,从而组合形成一个易滑地层的结构组合。

图 4-1-2　坡积物滑坡后缘拉裂缝

4. 冰水堆积层

冰水堆积层是指冰川消融时冰下径流和冰川前缘水流的堆积物地层。河南省冰水堆积层分布范围较小，仅在三门峡陕州区、南阳盆地及平顶山汝州等地有零星分布。由于河南省区域冰水堆积层分布面积小，目前鲜有冰水堆积层有关的公路工程滑坡。

5. 混合成因堆积层

混合成因堆积层即是由两种或两种以上堆积成因形成的堆积层，其成分往往更为复杂，受外界自然营力和地质营力影响更为频繁，工程性质不均匀性更强，而稳定性也越差。如崩塌成因的次生黄土等，其常是较大规模的深层滑坡孕育的地质不良体。

6. 人工堆积层

人工堆积层，即为全新世以来，由人工堆积的各种细粒土、砂土、岩屑、矿渣等形成的岩土层。人工堆积层分布点多面广、规律性差，在临近城区的建成区或城郊等较为常见。在黄土沟壑区，由于造地开发等也会产生大量的人工填土堆积区。在公路项目的修建过程中，路基填筑也会产生大量的人工填土边坡或斜坡（见图 4-1-3），这些也可归入人工堆积层范畴。

人工堆积层按堆填物质构成可分为杂填土和素填土。素填土由碎石、砂或粉土、黏性土等一种或几种材料组成，一般不含杂质或含杂质很少。杂填土的厚度一般变化较大，在大多数情况下，其填料物质不一，颗粒尺寸相差较为悬殊，颗粒之间的孔隙大小不一，因此往往都比较疏松，抗剪强度低，压缩性较高，一般还具有浸水湿陷性。杂填土的主要特点是无规划堆积、成分复杂、性质各异、厚薄不均、规律性差，因而同一场地表现为压缩性和强度的明显差异，极易造成不均匀沉降。不同类型、不同堆放时间的杂填土很难用统一的强度指标、压缩指标、渗透性指标加以描述，物理力学性质均一性差，勘察难度极大。

在公路工程建设中常见的杂填土大致有三类：一类是以城市建设开发为主的建筑垃圾、场地回填土等，一类是人类生活产生的各种材料、生活垃圾等，一类是矿产资源开发过程中的尾矿渣等。

一般来说，填筑材料和施工工艺有保障的路基填土并不是易滑地层，但当其下隐伏有

图 4-1-3　公路填土路基的工程滑坡

软弱易滑地层产生滑动时,路基填土也可成为滑体的一部分。公路填土工程滑坡典型断面见图 4-1-4。

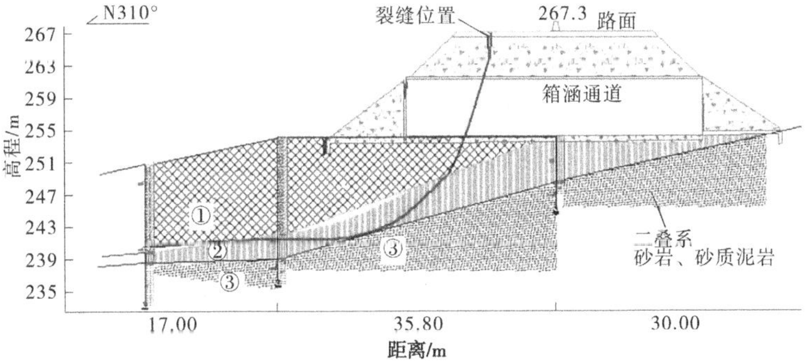

图 4-1-4　公路填土工程滑坡典型断面

(三)主要致滑因素

1. 几何形态

堆积层滑坡发生的最直接因素为堆积层的几何形态,以及公路工程建设对几何形态的改变情况,如填平低洼塘池的人工堆积土,无论用什么材料,都是难以滑动的,但半坡簸箕状的人工堆积层则极易受降水入渗和人工开挖等形成坡体的堆积层部分整体滑动失稳。另外,当堆积层中某些软弱夹层或潜蚀破坏层存在时,也会产生沿有关软弱面或破坏面滑动的局部滑坡发生。

2. 物质组成和矿物成分

人工堆积层中物质成分较为复杂,一些铝土矿等尾矿渣回填土常含有泥岩等膨胀性岩土,其耐水性差,工程物理力学指标稳定性差,易饱水软化,常会形成堆积层的挖方边坡滑坡。对于原始地形存在坡度的不均匀地基桥梁桩基场地,人工堆积层水平向滑动或水平应力的不断增加,还可能对桥梁工程产生破坏性影响。

3. 水的影响

水是影响人工堆积层稳定性的重要因素。人工堆积层随着粒径的增大,其容水度是不断增大的。与矿渣等松散人工堆积层相比，天然土的容水度较小，若不考虑渗透速率的影响，当雨量超过土层容水度时，则易形成径流。天然土中，黏土的渗透系数仅为0.001 m/d。人工堆积层成分混杂，渗透系数一般也较大。在相同降雨强度下，只有天然土覆盖的人工堆积层更容易形成降雨径流。如某项目路径以细料为主的石灰石矿粉型矿渣堆，当降雨使矿渣含水率大于16%时，矿渣开始由固态变为流体态，并造成渣堆的失稳破坏。

二、膨胀土地层

（一）空间分布

膨胀土是指土中黏粒成分主要由亲水性矿物组成，同时具有显著的吸水膨胀和失水收缩两种变形特性的黏性土。膨胀土常由亲水性矿物（伊利石、蒙脱石、高岭石等）组成，其中蒙脱石亲水性最强，其含量越高，则膨胀性越强，伊利石次之。河南省膨胀土主要分布在南阳盆地、洛阳盆地、卢氏盆地、三门峡盆地、平顶山—许昌—西华以南区域及信阳大部地区；除此之外，在太行山前低山丘陵区的鹤壁、安阳等地区也有分布。

（二）地形地貌特征

膨胀土地形地貌可分为5类，分别是平原型膨胀土地貌、构造型膨胀土地貌、冲积盆地型膨胀土地貌、丘陵型膨胀土地貌和河流阶地型膨胀土地貌。平原型膨胀土地貌、构造型膨胀土地貌与冲积盆地型膨胀土地貌多属于堆积性，其厚度可达数十米；丘陵型膨胀土地貌主要由盆地受河流与沟谷侵蚀形成，或由膨胀岩风化残积形成，形态上多呈浑圆、缓斜坡形态，多为山前台地、岗地或低山丘陵地貌；河流阶地型膨胀土主要是膨胀土地貌在河流侵蚀、切割营力作用下形成的，以二级及二级以上的阶地居多，且多分布于浅而宽的沟谷地形。膨胀土地貌一般坡度平缓，无明显的自然陡坎，在沟槽或新开挖坡面常见小型崩塌、坍塌或浅层小滑坡（见图4-1-5、图4-1-6）。

图4-1-5　膨胀土地貌

图4-1-6　膨胀土滑坡地貌

膨胀土是多裂隙的黏性土，膨胀土地表广泛分布有张开裂隙，由膨胀上构成的斜坡，一旦被水浸润，即使地面坡度缓到6°，仍有可能产生滑坡，此类滑坡常沿土体内既有的软弱结构带而滑动。

（三）岩土工程性质

1. 物理表观

膨胀土分布于第四系晚更新世以前及第三系地层，颜色多呈黄色、褐色、棕色及灰绿色、灰白色，状态多为硬塑至坚硬状，岩性为高液限高塑性的黏性土或半成岩的黏土岩。一般来说，褐色及棕色和棕红色膨胀土中含伊利石矿物多，而灰白色及灰绿色的膨胀土含蒙脱石多。蒙脱石含量多的膨胀土，其膨胀性也更强。

依据膨胀土表观性状，综合地质时代因素，河南省膨胀土可按表4-1-1进行表观分类。

表4-1-1　河南省膨胀土分类

地质时代	分类	物理表观	典型分布区域
早更新统	P_{Q1a}	灰白(灰褐)色钙质黏土，含大量钙质及结核，土体较松散，可塑—硬塑	平顶山地区典型分布，厚度较小，一般为0.5~3.5 m，局部5~7 m
	P_{Q1b}	灰绿(棕黄)色黏土，结构致密，含少量钙质及钙核，硬塑—坚硬，裂隙发育，裂面呈蜡状具油脂光泽	平顶山地区分布，厚度较大，为7~35 m
	P_{Q1c}	棕红色黏土，含豆状铁锰质结核，硬塑为主，裂隙发育，多被灰绿色黏土充填	平顶山地区膨胀土分布，厚度3~10 m，埋深一般为0~3 m，局部大于10 m
中更新统	P_{Q2a}	灰白色黏土，含钙质及结核，局部混含较多砂粒，硬塑—坚硬	鹤壁老城区附近岗地，厚度变化大，一般1.5~5 m，局部大于10 m
	P_{Q2b}	黄褐、棕黄(浅黄)色粉质黏土。中更新统残坡积，含砂粒、砾石及卵石等，坚硬为主	南阳地区厚度变化较大，为1~25 m。驻马店地区厚度一般为0.5~5 m，个别区域可达15~25 m。鹤壁老城区附近的岗地分布厚度0.5~5 m
	P_{Q2c}	棕红色粉质黏土，含少量砂粒和钙质结核，硬塑为主	鹤壁老城区附近岗地厚度0.5~6.5 m
晚更新统	P_{Q3a}	灰褐(褐)色黏土、粉质黏土。上更新统河湖相沉积，裂隙不发育，硬塑	南阳地区分布多，厚度较小，一般为1.5~6 m
第三系	P_{Na}	灰白(灰绿)色黏土，网状裂隙发育，裂隙面有蜡状光泽，坚硬	南阳盆地典型分布，厚度较大，一般10~30 m
	P_{Nb}	棕红(黄褐)色黏土，裂隙发育，土体呈碎块状，裂隙被灰绿色黏土矿物充填，硬塑状	厚度一般0.5~8 m，在南阳市周边厚度较大，常大于15 m

2. 结构特点与物理力学参数

膨胀土结构致密，状态多以硬塑—坚硬为主，超固结，断口光滑，土内多含钙质结核，有时富集成层。

河南省典型膨胀土物理力学参数指标见表4-1-2、表4-1-3。

表 4-1-2　河南省典型膨胀土物理力学参数一般值

区域	符号	含水率 w/%	天然密度 ρ/(g/cm^3)	孔隙比 e	液限 w_L	液性指数 I_L	压缩模量 $E_{s_{0.1\sim0.2}}$/MPa	黏聚力 C/kPa	内摩擦角 φ(°)
鹤壁	P_{Q2a}	13.3~17.5	19.7~21.2	0.466~0.603	30.8~42.6	-0.48~0.11	11.5~21.6	46~60	13.7~19.5
	P_{Q2b}	16.4~18.4	17.9~20.9	0.515~0.572	31.6~35.2	-0.36~0.14	8.9~13.1	24~34	20.5~22.8
	P_{Q2c}	19.6~20.2	19.6~19.8	0.653~0.667	32.7~35.0	-0.03~0.08	8.5~11.9	38~52	13.9~21.0
平顶山	P_{Q1a}	23.9~26.1	18.9~19.8	0.702~0.796	31.2~43.1	0.08~0.49	6.0~12.4	26~53	7.0~15.0
	P_{Q1b}	20.6~32.5	18.7~20.1	0.652~0.944	39.0~57.4	-0.10~0.23	11.5~29.2	35~80	9.8~15.7
	P_{Q1c}	24.4~30.9	18.6~19.3	0.716~0.944	36.5~50.8	-0.03~0.27	9.8~17.3	41~56	7.4~14.1
南阳	P_{Q3a}	21.7~25.8	19.1~19.8	0.705~0.787	36.3~42.7	0.06~0.18	10.4~16.2	30~41	12.2~21.2
	P_{Q2b}	20.1~29.2	18.3~20.1	0.626~0.889	39.3~45.7	-0.08~0.30	10.2~17.8	32~50	9.3~21.2
	P_{Na}	17.5~19.9	18.8~20.7	0.559~0.758	41.0~54.0	-0.14~0.02	13.2~23.5	31~62	14.9~16.5
	P_{Nb}	22.7~29.5	19.2~20.5	0.651~0.880	53.1~57.3	0.05~0.15	12.4~20.6	46~75	8.9~21.0
驻马店	P_{Q2b}	22.1~26.7	19.1~20.2	0.665~0.810	37.4~45.7	0.01~0.34	8.7~19.1	38~92	6.5~15.1

表 4-1-3　河南省典型膨胀土膨胀试验指标一般值

区域	符号	项目	自由膨胀率	膨胀力	收缩系数	膨胀潜势
鹤壁	P_{Q2b}	一般值	30.0~58.0	6~68	0.10~1.36	弱
		平均值	42.8	31	0.67	
	P_{Q2a}	一般值	34.1~64.3	18~148	0.09~1.38	弱
		平均值	48.5	96	0.55	
	P_{Q2c}	一般值	36.1~81.2	18~118	1.30~5.00	弱—中(以中为主)
		平均值	62.4	67	3.52	
平顶山	P_{Q1a}	一般值	33.9~61.0	3~52	0.20~0.90	弱
		平均值	49.0	15	0.48	
	P_{Q1b}	一般值	71.0~105.1	21~220	0.20~0.89	中—强(以中为主)
		平均值	86.8	78	0.53	
	P_{Q1c}	一般值	42.0~80.0	17~132	0.12~0.90	弱—中(以弱为主)
		平均值	59.3	51	0.51	

续表 4-1-3

区域	符号	项目	自由膨胀率	膨胀力	收缩系数	膨胀潜势
南阳	P_{Q3a}	一般值	39.8~60.0	7~80	0.12~0.91	弱
		平均值	47.9	42	0.41	
	P_{Q2b}	一般值	40.0~72.0	7~167	0.08~1.00	弱—中(以弱为主)
		平均值	52.5	62	0.46	
	P_{Na}	一般值	41.4~82.6	36.6~127	0.06~0.66	弱—中(以弱为主)
		平均值	58.7	72	0.25	
	P_{Nb}	一般值	48.0~121.4	9~65	0.26~0.61	弱—强(以中为主)
		平均值	69.4	41	0.45	
驻马店	P_{Q2b}	一般值	34.9~64.3	5~27	0.20~0.93	弱
		平均值	48.7	12		

3. 工程特性

(1)超固结性。

大部分膨胀土具有超固结性,其主要是地层剥蚀、河流冲刷、冰川融化、有效应力变化,以及黏土矿物的物理化学作用等使其承受的较大上覆荷载经历后期卸载形成的。超固结性使膨胀土具有较高的强度、较小的压缩性特征。从另一方面来说,膨胀土一旦原状结构破坏,便难以恢复到原生的密实状态,造成此类次生膨胀土的胀缩性大幅上升,也就是说,由膨胀土形成的填方密实度较差,往往在后期会有较大的沉降、变形等。

(2)水敏性。

膨胀土由强亲水性黏土矿物组成,往往具有保水性强、高塑性的特点。不同的含水量使膨胀土具有不同的性质,呈现出含水量升高强度降低、含水量降低强度升高的特征。通常情况下,大气影响层深度以下的原状膨胀土透水性较低,含水量相对稳定,故其体积和强度较为稳定。当膨胀土暴露,水气循环影响,并暴晒产生次生裂隙后,其透水能力将大幅上升,对水的敏感性也大幅上升。

(3)强度衰减性。

膨胀土的强度在干湿循环中,会快速发生衰减。新开挖的膨胀土坡体在天然含水量原始状态下具有较高的强度,但随着时间推移,膨胀土强度逐渐衰减。这种卸载膨胀和风化作用下形成的原状土体结构破坏与含量水量的变化常是膨胀土滑坡产生的主导因素。

(4)结构成层性。

膨胀土中的钙铁锰结核是其物质成分的重要组成部分,对膨胀土的稳定性具有重要的支撑作用。这些结核最常见的是钙铁锰矿物富集形成,常集中分布于膨胀土的裂隙面、层面、风化界面附近,且集中或成层分布。这些连续或断续分布的结核层,形成了膨胀土的骨架,使其胀缩性减小,有效提高了膨胀土的稳定性。

(四)滑带土特点

膨胀土成为滑带土往往在微观上也反映出一定的变化,其微观变化在早期滑坡的分析、预测与防治中往往具有一定的指示作用。

在高倍镜下,原状膨胀土表面较为平整,在 SEM 图像上是一个整体,表面几乎不存在孔隙。土块不存在明显的节理平面,其剥离面为光滑的弧形,表明土具有较强的塑性。

滑带膨胀土比原状土具有更多的裂隙。在高倍镜下可以发现裂隙一直延伸至土体内部,且弧形断面的内部几乎不存在细粒填充,说明该膨胀土由于具有较强的塑性和较大的黏聚力,在发生断裂时不会发生脆性破裂,如图 4-1-7、图 4-1-8 所示。

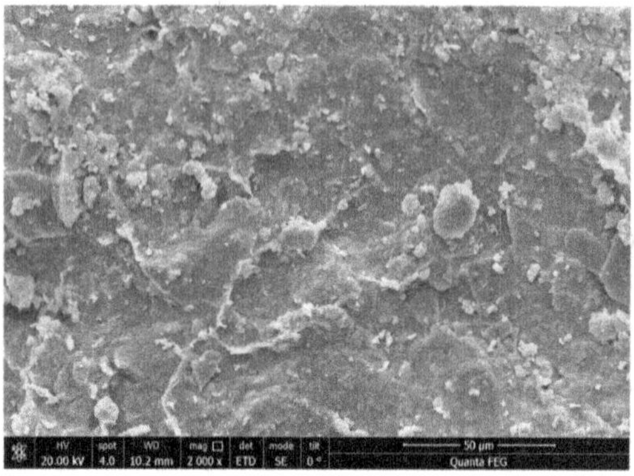

图 4-1-7　红黏土表面

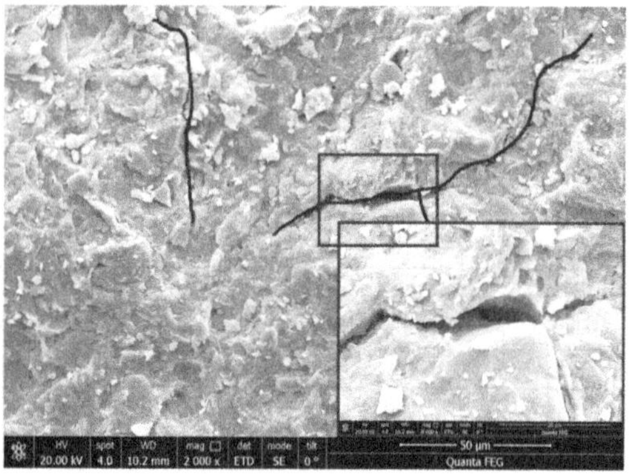

图 4-1-8　滑带红黏土

三、黄土地层

黄土分为原生黄土和次生黄土。原生黄土指由风力搬运而成,成层厚,无层理,连续分布,掩覆在低山、丘陵之上,与下伏基岩不整合接触的第四纪风尘堆积层,常含有古土壤层及钙质结核层,垂直节理发育,易形成陡壁。次生黄土又叫黄土状土,指洪积、坡积、冲积成因的,受风力以外营力搬运的原生黄土的再次堆积层,主要分布在洪积扇前沿及低阶地与冲积平原上,垂直节理不发育,不易形成陡壁。

黄土按地质时代划分为下更新统黄土、中更新统黄土、上更新统黄土和全新统黄土,刘东生、王永焱、闫永定、张宗祜等对黄土地层时代划分方案进行了研究,一般认为午城黄土为下更新统黄土,离石黄土为中更新统黄土,马兰黄土为上更新统黄土,随着近年来地层年代、古生物、古地磁研究的不断深入,关于马兰黄土、离石黄土、午城黄土地层划分上下界问题仍有新的发现和待解决的问题。

不同地质时代的黄土,工程性质有明显的差异,但黄土也有其共性的特点,在粒度成分上,黄土以粉土颗粒(0.005~0.05 mm)含量高为主要特征,其中粗粉粒(0.01~0.05 mm)含量在 50%以上,并含一定比例的细沙、极细沙和黏粒的沉积物。在矿物成分上,碎屑矿物占 70%以上,主要为石英、长石,还有一些方解石、白云石等碳酸盐矿物和黏土矿物。黄土中黏土矿物成分主要为水云母、高岭石及蒙脱石。这些矿物的存在,使黄土具有吸附、膨胀、收缩等特性,影响到黄土的工程性质。碳酸盐类矿物的胶结作用使黄土在天然结构情况下,颗粒经常呈团聚体存在,遇水后团聚体遭破坏产生湿陷。在结构构造上,黄土普遍发育有管状孔隙,孔径大者可达 0.5~1.0 cm,孔隙度较高,一般为 33%~64%。

黄土垂直节理发育，黄土区边坡及临空面经常沿节理发生崩塌，形成陡壁，甚至发生大规模滑坡。作为一种特殊性土，其湿陷性、水蚀性、崩解性等岩土特征使黄土地区的公路、铁路、房屋、渠道等各项建筑工程经常遭受破坏，并造成经济损失。

随着河南省公路建设事业的不断发展，黄土地区公路建设和通车里程也不断增多。近年来，气候环境问题突显，强降雨等极端天气时有发生，黄土地区公路边滑坡破坏问题日益突出。

（一）空间分布

河南省黄土分布广泛，在三门峡、洛阳、孟津、偃师、巩义、上街、荥阳、郑州、新郑均有分布，禹州、新密和太行山前的安阳、鹤壁等地也有零星分布，总面积共计 1.3 万 km^2，占全省面积的 7.8%。河南黄土按区域可分为豫西黄土和豫南黄土两类，其中豫西黄土分布面积为 0.9 万 km^2，主要分布在郑州地区的西部、洛阳地区的北部、三门峡地区的西北部以及济源地区的东、西两块区域。豫南黄土主要集中在信阳地区中部、大别山北麓地区，面积为 0.4 万 km^2。根据近年的研究成果，信阳地区中部、大别山北麓地区的豫南黄土得到了进一步的分析和划定，登封市至伊川县东部、巩义市向西南经偃师市至洛阳市洛龙区两带状区域以及三门峡市的陕州区、孟津县西北、新安县区域黄土的研究和确认都得到加强，从地质成因和岩土性质上都得到了更多的研究和分析。依河南省黄土成因及山形地势，笔者认为河南省黄土地层空间分布于 3 个大区、10 个亚区之中，如表 4-1-4 所示。

表 4-1-4　河南省黄土分区

分区	A 太行山地区	B 豫西山地及黄土丘陵区	E 豫南山地区
亚区	A2 林滤山低山丘陵区 A3 安阳鹤壁山前台地 A4 王屋山低山丘陵区 A5 新乡焦作济源山前台地	B1 灵宝黄土塬区 B2 崤山中山区（弘农涧河阶地） B3 洛河黄土塬区 B4 熊耳外方中山区（洛河阶地） B5 嵩山低山丘陵区	E1 大别山前台地

（二）地貌地形特征

黄土地层分布区受气候及环境影响，经构造历史和地形变迁，演化成典型黄土地貌和一般地貌两种。一般地貌区域的黄土受侵蚀、搬运和二次沉积，黄土地貌特征渐次趋于不明显。典型黄土地貌区域的黄土以原生黄土为主，类型地貌特征明显，分布区域规律性强。典型黄土地貌有宏观黄土地貌和微观黄土地貌两大类。宏观黄土地貌按地理特征原则可分为黄土覆盖中山、黄土覆盖低山、黄土台地台塬、黄土岗地、黄土阶地和黄土河谷平原 6 大类型。微观黄土地貌则依据局部黄土地貌景观和地形形态可分为 6 种 12 个类型（见表 4-1-5、图 4-1-9～图 4-1-14）。

表 4-1-5　微观黄土地貌分类

种属序号	地貌种属	地貌类型
1	黄土堆积地貌	黄土塬
		黄土台
		黄土梁
		黄土峁
		黄土阶地
		黄土涧
2	黄土侵蚀地貌	黄土沟
		黄土残丘
3	黄土湿陷地貌	
4	黄土潜蚀地貌	
5	黄土构造地貌	
6	黄土重力地貌	

图 4-1-9　**黄土塬地貌**

图 4-1-10　**黄土梁地貌**

图 4-1-11　**黄土峁梁地貌**

图 4-1-12　**黄土峁梁地貌**

图 4-1-13　黄土陷穴地貌

图 4-1-14　黄土柱地貌

(三)岩土工程性质

1. 主要物理力学指标

河南黄土地层由于物质来源的不同,其粒径组成是稍有不同的,靠近东部平原地区的郑州、孟津等地,黄土沉积颗粒偏大,而西部的洛川、灵宝等地沉积颗粒明显较前者偏小,图 4-1-15 为典型四地的平均粒径对比图。

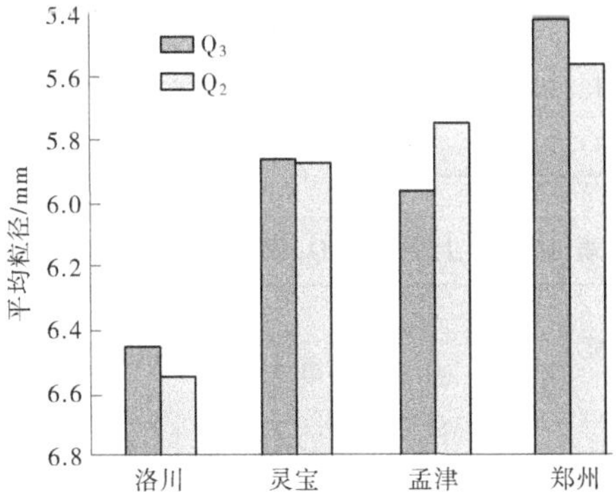

图 4-1-15　河南不同地区黄土平均粒径

对于河南省下更新统 Q_1 黄土(午城黄土)、中更新统 Q_2 黄土(离石黄土)、上更新统 Q_3 黄土(马兰黄土)的物理力学性质统计分析,近 20 年来,多有文献和专著对其进行了研究和分析统计,可以看到一定的规律性,通过对有关项目千余组数据的分析统计,其物理力学指标统计可见表 4-1-6~表 4-1-8。由于全新统黄土多为次生黄土或薄层黄土,其沉积年代短,岩土物理力学性质差异过大,本次未进行主要物理力学参数指标的统计。

表 4-1-6 下更新统 Q_1 黄土物理力学参数

土类	项目	含水率 w/%	天然密度 ρ/(g/cm^3)	干密度 ρ_d/(g/cm^3)	孔隙比 e	饱和度 S_r/%	液限 w_L	塑限 w_p	塑性指数 I_p	液性指数 I_L	压缩系数 $\alpha_{0.1-0.2}$/MPa	压缩模量 $E_{s0.1-0.2}$/MPa	黏聚力 C/kPa	内摩擦角 φ/(°)
黏质黄土	最大值	24.7	2.16	1.85	0.969	100.0	32.0	19.6	12.7	0.41	0.35	18.80	64.2	25.8
	最小值	5.2	1.46	1.37	0.458	14.8	27.0	16.2	10.2	-1.08	0.09	5.50	20.5	17.9
	平均值	14.6	1.88	1.64	0.666	65.2	29.1	17.8	11.3	-0.29	0.21	9.60	37.3	22.4
砂质黄土	最大值	20.8	2.08	1.75	1.158	99.0	29.0	19.4	9.7	0.49	0.87	17.30	92.5	25.4
	最小值	4.8	1.42	1.25	0.543	14.2	23.7	16.3	5.7	-1.37	0.09	2.30	17.8	15.8
	平均值	14.1	1.80	1.57	0.733	56.3	26.6	17.7	8.9	-0.38	0.31	8.60	34.0	21.1

表 4-1-7 中更新统 Q_2 黄土物理力学参数

土类	项目	含水率 w/%	天然密度 ρ/(g/cm^3)	干密度 ρ_d/(g/cm^3)	孔隙比 e	饱和度 S_r/%	液限 w_L	塑限 w_p	塑性指数 I_p	液性指数 I_L	压缩系数 $\alpha_{0.1-0.2}$/MPa	压缩模量 $E_{s0.1-0.2}$/MPa	黏聚力 C/kPa	内摩擦角 φ/(°)
黏质黄土	最大值	26.3	2.19	1.83	0.893	117.1	38.9	23.5	17.7	0.80	0.39	34.78	101.5	41.9
	最小值	10.5	1.67	1.44	0.477	37.4	26.6	14.6	10.1	-0.69	0.05	4.57	19.0	8.7
	平均值	19.9	1.97	1.65	0.656	83.1	31.0	18.6	12.5	0.10	0.15	13.65	49.4	24.8
砂质黄土	最大值	27.4	2.16	1.88	0.789	96.4	30.6	21.7	10.0	0.94	0.27	26.44	66.6	33.8
	最小值	10.7	1.77	1.51	0.444	43.5	25.6	16.8	8.5	-0.68	0.06	6.21	14.5	18.5
	平均值	19.0	1.94	1.63	0.660	78.5	27.7	18.3	9.4	0.08	0.13	15.73	29.5	28.0

表 4-1-8 上更新统 Q_3 黄土物理力学参数

土类	项目	含水率 w/%	天然密度 ρ/(g/cm^3)	干密度 ρ_d/(g/cm^3)	孔隙比 e	饱和度 S_r/%	液限 w_L	塑限 w_p	塑性指数 I_p	液性指数 I_L	压缩系数 $\alpha_{0.1-0.2}$/MPa	压缩模量 $E_{s0.1-0.2}$/MPa	黏聚力 C/kPa	内摩擦角 φ/(°)
黏质黄土	最大值	18.3	1.90	1.70	1.303	67.4	31.1	20.2	12.3	0.13	0.44	23.30	55.9	32.8
	最小值	5.1	1.30	1.17	0.584	18.2	26.4	16.0	10.1	-1.22	0.07	4.60	7.1	15.4
	平均值	11.1	1.58	1.45	0.914	33.5	28.9	18.2	10.7	-0.66	0.17	14.10	31.1	25.1
砂质黄土	最大值	21.4	1.97	1.77	1.238	85.9	29.9	20.8	10.0	0.51	1.10	45.90	56.7	36.4
	最小值	3.2	1.30	1.21	0.529	10.8	23.6	15.2	7.4	-1.65	0.04	1.81	3.0	18.4
	平均值	11.4	1.59	1.42	0.905	35.0	26.3	17.3	9.1	-0.65	0.21	14.05	20.7	26.5

2. 诱发工程滑坡的岩土特性

(1)黄土由于风积成因,多具有大孔隙。

(2)黄土垂直节理发育。

(3)黄土由于风积及颗粒成分,多具湿陷性。河南省三门峡盆地黄土属(Ⅲ)区关中黄土(处于该区东端部),其湿陷厚度大,多为Ⅲ级(严重)自重湿陷场地,个别为Ⅳ级(很严重)自重湿陷场地。其他地区黄土,属Ⅴ区河南黄土,其湿陷厚度小,属非自重湿陷场地,多属Ⅰ级轻微非自重湿陷场地。

(4)多古土壤层夹层,图 4-1-16 为河南省黄土典型剖面。

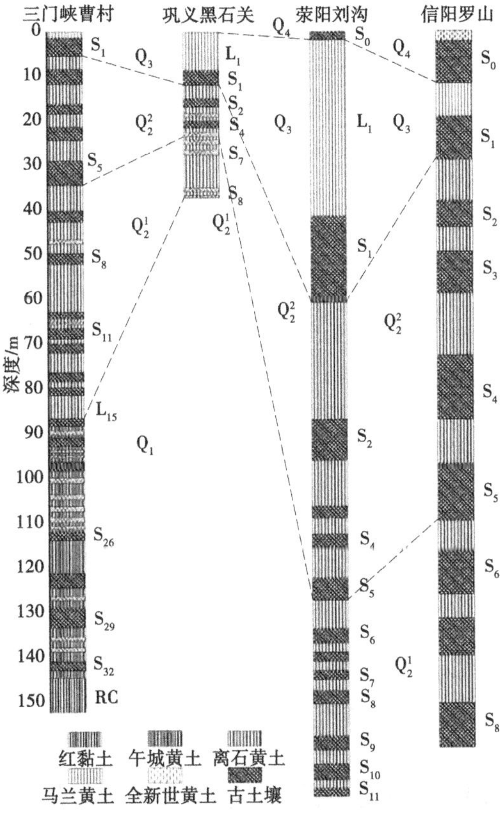

图 4-1-16　河南典型黄土剖面

(5)多上土下岩不利地质结构。图 4-1-17 为某黄土滑坡典型剖面。上部为 Q_2 黄土粉质黏土层,下部为强风化安山岩。

(四)黄土滑带的微观比较分析

原状黄土颗粒在自然条件下是由大量片状、粒状、凝块状颗粒以及孔隙和基质组成的松散堆积体,颗粒直径以<80 μm 为主,颗粒之间存在大量不规则孔隙和裂隙,基质不均匀分布于颗粒之间的孔隙使土颗粒胶结成一个整体。

滑带黄土具有与原状黄土类似的颗粒和孔隙特征,与原状土相比,滑带黄土孔隙和裂隙更为发育,颗粒直径明显变小,其中出现更多由细粒组成的凝块结构。大颗粒在多种外力作用下挤压破碎形成松散的小颗粒,小颗粒在孔隙水和基质的胶结作用下重新联结形

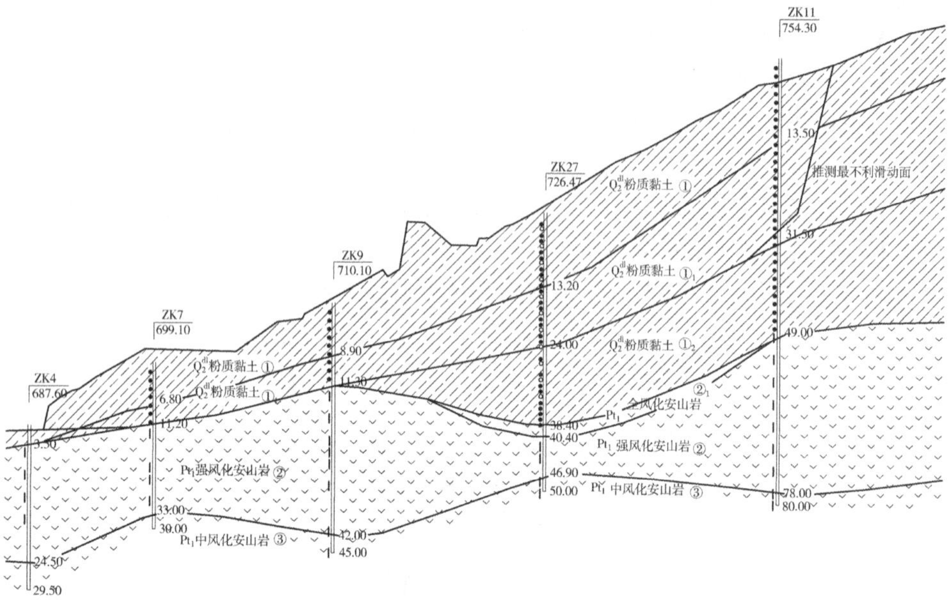

图 4-1-17　某黄土滑坡典型剖面

成较为稳定的凝块结构，如图 4-1-18、图 4-1-19 所示。

图 4-1-18　原状黄土

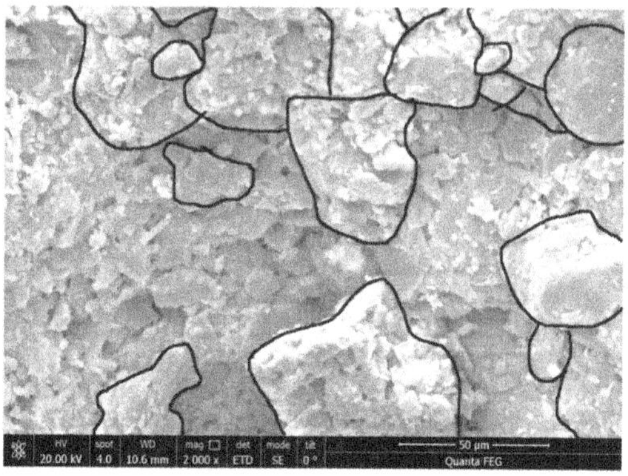

图 4-1-19　滑带黄土

滑带分布于古土壤层红黏土与黄土临界带时，在滑带未发生断裂的区域，红黏土与黄土在相同灰度下具有清晰的分界线，其结构差异明显。而在滑带区域，则表现为碎裂的黄土颗粒和红黏土无规律地掺杂在一起，组成具有较多土体裂隙的松散堆积体，裂隙延伸较远且分支较多，如图 4-1-20、图 4-1-21 所示。

从上述结果可推测，在滑坡形成过程中，首先是土性质之间存在差异，黄土结构中具有众多的颗粒和孔隙，而古土壤层（红黏土）基本上为一个块状整体，使两者交界面接缝处胶结相对薄弱，其中间很难形成稳定的结构体，在外力作用下极易断裂。其次是土体显微结构方面的变化，滑带土的平均粒径和体积小于原状黄土。滑坡是多种外力长期作用的结果,原状黄土中的部分大颗粒在一次受力过程中,破坏形成小颗粒,部分小颗粒会胶结形成不稳定的凝块状结构。此外,颗粒破坏时,还形成众多孔隙,新旧孔隙之间连通又会形成更大的孔隙。在一定程度上来说,滑坡发生过程中,土的颗粒级配发生了改变。其中大颗粒的缺失和空隙的增多使土体骨架结构的承重能力下降,如此反复形成恶性循环,最终导致土体滑移。

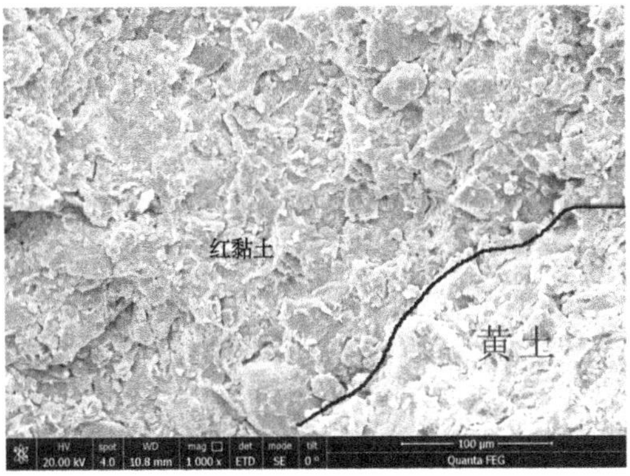

图 4-1-20　原生黄土与红黏土交界面

图 4-1-21　滑带土体裂隙

总体来说,黄土地层滑带在微观结构变化上,主要表现为滑带黄土相较于原状黄土,其颗粒和孔隙均表现出占主导比例的中间颗粒占比减少,而占非主导比例的颗粒和孔隙比例有所增大。滑带土交界面附近黄土一侧孔隙发育程度高,而古土壤(红黏土)一侧裂隙发育程度更高。

第二节　第三纪易滑地层

河南省第三纪地层比较发育,其中豫东平原区第四系覆盖层之下的孔店组、沙河街组、东营组、馆陶组、明化镇组不涉及公路工程滑坡,因而不在研究之列。其他地层岩组在华北地层大区和华南地层大区特征明显。华北地层大区第三纪地层广泛分布于豫西及大别山北麓山间盆地、丘陵岗地和豫东平原广大地区。地层出露厚度 300~2 500 m,钻孔揭露厚度达 5 000 m 以上。而豫西及大别山北麓地区的汤阴盆地、济源盆地、三门峡盆地、洛阳—汝州盆地、卢氏盆地、潭头盆地、吴城盆地及大别山北麓盆地 8 个古沉积盆地中孕育了大量的易滑地层。华南地层大区第三纪地层主要分布于豫西南地区的南阳、李官桥盆地,向南延伸入湖北省境内,厚度 2 000~3 000 m,为陆相碎屑岩夹碳酸盐岩建造。主要发育有玉皇顶组、大仓房组、核桃园组、上寺组及凤凰镇组等易滑地层。河南省第三纪盆地及地层分布见图 4-2-1。

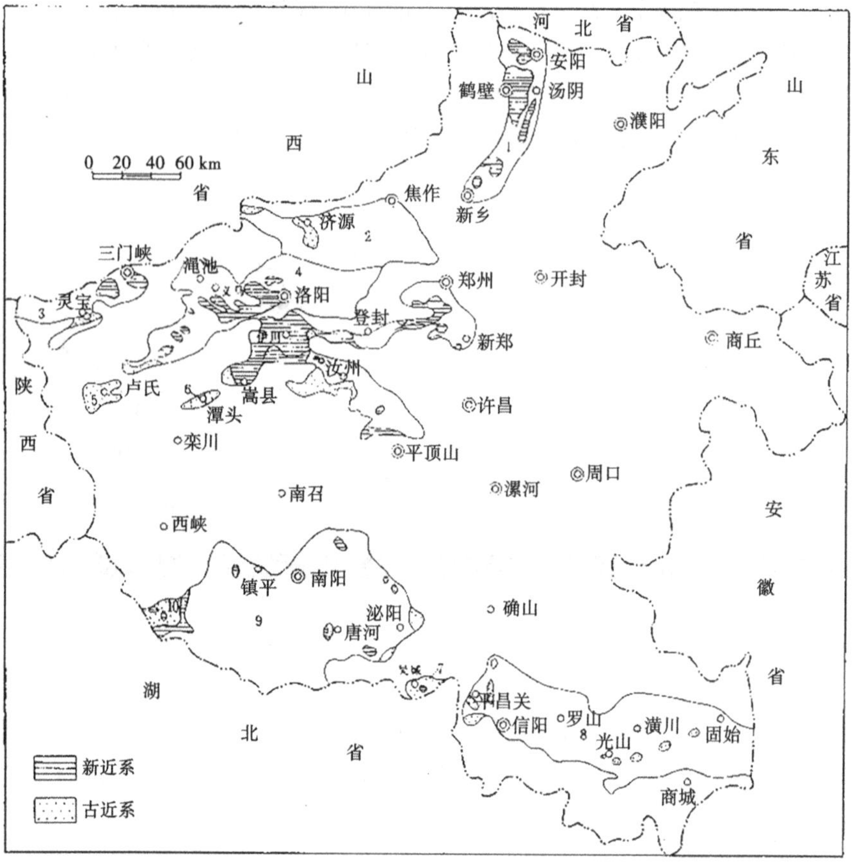

1. 汤阴盆地；2. 济源盆地；3. 三门峡盆地；4. 洛阳—汝州盆地；5. 卢氏盆地；6. 潭头盆地；
7. 吴城盆地；8. 大别山北麓盆地；9. 南阳盆地；10. 李官桥盆地。

图 4-2-1 河南省第三纪盆地及地层分布

一、新近系地层

(一) 汤阴盆地

1. 庞村组 N_2p

该组岩性下部为含玄武质砾石的砂砾岩夹泥质岩及泥灰岩薄层；中部为中基性火山角砾岩夹砂砾岩及泥岩；上部为橄榄玄武岩，下以砂砾岩中含玄武质砾石出现为标志与潞王坟组平行不整合接触，上以橄榄玄武岩结束为标志与第四系不整合接触。地质时代属于上新世。

本组呈北西—南东向带状分布于鹤壁市的黑山、庞村镇及浮山一带，零星见于淇河两岸。地层走向为北北东向，形成大小不等孤立的小山包，出露面积不大。但据钻孔揭露最大厚度达 310 m。岩石为深褐、浅褐、灰黑色及暗绿色。砾岩中的砾石成分有中基性火山角砾岩、玄武岩、灰岩等，局部见火山弹，砾石呈棱角状一次浑圆状，砾径大小不等。橄榄玄武岩呈层状及管状产出，局部呈岩墙状产出，具微薄层理，具气孔状、杏仁状构造，属内陆湖盆地裂隙喷发的火山岩相沉积。

2. 潞王坟组 N_2l

该组地层岩性下部为紫红、红色黏土岩与白色中厚层状泥灰岩互层，夹褐黄色细砂岩；中部为白、灰白色厚层状泥灰岩，隐晶质灰岩夹钙质砂岩、泥岩及钙质砂砾岩；上部为灰白色中—厚层状泥灰岩与褐黄、灰绿色泥质砂岩互层，夹红色黏土岩。下部以细砂岩或中—厚层状泥灰岩出现为标志与鹤壁组或洛阳组整合接触；上以砂质钙质泥岩或砂岩结束为标志与庞村组平行不整合接触，厚 200 余 m。时代为早上新世。

该组地层广泛分布于安阳、新乡、郑州、洛阳及平顶山等地区。厚度变化较大，由十几米至上百米，显著特点以灰白、白色为主。岩性主要为泥灰岩及隐晶质灰岩，夹细砂岩、砂砾岩及泥岩或黏土岩。泥灰岩及隐晶质灰岩中局部含砂粒，个别含小砾石或角砾，在泥灰岩中往往含灰绿色或淡红色泥质条纹及斑块，具定向性，为河流、滨-浅湖相沉积。该组中泥岩及黏土岩具垂直节理，湿水后膨胀，常作为膨润土矿或黏土矿，具膨胀岩特性（见图 4-2-2）。

图 4-2-2　潞王坟组地层照片

3. 鹤壁组 N_1h

该组地层岩性下部以灰、深灰色灰质砾岩为主，夹褐黄、灰绿色钙质泥岩及泥质砂岩，局部夹薄层泥灰岩；上部为灰白、白、灰绿色钙质砂岩，钙质泥质砂岩或砂质钙质泥岩，夹泥灰岩薄层及不稳定的砂砾岩和砾岩。下以灰质砾岩出现为标志与彰武组平行不整合接触；上以灰绿、褐黄色钙质砂岩或砂质泥岩结束为标志与潞王坟组整合接触。该地层厚度 10~60 m，地质时代属晚第三纪。

本组广泛分布于汤阴盆地，岩性稳定，层序清楚，为一套含碳酸盐岩的碎屑岩建造，自下而上组成由粗到细的正粒序层。砾岩层由西北向东南，即由山麓到平原，由厚变薄，砾径由粗变细。砾岩中的砾石成分 95%以上为石灰岩，少量为页岩及石英砂岩等，磨圆度及分选性良好，砾石多顺层排列，多为灰质胶结，较紧密坚硬。厚度 70~300 m，属山麓洪积相和河湖相环境沉积。该组地层在鹤壁集、鹿楼、朔泉及淇河两岸发育出露明显，该段地层其下不整合于马家沟石灰岩及煤系地层之上，其上被黄土不整合覆盖（见图 4-2-3）。

4. 彰武组 N_1z

该组地层底部为黄绿色砾岩，下部为紫色黏土岩及砂质黏土岩，中部为灰白色钙质粉

图 4-2-3　鹤壁组地层

砂岩及含砾砂岩，上部为杂色黏土岩夹砂砾岩及粉砂质泥灰岩薄层，下以底砾岩与石盒子组不整合接触，上以灰白色黏土岩或砂质黏土岩结束为标志与鹤壁组平行不整合接触。地质时代为中新世。

本组分布于安阳市水冶镇、龙泉及洪河屯等地，向南至龙泉梨树场（驴掌）尖灭，为一套紫色及灰白色粗碎屑岩系，自下而上为砾岩—含砾砂岩—砂岩—粉砂岩—黏土岩及砂质泥灰岩，组成由粗到细的沉积旋回，其中有多个沉积韵律。砾石成分主要为砂岩，次之有灰岩及石英岩等，次棱角—次浑圆状，分选性差，砾径大小不等，一般为 10～80 cm。厚度变化几米至几十米，为河湖环境沉积。

（二）洛阳—汝州盆地

1. 洛阳组(N_2l)

该组地层岩性下部为灰、黄褐色及杂色砾岩、砂砾岩、钙质泥质砂岩、粉砂质泥岩夹泥灰岩薄层，中部为棕红、橙黄色砂质黏土岩、泥质砂岩夹薄层泥灰岩及砂砾岩透镜体，上部为棕红色砂质黏土岩或泥岩夹砂砾岩，下以砾岩或砂砾岩出现为标志与石台街组或蟒川组不整合接触，上以泥岩结束为标志与潞王坟组整合接触或与大安组平行不整合接触，厚 38～90 m。

该组地层分布在新安、登封、新密、荥阳及巩义一带，上与潞王坟组整合接触；在汝阳、伊川及汝州一带，上与大安组平行不整合接触，厚度 20～115 m。其色调为青灰、灰白、灰黄、黄褐、棕红及浅红等杂色；由下到上呈正粒序层，砾岩—砂砾岩—砂岩—泥岩—泥灰岩形成韵律沉积。砾岩及砂砾岩胶结良好，砾石成分因地而异，主要见有火山岩、石英岩及少量灰岩、砂岩及页岩等。底部的砾石磨圆度差，无分选性，砾径 5～50 cm，向上则磨圆度、分选性较好，砾径 0.5～20 cm；胶结物多以钙质为主，次为砂泥质。泥岩具灰绿色斑块及条纹，含钙质结核及网纹，局部相变为泥灰岩，泥灰岩中含浅红色泥质条纹及斑块。泥岩及泥灰岩呈带状或微带状层理。属河流-湖泊相沉积环境，时代为中新世。

（三）三门峡盆地

1. 棉凹组（N_2m）

本组地层岩性下部为棕黄、棕红色砾岩、砂砾岩夹细砂岩，局部夹透镜状含砾亚黏土（岩）；上部为棕红色含砾亚砂土、亚黏土与棕黄色砾岩或砂砾石层互层。下以砾岩或砂砾岩出现为标志与柳林河组不整合接触，上以砾岩结束为标志与下更新统三门组不整合接触。

本组地层分布于三门峡、陕县及灵宝北部的山麓边缘地带。岩性为棕红、棕黄色砾岩、砂砾（岩）石层、砾石层、亚黏土及亚砂土等，亚黏土、砾岩致密坚硬，砾石及砂砾石层疏松。砾石成分为火山岩、石英（砂）岩、变质岩及白云岩等；砾石磨圆度次棱角-次浑圆状者多，无分选性；砾径一般为 2～15 cm，个别大者达 30～80 cm，胶结物为泥质和钙质。亚黏土（泥岩）及亚砂土，具垂直节理，沿节理穿插有灰绿色条纹，厚度 42～108 m，属山前盆地冲积-洪积环境沉积。地质时代归晚上新世。

（四）卢氏盆地

1. 雪家沟组（N_2x）

本组地层下部为红色砾岩；上部为红色、褐红、褐黄色及灰黄色砂质黏土岩、粉-细砂岩及黏土岩。黏土岩中含钙质结核。下以砾岩出现为标志与大峪组或卢氏组不整合接触，上以砂质黏土岩或黏土岩结束为标志与中更新统不整合接触。

该组地层分布于卢氏县城附近及文峪、横涧等地。其岩性以红色为主，其次为褐红、褐黄色。岩性有砾岩、细砂岩及黏土岩。砾岩中的砾石成分有石英岩状砂岩、石英岩、火成岩等。砾石滚圆度一般，分选性差，砾径一般为 5～25 cm。钙质及砂质胶结。厚度十几米至几十米，属冲洪积环境沉积。地质时代归早上新世。

（五）吴城盆地

1. 尹庄组（Ny）

本组地层岩性下部为灰、灰绿色及杂色砾岩、砂砾岩；上部为浅棕红、棕黄色及灰绿色砂岩、粉砂岩及砂质泥岩夹透镜状砂砾岩。下以砾岩出现为标志与五里墩组不整合接触，上以砂质泥岩或砂岩结束为标志与第四系不整合接触。

本组分布于桐柏县平氏乡的尹庄、吴城乡的贾岗及五里墩、平昌关的郭庄及陈店以北地区，以及南阳盆地东部的唐河西大岗一带，其岩性有砾岩、砂岩、粉砂岩及砂质泥岩。砾石成分因地而异，主要见有变质岩、花岗岩及石英砂岩，少量泥页岩；砾石磨圆度差，无分选性，砾径大小混杂，胶结较疏松。地层具微单向斜层理及水平层理，厚度变化几米至几十米。属冲洪积相环境沉积。地质时代划归晚第三纪。

（六）南阳盆地与李官桥盆地

1. 凤凰镇组（Nf）

本组地层岩性下部为深灰色砾岩夹暗灰绿色泥岩；中部为褐、棕红杂灰绿色黏土岩、砂岩、粉砂岩夹砂砾岩；上部为灰、灰白色泥灰岩或薄层泥灰岩与钙质泥岩互层，局部夹褐黄色砂岩及含砾砂岩。下以砾岩出现为标志与上寺组不整合接触，上以泥灰岩或钙质泥岩结束为标志与中更新统不整合接触。

本组岩性由下到上组成砾岩—砂砾岩—砂岩—粉砂岩—泥岩及泥灰岩的沉积韵律。

其中砾岩中砾石成分多为变质岩、石英砂岩、砂页岩及少量灰岩等，砾石磨圆度为次棱角-次浑圆状，分选性差，砾径 0.5~20 cm，个别大于 30 cm。胶结物多以钙质为主。泥岩及黏土岩为灰绿、黄褐色及浅灰色，垂直节理发育，湿水膨胀，往往沿节理发育有灰绿色网纹及块体，可作膨润土矿。泥灰岩为灰白色，薄-中层状，局部含砂粒或小砾石。本组厚度变化大，由几十米至几百米，在山麓边缘及山前丘陵岗地厚度小，向平原区厚度增大，具单向斜层理及水平层理，局部显示河流交错层理。该组属河流-湖泊相环境沉积。地质时代为晚第三纪。

二、古近系地层

（一）济源盆地

1. 南姚组(E_2n)

本组地层岩性为紫红、灰黄色砂岩、粉砂岩夹紫红色泥岩、砂砾岩。与下伏泽峪组整合接触，区域上与上覆上第三系不整合接触。

该组砂岩、粉砂岩与泥岩呈不等厚互层，砂岩以中粒和细粒长石石英砂岩为主，底部有含砾砂岩，中上都有不稳定的砂砾岩，泥岩中有绿色斑块。色调以紫红色为主，其次为灰黄色，局部夹灰绿色。厚度 200~550 m，为一套河湖相沉积。地质时代归始新世。

2. 泽峪组(E_2z)

本组地层岩性为灰白、灰黄、紫红色中、细粒长石石英砂岩与紫红、褐灰色泥岩、砂质泥岩互层，夹砂砾岩，局部夹黄绿色长石石英砂岩条带。该组以出现较多的灰白色砂岩为特征。与下伏余庄组整合接触，与上覆南姚组整合接触。

本组砂岩和泥岩组成旋回性沉积，每个旋回底部以砂砾岩开始，往上为砂岩，顶部多以砂岩与泥岩互层结束，旋回厚度不等，从 30 m 到百余米；砂砾岩的砾石直径 1~2 cm，多呈扁平状，斜层理发育，富含小灰质结核，该组厚度 500~700 m，从色调看，以紫红色为主，其次为灰白色、灰黄色，局部为灰绿色。为一套河湖相沉积。地质时代划归始新世。

3. 余庄组(E_2y)

本组地层岩性为紫红、紫灰、灰黄色中、细粒长石石英砂岩与紫红色泥岩、砂质泥岩互层，局部夹砂砾岩、砾岩。与下伏聂庄组、上覆泽峪组均为整合接触。

该组地层为砂岩与泥岩互层，具由砂岩到泥岩的沉积韵律。以中粒和细粒砂岩为主，夹粗粒砂岩及粉砂岩，有下粗上细的特征，部分砂岩底部含砾，或相变为砂砾岩、砾岩。砂岩以紫红、紫灰色为主，其次为灰黄色；泥岩、砂质泥岩为紫红色，其中含灰绿色条带和斑块，层厚 400~650 m，为强氧化环境下形成的一套河湖相沉积。地质时代划归始新世。

4. 聂庄组(E_2n)

该组地层岩性下部为砖红、紫红色长石砂岩、砂砾岩、砾岩夹泥岩；上部为砖红、棕红色中细粒长石石英砂岩、粉砂岩夹凸镜状砾岩，砂岩与泥岩、砂质泥岩互层。与下伏晚侏罗世韩庄组不整合接触，与上覆余庄组整合接触。时代属于晚白垩世。

该组砂岩和泥岩组成旋回性沉积，每个旋回底部以砂砾岩开始，往上为砂岩，顶部多以砂岩与泥岩互层结束，旋回厚度不等，从 30 m 到百余米；砂砾岩的砾石直径 1~2 cm，多呈扁平状，斜层理发育，富含小灰质结核，该组厚度 500~700 m，从色调看，以紫红色为主，其次为灰白色、灰黄色,局部为灰绿色。为一套河湖相沉积。

(二)洛阳—汝州盆地

1. 石台街组(E_3s)

该组地层岩性为红、淡红、灰紫色砾岩、砂砾岩与砂岩、砂质泥岩、砂质页岩互层。与下伏蟒川组整合接触,与上覆中新世洛阳组不整合接触。地质时代归早第三纪。

该组分布于宜阳县段村西北、伊川县酒后以南,嵩县田湖、汝阳与汝州交界地区。该组为砂质泥岩、砂质页岩与砂岩、砾岩或砂砾岩互层。部分砂质泥岩、砂质页岩含小砾石,砾石成分复杂,以火山岩为主,其次为石英岩、花岗岩等,磨圆度以次棱角和次圆者为多,以红、淡红、灰紫色为主,反映了炎热气候下的强氧化环境。厚度500~1 000 m。该组为一套河湖相沉积。地质时代归渐新世。

2. 蟒川组(E_2m)

该组地层于汝州市蟒川附近发现并创名蟒川组,其岩性为棕红色泥岩、砂质页岩与灰白色泥灰岩、灰色砂砾岩或砂岩互层,局部夹灰黑色碳质页岩、细砂岩和灰、红色砾岩。与下伏陈宅沟组整合接触,与上覆石台街组整合接触。地质时代归早第三纪。

该组地层分布于汝州市蟒川、汝阳县关帝庙、上店、伊川县吕店以西,宜阳县城以北和洛宁县兴华等地。以碎屑沉积为主,夹泥灰岩,中部夹碳质页岩。具由粗到细的沉积韵律。砾岩、砂砾岩的砾石成分与附近基岩关系密切,有火山岩、花岗岩、石英岩、砂岩、片麻岩等,多为次圆、次棱角状,砾径以5~20 cm者为多,砂岩多为钙质粉砂岩和中、细粒砂岩。由盆地边缘到中部,沉积物由粗变细。从色调看,该组以棕红色为主,其次为青灰、灰白、灰绿色。厚度变化大,100~1 250 m,为一套河湖相,局部夹湖沼相沉积。

3. 陈宅沟组(E_2c)

本组地层岩性为棕红、紫红色砾岩、砂砾岩夹砂岩、砂质泥岩、砂质页岩,或者呈互层。与下伏三叠系油房庄组不整合接触,与上覆蟒川组整合接触。

该组分布于宜阳县西南,伊川县焦王、罗村,登封市大金店、告城,汝阳和汝州市等地。以粗碎屑岩为主,岩性相变快,在宜阳县陈宅沟为钙质砾岩、砂砾岩夹薄层砂质页岩;在宜阳县路庄为砂岩、粉砂岩夹砾岩、页岩;在汝阳县郭家洼为砂质泥岩与砾岩或砂岩呈不等厚互层;在登封市李家门下部为长石石英砂岩夹砾岩、砂砾岩,中上部为长石石英砂岩与泥岩、砂质泥岩不等厚互层。砾岩、砂砾岩的砾石成分较复杂,与下伏基岩关系密切。岩石色调以棕红、砖红色为主,局部夹灰绿色条带或斑块。该组厚度100~700 m,属以河流相为主的河湖相沉积。该组地质时代划归始新世。

(三)三门峡盆地

1. 刘林河组(E_3l)

该组地层主要由浅红、棕红色砾岩、含砾砂岩与红色泥岩,夹灰绿、灰黑色泥岩、砂质泥岩、灰白色泥灰岩等。下以底砾岩为标志与小安组整合接触,上与上第三系或更新统松散堆积物均为不整合接触。

该组地层出露于三门峡市马家店、灵宝县川口等地。该组由砂砾岩或砾岩与泥岩、砂质泥岩组成多个韵律,夹砂岩和泥灰岩。底部的泥灰岩和泥岩均含砂和小砾石。砾岩、砂砾岩的砾石成分主要有石英岩、灰岩、砂岩,其次是各类变质岩及火山岩,大小不等,砾径一般为 10~30 cm，大者 60~100 cm，多为浑圆-次棱角状，分选性差。该组厚度 500~800 m，以棕红色为主，夹灰绿、灰白色。为一套河湖相沉积。地质时代归晚渐新世。

2. 小安组(E_2x)

该组地层岩性以紫红、灰绿等杂色泥岩为主，底部有厚度不等的砂砾岩，下部和中部夹灰白、浅灰绿色细砂岩、薄层和网脉状石膏，上部夹泥质白云岩、薄层泥灰岩和碳质泥岩等。下伏地层为坡底组，上覆地层为刘林河组，均为整合接触。地质时代归晚始新世晚期。

该组地层出露于三门峡市小安、灵宝县川口、五亩、项城等地。上部灰白色砂岩较稳定，水平层理和斜层理发育。在小安盆地中心部位为细砂岩，盆地边部为含小砾石的粗砂岩。过村—坝头一带，下部泥岩中含层状和网脉状石膏，到三门峡市小安、马家店、土门一带含石膏层变少变薄。该组上部夹碳质和沥青质泥岩，五亩、项城一带夹褐煤层。厚度变化大，100~800 m 不等。该组为一套河湖相夹沼泽相沉积，河湖相过渡到沼泽相含煤建造。

3. 坡底组(E_2p)

该组地层下部主要为棕红、砖红色砾岩与中粗粒砂岩不等厚互层，上部主要为棕红、紫红、灰绿色砂质泥岩夹白云质泥岩及薄层或网脉状石膏。下伏地层为门里组，上覆地层为小安组，均为整合接触。

该组出露于三门峡市陈家山、土门，灵宝县川口等地。自下而上由粗变细，横向上砾岩与砂砾岩、砂岩与泥岩常见相变。上部的含石膏岩系在平陆县坡底附近最发育，三门峡和陕州区一带含石膏岩系不甚发育，可采层位少，该组厚度变化大，黄河以北为 500~800 m，黄河以南土门一带出露厚度 160 m。该组为由下部河流相过渡到上部河湖相沉积。时代归始新世。

4. 门里组(E_2m)

该组地层岩性主要由厚度不等的砖红、棕红色砾岩、砂砾岩与泥岩、砂质泥岩互层组成。上部夹灰白、灰绿色泥岩、泥质白云岩、红色泥岩中有时含网状石膏，泥质白云岩中有时夹石膏薄层。底部以砾岩层与前第三系不同地层不整合接触。上与坡底组整合接触。

该组地层分布于三门峡市高庙瑶头沟、灵宝县川口城烟等地。具下粗、上细的特征。砾岩的砾石成分复杂，磨圆较好，分选差，砾径一般 5~30 cm，最大可达 60 cm，岩性横向变化大，砾岩、泥岩可分别相变为砂砾岩、泥灰岩。局部砂质泥岩中含小砾石；盆地中部含薄层石膏，层厚 10~15 cm，处于盆地边部的川口城烟附近，主要为砾岩、砂砾岩和砂岩。该组厚度 200~600 m。色调以砖红、棕红、紫红色为主，夹灰白、灰绿色。为一套山麓河湖相沉积。地质时代划归始新世。

(四)卢氏盆地

1. 大峪组(E_3d)

本组地层岩性为棕红色砾岩、砂岩、泥岩，夹灰白、灰绿色泥灰岩，局部夹灰绿色页岩。与下伏卢氏组整合接触，区域上与上覆晚第三纪雪家沟组不整合接触。

该组地层为砾岩、砂岩、泥岩夹泥灰岩。砾岩的砾石成分以安山岩、石英砂岩为多，磨圆不好，多为次棱角状，砾岩可相变为砂砾岩和砂岩。岩石色调为棕红、灰黄、灰白、灰绿等杂色。厚度300～500 m。为一套河湖相沉积。地质时代归渐新世。

2. 卢氏组(E_2l)

本组地层岩性为棕红、灰绿、褐黄色黏土岩，钙质黏土岩与灰绿、灰白色泥灰岩互层，夹砾岩和砂岩。与下伏张家村组整合接触，与上覆大峪组整合接触。

该组分布于卢氏县东部和南部，以泥岩、泥灰岩为主，夹砾岩和砂岩。砾岩可相变为砂砾岩、砂岩，砂岩包括含砾粗砂岩，中、细粒砂岩和粉砂岩。何家沟一带夹薄层褐煤和劣质油页岩。该组以灰绿、灰白色为主，夹棕红、褐黄色。厚度300～500 m，该组属以湖相为主的河湖相，局部为湖沼相。地质时代属于始新世。

3. 张家村组(E_2z)

本组地层岩性为棕红、棕黄、灰褐色黏土岩、泥质粉砂岩与砾岩、砂砾岩或砂岩互层。与下伏官道口群或熊耳群不整合接触，与上覆卢氏组整合接触。

本组地层分布于卢氏县西部和北部。主要为黏土岩与砾岩互层，由下往上组成砾岩—黏土岩或砾岩—砂岩—黏土岩的沉积韵律，横向相变较快，砾岩可相变为砂砾岩、砂岩，黏土岩可相变为泥质粉砂岩。砾岩的砾石成分以安山岩为主，其次有石英岩、砂岩、白云岩等，多为次圆、次棱角状。该组厚度变化大，厚度400～1 650 m。从色调看，以棕红、棕黄色为主，为强氧化环境形成的一套河湖相沉积。时代归始新世。

(五)潭头盆地

1. 潭头组(E_2t)

本组地层岩性为灰绿、灰黑色泥岩与灰黄、灰白色泥灰岩、灰岩及灰、灰绿色砂岩、砂砾岩、砾岩互层，夹灰黑色油页岩，局部夹薄层褐煤。与下伏高峪沟组整合接触，上覆地层在区域上与渐新世砾岩整合接触。

本组地层中、下部为砂岩、砾岩或砂砾岩，上部为泥岩、灰岩的沉积韵律明显，粒度盆地中部较细，向边部变粗。夹多层油页岩为本组的特征，含优及劣质油页岩42～65层，单层厚度0.9～2.5 m，最薄0.1 m，最厚16.17 m。下部局部夹薄层褐煤及薄层石膏。该组以灰、灰白、灰绿色为主，局部为棕红色。厚度400～1 000 m。该组属以湖相为主的河湖相沉积。地质时代划归始新世。

2. 高峪沟组(E_1g)

本组地层岩性以棕红、紫红色泥岩、砂质泥岩夹砂岩为主，下部夹褐灰、紫红色砾岩、砂砾岩，中上部夹灰绿色钙质粉砂岩和灰白色薄层泥灰岩。下与秋扒组整合接触，上与潭头组整合接触。

该组地层以泥岩、砂质泥岩夹砂岩为主。下部夹砾岩、砂砾岩，自下而上砂、砾由多变少，泥质增多，上部含钙质，并出现薄层泥灰岩、砂岩或砂砾岩到泥岩的韵律沉积明显。下部交错层和波痕发育，上部水平层理发育。横向上常见砾岩与砂岩、砾岩与泥岩的相变。砾岩的砾石成分以熊耳群火山岩为主，大小混杂，分选性和磨圆度均差。该组以棕红、紫红色为主夹灰绿、灰白色，厚度400～800 m。该组属河湖相沉积。地质时代归古新世。

(六)吴城盆地

1. 五里墩组(E_2w)

本组地层岩性为灰绿、灰黄色粉砂岩、砂岩与砂质泥岩、页岩互层，夹灰绿、灰白色泥灰岩，底部为砾岩，下部和中部多夹黑灰色油页岩。与下伏李士沟组整合接触，区域上与上覆晚第三纪尹庄组不整合接触。

该组以灰绿、灰黄色粉砂岩、砂质泥岩、页岩为主，夹细砂岩、油页岩和泥灰岩。粒度由下往上、由盆地边部向盆地中心变细。在盆地中心部位，该组的下部含天然碱和含盐天然碱；油页岩分布于该组中下部，盆地中部层数较多，一般单层厚 0.4～10 m。上部钙质成分增多，或相变为泥灰岩。该组厚度变化 200～2 000 m。该组属河湖相和沼泽相沉积。地质时代划归始新世。

2. 李士沟组(E_2z)

本组底部为橘黄、草绿色厚层砂砾岩，向上为灰绿、灰黄色砂砾岩与砂岩，含砾砂岩互层，夹灰绿、棕红色泥岩、灰白色泥灰岩，局部夹透镜状砾岩。下与毛家坡组、上与五里墩组均为整合接触。

该组地层以砂砾岩、砂岩为主，夹泥岩、泥灰岩，色调以灰绿、灰黄色为主，碎屑岩的粒度，大致是由下而上变细，由盆地边部向盆地中心逐渐变细。砂砾岩中砾石成分主要为片岩、片麻岩、脉石英等，多呈次圆及次棱角状，砾径多小于 5 cm，厚度变化 90～550 m。该组属山麓河湖相沉积。地质时代划归始新世。

3. 毛家坡组(E_2m)

本组地层岩性以砖红、棕红色砾岩、砂砾岩和砂质泥岩为主，局部夹橘黄、黄绿色砂砾岩。与下伏秦岭(岩)群不整合接触，上以棕红色砾岩或砂质泥岩基本结束为标志与李士沟组整合接触。

本组下部以砾岩为主，上部为砂砾岩，含砾砂岩和砂质泥岩，以棕红色及砖红色为主。砾岩、砂砾岩胶结不紧，砾石成分因地而异，主要有片麻岩、片岩和花岗岩等(见图 4-2-4)。砾岩大小不等。砾径 2～30 cm 者为多，磨圆差，多为棱角、次棱角状，分选性差。厚 61.6～400 m。该组为一套山麓洪积和河湖相沉积。地质时代归始新世。

图 4-2-4　毛家坡组地层

(七)大别山北麓盆地

1. 李庄组(E_2lz)

本组地层岩性为灰、灰白、棕红、褐黄色砂砾岩,含砾砂岩、砂岩夹粉砂质泥岩或互层,中部局部夹灰绿色砂砾岩和砂岩。建组剖面未见顶、底,从区域分析,该组与下伏晚白垩世周家湾组平行不整合接触,与上覆晚第三纪尹庄组不整合接触。

该组分布于豫南平昌关、信阳、罗山、光山、潢川等地,该组有砂砾岩、含砾砂岩、粗砂岩、中砂岩、细砂岩、粉砂岩和粉砂质泥岩,相变较快,盆地边部以粗碎屑为主,向盆地中部粒度变细;厚度 500~2 300 m,盆地中部较厚。该组为强氧化环境下形成的一套河湖相环境沉积。地质时代划归始新世。

(八)南阳盆地与李官桥盆地

1. 上寺组(E_3s)

本组地层岩性以灰褐色厚层砾岩为主,夹浅棕红色泥岩,与下伏核桃园组整合接触,在区域上与凤凰镇组不整合接触。层厚 299. 3 m。地质时代划归渐新世。

该组岩性单一,以灰褐色厚层砾岩为主,夹棕红色砂质泥岩和钙质泥岩,局部有含砾粉砂岩。砾岩多为基底式钙质胶结,较坚硬,砾石成分绝大部分是灰岩,少数是石英岩等,砾径 0. 1~1 m 不等,多呈次圆状、次棱角状。该组厚度 100~500 m,为一套河湖相沉积。其时代划归渐新世。

2. 核桃园组(E_2h)

本组地层岩性为棕红、灰绿色泥岩、钙质泥岩与灰白、灰绿色泥灰岩互层,下部局部夹碳质泥岩和浅棕红色粉砂岩,上部夹薄层砾岩。与下伏大仓房组整合接触,与上覆上寺组整合接触。

该组分布于淅川县仓房乡核桃园、杏山一带。下部以泥灰岩为主,上部以泥岩为主,下部局部夹泥质石膏和碳质泥岩(劣质薄层煤),上部夹薄层砾岩或砂砾岩,岩性相变快,泥灰岩和砾岩均不稳定,核桃园附近泥灰岩较发育,向东、向西泥灰岩减少,砾岩增多(见图 4-2-5)。该组厚度 100~850 m。在南阳盆地该组含石油,在叶县、舞阳一带该组产盐类。该组属湖相为主的河湖相,局部为沼泽相沉积。地质时代划归始新世。

图 4-2-5　核桃园组地层

3. 大仓房组(E_2d)

本组地层岩性为褐红色及棕红色泥岩、砂质泥岩、含膏泥岩、棕黄色砂岩、含砾砂岩、灰色和灰白色砂砾岩,夹灰白色泥灰岩,局部夹薄层石膏。与下伏玉皇顶组整合接触,与上覆核桃园组整合接触。

该组岩性变化较大,在仓房一带,下部由砂砾岩、砂岩到泥岩组成多个沉积韵律,上部则以泥岩为主,夹砂砾岩、砂岩和薄层泥灰岩。在泗山寨以南底部有砂砾岩,下部为泥岩与泥灰岩互层,上部为砂岩夹砾岩,砂岩与砂砾岩常相变。厚度变化 170~1 200 m,以褐红、棕红色为主,夹棕黄、灰绿色。另外,仓房附近中上部夹薄层石膏。该组属河湖相沉积。地质时代划归始新世。

图 4-2-6　大仓房组地层

4. 玉皇顶组($E_{1-2}y$)

本组地层岩性以灰、灰黄、灰绿、棕红色砂质泥岩、钙质泥岩和灰岩、浅肉红色泥灰岩为主,局部夹棕红、灰黄色砾岩和砂岩。与下伏晚白垩纪寺沟组整合接触,与上覆大仓房组整合接触。

该组分布于淅川县大胡坡、张湾、泗山寨等地。以泥灰岩和泥岩为主,夹砂岩和砂砾岩。岩性变化大,仓房一带下部以泥灰岩为主,上部泥岩较多;丹江以东泗山寨附近泥灰岩减少,泥岩和砂砾岩增加。泥灰岩多呈厚层状,局部呈疙瘩状,有时含砂和小砾石;泥岩包括钙质泥岩和砂质泥岩;砂岩以粉砂岩、细砂岩和中砂岩为主,粗砂岩和含砾砂岩少量;该组厚度变化较大,一般为 200~600 m。该组为河湖相沉积。地质时划代归古新世-始新世。

三、工程性质与致滑因素

(一)易滑地层工程性质

第三系地层包括新近系和古近系地层,该系地层是河南省区域内发生滑坡较多的主要的易滑地层，受区域地质环境影响，该易滑地层多与沉积盆地相关，主要分布于山间盆地和山前丘陵地带，该地层成岩时间短，胶结程度差，多为软岩或极软岩，岩、土性质并存，物理形态上常介于岩与土之间。

该地层中砂类地层的颗粒胶结差或胶结连接很弱，呈散状，表现为类似土层的性质；但从施工开挖的情况看，该类地层又具有一定的结构强度，具有岩石的一些性质。该地层中的泥岩类地层一般有一定的胶结程度，存在微结构面，具有软岩的特性；但泥岩类地层局部黏粒含量高，成岩作用很差，工程性质上类似可塑—硬塑状土的性质。

研究区内第三系易滑地层为河湖相沉积，成因复杂，其岩性、强度及胶结程度等在垂向及水平方向相变较大。

从整体上看，第三系地层岩土体强度差异性大，易滑地层中的未胶结砂层和可塑状黏土地层，其强度相对较低；而钙质胶结的砂岩属比较典型的岩石，强度相对较高；其他地层的强度介于这两种地层之间。

河南省区域内第三系地层多表现为产状不清晰、标志层不明显的特点。

(二)易滑地层分类

第三系易滑地层可按成岩作用和主要物理力学参数划分为泥岩类和黏土类两类。

(1)泥岩类地层成岩作用相对较好，主要包括泥质粉砂岩、粉砂质黏土岩等，多呈互层状分布。

(2)黏土类地层主要包括粉质黏土、黏土，该类地层往往由于黏粒含量高，成岩作用差，呈可塑—硬塑状，镜面相对发育，分布不稳定，具有老黏土的性质。

(三)岩土性质

第三系易滑地层，在水理性与膨胀性上反映了易滑特性的本质。

水理性体现在含水率和亲水性这两个指标上，通过对研究区内各类地层的含水率试验得出易滑地层平均含水率偏高，部分可达20%以上。亲水性指标(液限和塑性指数)与软岩的膨胀率有着密切的关系，亲水性指标越高，其膨胀率就越大。

第三系易滑地层细粒的泥质成分含量高，多属软岩，且多为膨胀岩。表4-2-1～表4-2-4为某项目上第三系试验成果，反映了该类易滑地层的典型特性。

表4-2-1　上第三系地层颗分试验成果

地层类别	指标	不同粒径(mm)颗粒组成/%						
		5～2	2～0.5	0.5～0.25	0.25～0.075	0.075～0.05	0.05～0.005	<0.005
泥岩类	最小值	0	0	0	2.3	1.5	47.8	9.1
	最大值	0	0	4.7	12.3	19.6	71.2	41.5
	平均值	0	0	1.5	5.9	8.9	56.2	27.6
黏土类	最小值	0	0	0	0	0.7	45.6	32.7
	最大值	0	0	0	3.3	8.7	55.3	53.7
	平均值	0	0	0	1.7	4.7	50.5	43.2

续表 4-2-1

地层类别	指标	不同粒径(mm)颗粒组成/%						
		5~2	2~0.5	0.5~0.25	0.25~0.075	0.075~0.05	0.05~0.005	<0.005
黏土类	最小值	0	0	9.7	14.3	0.2	0	0
	最大值	4.8	60	46.4	76.3	6.7	6.4	5.7
	平均值	0.7	23	30.5	38.3	2.7	2.3	2.4
泥岩类	最小值	0	0	7	35	1.7	2	2.9
	最大值	0	25	37	78.3	10.8	8.4	8.5
	平均值	0	7.2	23	54.1	4.8	5.2	5.6

注：Ⅰ-2 黏土类 2 组，Ⅱ-1 黏土类 13 组，Ⅱ-2 泥岩类 9 组。

表 4-2-2　黏土矿物矿化分析成果

样品编号	主要矿物含量/%		主要化学成分含量/%		
	蒙脱石	伊利石	SiO_2	Al_2O_3	Fe_2O_3
FKY-1	28	25	53.44	17.18	6.6
FKY-2	35	15	50.25	14.53	5.35
FKY-3	35	25	53.72	16.25	6.46
FKY-4	35	20	58.47	12.95	4.23
FKY-5	35	18	58.4	13.68	4.64
FKY-6	30	20	53.53	13.49	4.96
FKY-11	38	2	68.88	10.92	2.6
FKY-33	35	15	61.12	12.36	3.71
FKY-35	28	15	—	—	—
FKY-38	35	20	—	—	—
FKY-41-1	37	25	—	—	—
FKY-42-1	35	20	—	—	—
JQ1-1	28	22	—	—	—
JQ1-2	30	15	—	—	—

表 4-2-3　膨胀试验成果

地层类别	自由膨胀率		膨胀率		膨胀力	
	试验组数	试验值 / %	试验组数	试验值 / %	试验组数	试验结果 / kPa
泥岩类	3	40~85	4	0.6~4.9	4	0~183.3
黏土类	1	65	2	2.8~4.3	2	16.7~50.7

表 4-2-4　黏土岩剪切试验成果

组别	抗剪断强度				残余强度			
	σ/kPa	τ/kPa	f	c/kPa	σ/kPa	τ/kPa	$f_{残}$	$c_{残}$/kPa
JQ-1	133.2	215.7	0.41	132.3	133.2	104.3	0.38	60.4
JQ-2	264	239.8			264	141.1		
JQ-3	396.1	273.2			396.1	197.5		
JQ-4	135.8	183.4			135.8	149.2		
JQ-5	405.8	255.7			405.8	185		
JQ-6	548.8	401.1			548.8	305.3		

注：σ—正应力，MPa；τ—剪应力，MPa；f—系数；c—内聚力。

（四）易滑地层路段路堤破坏模式

通过第三纪易滑地层区的填方路堤，如果采取的措施不得当，极易引发工程滑坡，主要有以下 6 种情况：

（1）路堤下伏地层地下水位较高，造成地层性质软弱，在上部路堤重力作用下发生剪切变形而形成滑坡。

（2）路堤所在第三纪易滑地层自然斜坡较陡，填方体底面与自然斜坡之间的抗剪力不能有效平衡路堤的下滑力，甚至带动下部一定厚度的易滑地层发生滑动。

（3）路堤后部未能有效截排坡后地表水和地下水，使路堤在静水压力、动水压力和路堤填土力学指标降低等综合作用下形成滑坡，尤其是采用第三纪易滑地层填料的路堤，其水稳性更为敏感。

（4）路堤填料压实度不足，造成路堤填土内部黏聚力和内摩擦角较低，无法平衡填方体在重力作用下的潜在下滑力而形成滑坡。

（5）第三纪易滑地层承载力较低，设计失误造成支挡工程锚固力不足而引发路堤滑坡。

（6）选线失误造成填方路堤位于老滑坡等不良地质体的中后部形成加载而诱发老滑坡复活，从而牵引后部路堤发生滑坡。

由于路堤填方的"快速"成型，造成路堤影响区内的应力场和渗流场发生了较大的调整，因此在工程施工期间或工后一年左右的时段内，以上 6 类的路堤滑坡或组合式的路堤滑坡比较常见。而在工后两年以上的运营时段，由于路堤影响区内的应力场和渗流场达到了新的相对平衡，若没有地震造成的应力场和暴雨造成的渗流场快速调整，则路堤的稳定性是能满足公路正常的使用安全要求的；反之，若地震造成的应力场和暴雨造成的渗流场快速调整超过了坡体“应力场”的自我调节能力而失去平衡，则往往会造成路堤填方滑坡的发生。如 2021 年 7 月中上旬，河南省北部、西部、中部，尤其是郑州地区降雨量超过历史极值，特大暴雨造成省内多条高速公路路基发生沉降、溜滑、滑塌、滑坡、泥石流等病害。

第三节　中生代沉积岩易滑地层

中生代沉积岩地层包括白垩纪、侏罗纪、三叠纪 3 个地质时代。河南省发育的主要地层在晋冀鲁豫地层区的济源盆地、洛阳—汝州盆地、义马盆地分布较广，且有共同的三叠纪地层，三门峡盆地、潭头盆地次之，仅有侏罗纪或白垩纪地层。在秦祁昆地层区主要分布在南召县南召盆地、卢氏县五里川盆地以及大别山北麓盆地（见图 4-3-1）。河南中生代的易滑地层主要为泥质含量高的砂质泥岩和黏土岩等。

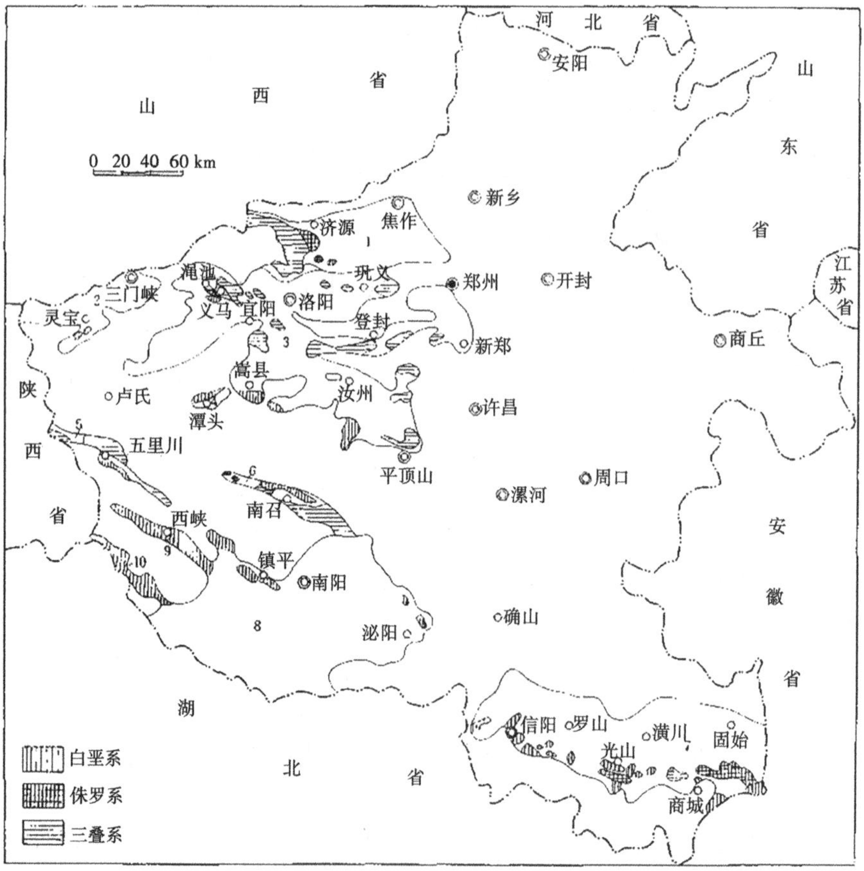

1. 济源盆地；2. 三门峡盆地；3. 洛阳—汝州盆地；4. 潭头盆地；5. 五里川盆地；6. 南召盆地；7. 大别山北麓盆地；8. 南阳盆地；9. 西峡盆地；10. 淅川盆地。

图 4-3-1　河南省中生代盆地及地层分布

一、白垩纪地层

(一)洛阳—汝州盆地

1. 东孟村组(K_2d)

本组地层岩性为灰黄、砖红、灰绿色泥质粉砂岩夹砾岩及石英砂岩。下以砖红色砾岩为标志与义马组不整合接触,上以灰绿色砂质黏土岩为标志与下第三系不整合接触,厚30~198 m。

本组呈东西向分布于渑池县以南的东孟村、赵沟、董沟、姚礼等地,岩性以红色、灰绿色钙质、泥质粉砂岩为主,局部有泥灰岩,多具块状层理。砾岩多呈薄层或凸镜状夹于粉砂岩中,砾石成分复杂,砾径2~6 cm,为湖盆边缘河流冲积产物。地层厚度在30~198 m,变化较大,但岩性、岩相较稳定。改组应为在干燥气候条件下的河流-湖泊相沉积。地质时代划归晚白垩世。

2. 大营组(K_1d)

本组地层下部为褐黄、灰绿色泥质粉砂岩,黏土岩夹细砾岩及泥灰岩;中部深灰、紫红、灰绿色玄武岩夹火山角砾岩;上部为安山质角砾岩夹安山玢岩及粉砂质黏土岩。下以褐黄色细砾岩为标志与二叠系石盒子组不整合接触,上未见顶。

大营组呈北西向分布于宝丰县大营镇西、韩庄煤矿东及梁洼北东一带。下部为紫红、灰绿、深灰色碎屑岩组成,水平层理、波状层理及斜层理均发育,为温湿气候条件下的河湖相沉积。中、上部火山岩系,为内陆湖盆环境的裂隙喷发。地质时代为早白垩世。

3. 九店组(K_1j)

本组地层岩性为紫红、灰白色晶屑岩屑凝灰岩、晶质凝灰岩夹多层砾岩,底部为不稳定砾岩。下以紫红色砾岩为标志与中元古代汝阳群白草坪组不整合接触,上以紫红色晶质凝灰岩为标志与陈宅沟组不整合接触。

本组地层以灰白、紫红色晶屑岩屑凝灰岩为主,夹多层凸镜状或薄层状砂砾岩组成多个不明显的韵律层。

(二)三门峡盆地

1. 南朝组(K_2n)

本组岩性为砖红色砂质黏土岩,夹砾岩。上以砖红色砂质黏土岩为标志与门里组平行不整合接触,下部未见底。

南朝组主要分布于灵宝南朝村西北山梁、杨坡沟口、官庄等地。受断陷盆地控制,岩性单调,主要为砖红色砂质黏土岩夹砾岩,含恐龙蛋化石。厚度在450 m左右,岩性、岩相稳定。为干热气候条件下的河流-湖泊相沉积。地质时代归为晚白垩世。

(三)潭头盆地

1. 秋扒组(K_2q)

本组岩性为棕红、褐红色砂砾岩、含砾砂岩、粉砂质黏土岩夹黏土岩凸镜体。下以紫红色砂砾岩为标志与熊耳群不整合接触,上以棕红色黏土岩为标志与高峪沟组整合接触。地质时代归晚白垩世。

本组呈近东西向分布于潭头盆地北缘。岩性单调,下部棕红色砂砾岩,中、上部含砾砂岩及砂质黏土岩，地层厚度不稳定，高峪沟一带厚 200 m，阳坡岭厚 70 m，向东变薄或尖灭，为坡积-洪积-湖泊相沉积。地质时代划为晚白垩世。

（四）南召盆地

1. 马市坪组（K_1m）

本组地层岩性下部为黄褐色砾岩、长石石英砂岩夹粉砂岩；中、上部为浅灰、黄褐、灰绿色黏土岩、泥质粉砂岩夹细砂岩、砂砾岩及泥灰岩。下以黄褐色砾岩为标志与南召组平行不整合接触；其上被上白垩统红色砂岩平行不整合覆盖。

本组呈北西向条带状分布于马市坪乡黄土岭一带。下部由砾岩、粉砂质黏土岩组成，向上变细，呈不明显的正粒序层理。为水下冲积扇沉积。中、上部由下向上由细砂岩、粉砂岩、页岩及泥灰岩组成旋回。该组为亚热带、温带气候条件下的冲积扇-浅湖相沉积。地质时代划归下白垩统。

（五）大别山北麓盆地

1. 周家湾组（K_3z）

本组下部为灰白、褐红色砾岩及含砾粗砂岩及粉砂岩，夹砂质黏土岩，上部为肉红色、棕红色含砾粗砂岩及粉砂岩。下以棕红色砾岩为标志与陈棚组不整合接触，上以棕红色粉砂岩为标志与下第三系不整合接触，层厚 400～1 330 m。地质时代归晚白垩世。

该组呈东西向断续分布于信阳市周家湾、罗山县周家冲等地，由一套紫红色长石砂岩、砂砾岩夹砂质泥灰岩组成。下部砂砾岩、砾岩，显示不明显向上变细的粒序层理，顶、底板为凸凹不平的冲刷面。长石砂岩具斜层理和水平层理。厚度变化较大，信阳市麻梨树厚达 1 330 m，罗山一带厚 400 m 左右。岩相、岩性较稳定，属山麓洪积相、河流相、湖泊相沉积。地质时代归为晚白垩世。

2. 陈棚组（K_1c）

本组地层下部为浅灰、肉红色熔结凝灰岩、角砾凝灰岩夹深灰色砂岩，上部为安山岩、英安岩夹流纹岩及珍珠岩等。下以角砾晶屑凝灰岩为标志与段集组不整合接触，上以桃红色膨润土、深灰色珍珠岩或安山岩为标志与周家湾组不整合接触。

本组地层呈近东西向串珠状展布于信阳市皇城山，光山县陈棚、泼河，潢川县梳头岗等地。岩石类型比较复杂，有熔结凝灰岩、角砾凝灰岩、珍珠岩、英安岩、流纹岩以及次火山岩等，厚 300～600 m，沉积夹层约占 20%。西部熔岩多，东部碎屑岩增多。火山活动受东西向龟山—梅山断裂控制，在商城—麻城断裂以西，以中性火山岩为主；以东以中酸性-酸性为主，显示出分带性及旋回性特征。地质时代归为早白垩世。

二、侏罗纪地层

（一）济源盆地

1. 韩庄组（J_3h）

本组岩性为砖红色长石石英砂岩、紫红色黏土岩夹砂砾岩及砂质灰岩。下以砖红色砂砾岩为标志，上以紫红色黏土岩为标志，分别与马凹组和聂庄组呈不整合接触。

本组仅见于济源县西承留乡马凹、韩庄及虎岭等地。下部砖红色砾岩；中部紫红色黏土岩；上部砖红色长石石英细砂岩，构成一个粗—细—粗完整的沉积旋回。颜色以砖红、紫红为特征，生物化石稀少，为干热气候条件下坳陷盆地的河流-湖泊相沉积。地质时代划为上侏罗世。

2. 马凹组(J_2m)

本组地层底部为砾岩；下部灰白、灰绿色中粗粒长石石英砂岩夹黏土岩；中部杂色黏土岩夹粉、细砂岩；上部杂色黏土岩与灰黄色泥灰岩呈不等厚互层，夹蚌壳灰岩。下以黄褐色砾岩为标志与鞍腰组整合接触，上以灰绿、黄绿色黏土岩为标志与韩庄组呈不整合接触。

本组地层主要出露于济源县谭庄东山、马凹及鞍腰村一带，岩性以灰绿、黄绿、紫红色钙质黏土岩为主，灰褐黄色长石石英砂岩、粉砂岩及灰色泥灰岩次之。黏土岩与泥灰岩、粉砂岩与黏土岩往往组成层对，每个层对厚0.5~3 cm。该组底部砾岩稳定，厚3 m左右，铁锰质胶结。上部夹两层蚌壳灰岩，可作本组的标志层。马凹组厚达230 m，向东、向西有逐渐减薄的趋势，为温暖潮湿气候条件下的河湖相沉积。地质时代归为中侏罗世。

3. 鞍腰组(J_1a)

本组岩性为灰绿色长石石英砂岩、黏土岩夹泥质灰岩。下以深灰绿色长石石英砂岩为标志与谭庄组连续沉积，上以灰黑色黏土岩为标志与马凹组整合接触。

本组地层分布局限，仅见于济源县鞍腰、马凹、谭庄、张庄一带。岩性主要为灰绿、灰黄、浅灰色钙质黏土岩与褐灰、灰黄色薄—中厚层状钙质粉砂岩互层。上部夹长石石英砂岩，下部夹砂质灰岩，砂岩钙质胶结，厚度在250 m左右，纵、横方向上变化不大，为温湿气候条件下浅湖相-滨湖相沉积。地质时代为早侏罗世。

（二）洛阳—汝州盆地

1. 义马组($J_{1-2}y$)

本组地层岩性为灰黑色黏土岩、粉砂质黏土岩、灰色和土黄色黏土岩、细砂岩夹多层煤层，底部为灰绿色砂砾岩。下以灰绿色砂砾岩为标志与谭庄组不整合接触，上被东孟村组平行不整合覆盖。

本组地层主要分布于渑池、义马地区。岩性主要为一套灰、灰黑、浅灰色黏土岩、粉砂岩、长石石英砂岩，底部为灰绿色砂砾岩。底部砂砾岩具不明显的正粒序层理，板状、洪积层理也很发育。长石砂岩、粗砂岩具水平层理、波状层理及斜层理发育，富产植物化石。黏土岩及粉砂质黏土岩水平层理及波状层理发育。地质时代划为早-中侏罗世。

（三）南召盆地

1. 南召组(J_3n)

本组地层岩性为灰褐、黄褐色细砂岩、粉砂岩与黄绿色黏土岩、泥灰岩组成正粒序的韵律层，夹复成分砾岩，以含昆虫黏土岩夹层为特征。下以黄褐色砾岩为标志与宽坪（岩）群不整合接触，上以黄绿色黏土岩为标志与马市坪组平行不整合接触。

本组地层呈近东西向不连续分布于南召县佛爷岭、马市坪、九分垛、棉花山及方城县维摩寺、关山等地。岩石由下向上由粗变细，组成一个大的沉积旋回。旋回内有许多小的韵律构造层，小者0.5~2 cm，大者3~8 m。下部由砾岩、砂砾岩、岩屑长石石英砂岩夹黏土岩及泥灰岩组成，具不明显的递变正粒序层理，底部具冲刷槽模。上部由粉砂岩与黏土岩、砂质黏土岩与泥灰岩组成层对，水平层理、波状层理、纹层状层理发育。该组是在温凉气候条件下的湖相沉积。地质时代归为晚侏罗世。

(四)大别山北麓盆地

1. 段集组(J_3d)

本组地层岩性以紫红色厚—中厚层砾岩为主,夹长石砂岩及少量砂质黏土岩。下以紫红色砾岩为标志与朱集组不整合接触,上以巨厚砾岩为标志与陈棚组整合接触。

本组主要分布于商城县三里坪,固始县方集、段集一带,呈近东西向展布。颜色为紫红、灰黄色厚—巨厚层砾岩夹中粗粒长石砂岩。岩性、岩相在纵、横向上变化较大,厚度由西向东逐渐变薄。商城县三里坪地区厚 1 448 m,固始县武庙地区厚 400 m 左右。该组是在干热气候条件下由多个洪积扇组成的粗碎屑沉积。地质时代划归早白垩世。

2. 朱集组(J_2z)

本组地层下部为紫红色砾岩,中部为灰、灰黄色岩屑长石砂岩、长石石英砂岩,上部为紫红色砂岩、粉砂岩夹砾岩。下以紫红色砾岩为标志与石炭系双石头组不整合接触,上以褐黄色砂质黏土岩为标志与段集组不整合接触。

本组地层出露于商城县三里坪,固始县方集、段集、朱集、祖师庙。下部为砾岩,中部以砂岩为主,上部以粉砂岩夹砾岩、砂砾岩薄层,形成一个完整的沉积旋回,厚 1 393~2 200 m。岩性在纵横向上变化大,下部砾岩在三里坪一带出露厚度近 200 m,而在武庙尚不足 10 m。中部砂岩自西向东逐渐加厚;上部砂岩向东渐变为砂砾岩、砾岩。该组为干燥、炎热气候条件下的冲洪积扇-湖相沉积。地质时代划归中侏罗世。

三、三叠纪地层

(一)济源盆地

1. 谭庄组(T_3f)

该组地层岩性为灰黄、黄绿色黏土岩、钙质黏土岩与黄灰、褐灰色钙质粉砂岩互层,夹煤层(线)、油页岩和黑色黏土岩,顶部为铝土质页岩。下以灰绿色砂岩为标志与椿树腰组整合接触,上以黄绿色黏土岩为标志与鞍腰组整合接触,归延长群。

该组主要分布于济源县宣谭庙、义马市董沟、登封市宋沟等地,在济源盆地发育较好,岩性以黄绿、紫红、灰绿色黏土岩与灰黄色长石石英岩互层,夹碳质页岩、泥晶灰岩、煤层(线)及菱铁矿结核。在义马地区颜色以浅红色为主,该组自下而上、由粗变细组成多个正粒级韵律层,尤其以上部夹多层煤层(线)为特征,局部可采。本组是在湿润气候条件下的沼泽-湖泊相沉积。该组厚度变化较大,由北向南逐渐变薄。济源地区厚 773 m,义马厚 563 m,登封厚 96 m,地质时代为晚三叠世。

2. 椿树腰组(T_3c)

该组岩性为黄绿色细粒长石砂岩、粉砂岩与灰绿、灰黄、暗紫红色黏土岩、砂质黏土岩互层,夹长石石英砂岩、泥灰岩及煤层(线)。下以黄绿色长石砂岩为标志与油房庄组整合接触,上以灰绿色黏土岩为标志与谭庄组整合接触,归延长群。

该组主要分布于济源县仙口、义马市董沟,其次在登封市李沟也有分布。为一套灰黄、黄绿色长石石英砂岩与灰紫色粉砂质黏土岩互层,夹碳质页岩、泥灰岩、油页岩及煤层(线)。在义马地区砂岩多为肉红色,为钙、泥质胶结。含丰富的双壳类和植物化石,韵律明显，为湿热气候条件下内陆河流-沼泽-湖泊相，沉积厚度变化较大，济源县油房庄-谭庄一带较厚，向南变薄。地质时代归为晚三叠世。

3. 油房庄组(T_2y)

油房庄组地层岩性为黄绿、杏黄色长石砂岩与灰绿、紫红色黏土岩呈不等厚互层，以杏黄色长石砂岩居多为特征。下以灰绿色长石砂岩为标志，上以灰紫色黏土岩为标志与二马营组、椿树腰组均为整合接触关系，归延长群。

该组分布于济源县油房庄、义马市常窑、宜阳县高门、登封市卷门水库及李沟一带，为一套中细粒陆源碎屑沉积建造，以杏黄、黄绿色长石石英砂岩为主，夹杂色黏土岩，自下而上、由粗到细组成两个完整的沉积旋回，属于湿热气候条件下的河流滨湖相沉积。该组厚度变化较大，最大厚度达975 m，由济源向西、向南东逐渐变薄或尖灭。地质时代归为中三叠世晚期。

4. 二马营组(T_2e)

本组地层岩性为暗紫、灰紫色黏土岩、钙质黏土岩、粉砂岩与灰紫色长石石英砂岩不等厚互层，夹黄绿色长石砂岩及鲜蓝色泥灰岩为特征，泥岩中含有钙质结核及石膏质结核。下以灰绿色长石砂岩与和尚沟组整合接触，上以紫红色黏土岩与延长群油房庄组为整合接触。

该组分布于济源县西承留、义马市仁村发科岭、宜阳县庙沟、登封市大金店卷门水库一带，为一套中细粒陆相沉积建造，岩性为暗紫、灰紫色黏土岩、粉砂质黏土岩与灰、灰紫色长石石英砂岩互层，夹灰绿色长石砂岩和鲜蓝色泥灰岩，属河流三角洲-滨湖环境沉积。该组地层地质时代为中三叠世。

5. 和尚沟组(T_1h)

本组地层以鲜红、暗紫红色钙质、砂质黏土岩和粉砂岩为主，夹暗紫、灰白色中 细粒长石石英砂岩，局部夹灰绿色长石砂岩和页岩。其下和上均以紫红色黏土岩为标志，分别与刘家沟组和二马营组整合接触，归石千峰群。

本组地层岩性为紫红、鲜红色钙质黏土岩、粉砂岩夹灰白色细晶灰岩。含钙质结核，厚度变化不大，济源地区厚438 m，宜阳厚353 m，义马厚275 m，登封厚365 m。该组属干热气候条件下的滨湖-浅湖环境沉积。地质时代划归早三叠世。

6. 刘家沟组(T_1l)

本组地层岩性以灰紫、紫红色细砂岩为主，次为长石砂岩、中粒石英砂岩及钙质粉砂岩，夹薄层砂质黏土岩。下以紫红色石英砂岩为标志与孙家沟组整合接触，上以紫红色厚层长石砂岩为标志与和尚沟组整合接触，归石千峰群。

本组地层主要分布在济源、义马、宜阳、登封、巩义、禹州、平顶山等地，地层发育较好，岩性以灰紫、紫红色细砂岩、长石砂岩、石英砂岩为主，夹紫红色薄层黏土岩。以岩性单调、颜色紫红为主要特征，岩相稳定，厚度变化在100~378 m。该组地层夹有薄层泥岩及层间砾岩，砂岩具有非常发育的交错层，砂岩层面上有暗紫色砂质团块，并有微层理。地貌上多形成单面山，为干旱炎热条件下的河流沉积。地质时代划归早三叠世。

(二)五里川盆地

1. 五里川组(T_3w)

本组地层上部为千枚岩与粉砂岩互层,夹碳质页岩及泥灰岩;下部为深灰色长石石英砂岩;底部为紫色复成分砂砾岩。下以紫色砾岩为标志与下古生界二郎坪群、下元古界秦岭群不整合接触,上未见顶。

本组地层呈北西—南东向展布,主要分布于卢氏县五里川、西峡县。岩性为黑色千枚岩、变质砂岩、砂砾岩,夹煤层(线)。岩石轻度变质,岩性在横向上变化大,是在温湿气候条件下的湖相、沼泽相沉积。厚度变化大,最大厚度可达 1 600 m。地质时代属晚三叠世。

(三)南召盆地

1. 太子山组(T_3z)

本组地层岩性为灰褐、灰紫、浅黄色中-巨厚层长石砂岩、石英砂岩,夹灰黄色粉砂岩及砂质黏土岩,局部夹砂砾岩。下以褐黄色砂砾岩、长石砂岩为标志与太山庙组整合接触,上未见顶。

本组主要分布于南召县留山盆地太子山地区,主要为灰褐、褐、灰紫色及浅肉红色中厚-巨厚层状石英砂岩及长石砂岩,铁质含量高,夹细砂岩、粉砂岩及砂质黏土岩。自下而上,由粗变细组成数十个韵律层。韵律层底部具重荷模、槽模。砂岩具水平层理及斜层理,粉砂岩具缓波状层理,粉砂质黏土岩具纹层状构造。该组为河流-湖泊相沉积环境。盆地中心该组厚度达 665 m,向东、向西逐渐变薄或尖灭。地质时代划归晚三叠世。

2. 太山庙组(T_3t)

本组地层主要是一套河流及湖沼相含煤沉积。上段为灰、灰褐色中—厚层长石石英砂岩和石英砂岩及深灰、黑色板岩,夹二层巨厚状硅质层;中段为灰、深灰、灰绿色厚层泥岩、砂质泥岩与灰褐色中—厚层状细砂岩、粉砂岩及铁质石英砂岩互层,夹少量泥灰岩,偶含钙质结核及菱铁矿薄层,底部为黑色、棕黑色油页岩;下段为深灰、黑色泥岩、砂质泥岩与灰、灰褐色中—厚层状细粒石英砂岩互层,夹多层碳质页岩、煤线和薄煤层(局部可采)。底部为紫红色厚层状砾岩。本组下以灰褐色砾岩为标志与宽坪(岩)群或柿树园组不整合接触,上以灰褐色长石砂岩为标志与太子山组整合接触。

本组呈北西—南东向带状展布,主要分布在南召县留山乡太山庙一带,岩性为深灰、黑色黏土岩、砂质黏土岩与长石石英砂岩、粉砂岩呈不等厚互层,底部为砾岩。上段底部硅质岩层较稳定,中段底部油页岩厚约 20 m,下部夹多层煤层(线),可作为本组的标志层。该组为河流-湖泊-滨湖沼泽相沉积。地质时代属晚三叠世。

四、中生代易滑地层变形破坏模式

中生代沉积岩易滑地层均为层状地层,层状地层的坡体变形演化过程受岩层产状、节理分布、地形地貌等诸多因素的影响,其中岩层产状对演化过程起主控作用,而节理和临空面也产生一定影响。

(一)不同层理产状边坡的破坏模式

破坏模式按照层面倾角大小,大致可分为 5 大类,依次为近水平层理边坡、顺层边坡、近竖直层边坡、反向陡倾边坡和反向缓倾边坡,分述如下。

1. 近水平层理边坡破坏模式

近水平状地层中发育的运动型边坡破坏模式为蠕滑-拉裂,岩层倾角一般小于10°,边坡岩体主要沿地层中的软弱带剪切蠕滑,运动速率较缓慢,如图4-3-2所示。该类型边坡具有以下特点:边坡地层岩性较弱或剪切带黏土矿物含量较高,岩石遇水后力学性质很大程度弱化,抗剪强度显著降低;边坡的纵向延伸长度远大于边坡高度,沿纵向剖面发育有大量竖向的裂缝,因长期长距离蠕滑作用,一些裂缝发育成深部凹槽,致使边坡纵向上呈多级次展布;雨水通过竖向裂缝和凹槽快速渗入坡体,提高了地下水位,增大了坡体侧向水压力和底部扬压力,同时使得岩石的力学性质软化,导致边坡滑动失稳。

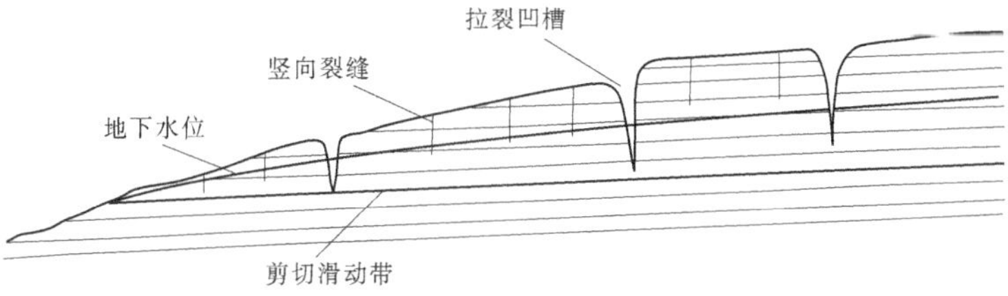

图4-3-2　近水平层岩质边坡剖面示意

2. 顺层边坡破坏模式

层状岩质边坡的演化模式受岩层层面、节理和临空面组合的影响,由于顺层边坡的层面与临空面倾向一致,故该类型边坡较易失稳,其本质都是重力作用下岩体将沿层面或沿节理面的滑动。常见的顺层边坡破坏类型有平面滑动、台阶状滑动、滑移-溃曲破坏、楔形体滑动、偏转滑动,如图4-3-3所示。平面滑动[见图4-3-3(a)]破坏机制为典型的沿层面或软弱层剪切滑移,边坡的前缘临空面没有其他阻滑体限制岩体变形,岩体最终沿滑面整体滑动失稳。台阶状滑动[见图4-3-3(b)]一般发育于中厚层状地层之中,岩体内结构面除顺倾层面外,还发育一组与层面斜交的节理面,节理面的延伸范围一般较小。台阶状滑动边坡的破坏面由沿层面的剪切面和层内拉裂隙组成,二者在剖面上呈台阶状组合。当边坡的前缘坡脚受阻时,顺层边坡易形成滑移-溃曲破坏[见图4-3-3(c)]。在重力作用下,边坡整体沿层面或软弱层向下滑移,因前缘受阻,坡脚处产生应力集中,挤压带层面逐渐启开,上部岩层发生弯曲隆起,变形弯曲的岩层形成类似褶曲的形态。此外,随着整体滑移的持续,边坡后缘往往会发生拉裂甚至凹陷。楔形体滑动[见图4-3-3(d)]是指坡体沿软弱层(滑动面A)和断层带/节理面(滑动面B)组合面的滑动,其地层结构特点是岩层层面向山体内部斜倾且存在与层面相切割的临空面,当坡体内软弱夹层与断层组合成楔形体时,坡体在外力作用下沿组合面交线方向向下滑动。偏转滑动[见图4-3-3(e)]在结构上与楔形体滑动有一定相似之处,表现在:岩层层面向山体内部倾斜,临空面切割岩层。临空面、软弱层、断裂面限定了变形岩体的边界,重力作用下后缘滑动块体B沿软弱面与断裂面的交线向前滑动,挤压前缘滑动块体A。事实上,滑动块体A为锁固段,起阻滑作用。但是,由于外侧临空,滑动块体A逐渐向侧缘滑移,最终滑动块体A将滑出,滑动块体B因失去阻挡力也将失稳滑动。由于边坡前缘块体滑移方向与后缘块体不同,产生一定偏转,故称之为偏转滑动。

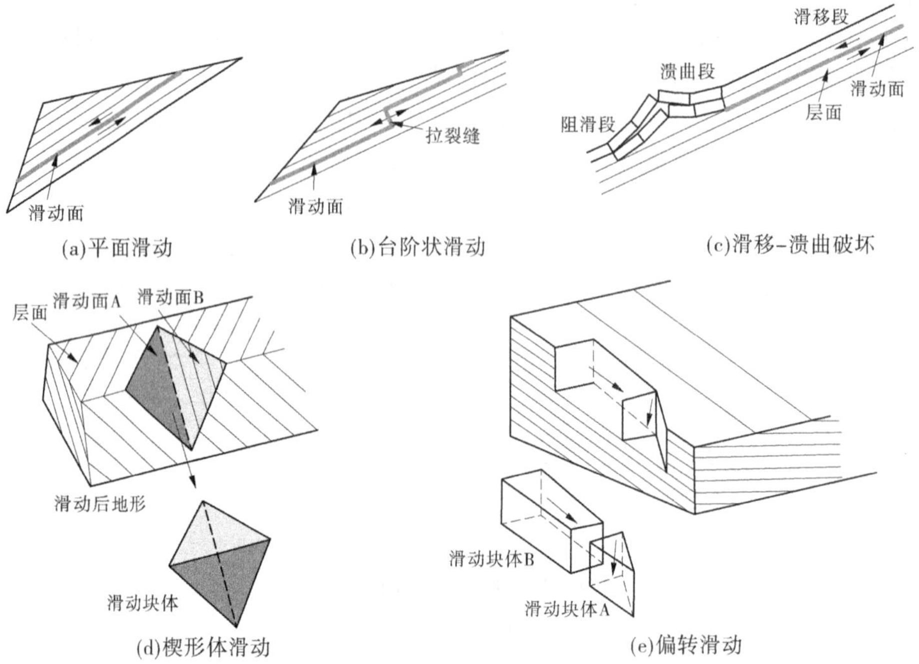

图 4-3-3　顺层岩质边坡破坏模式

3. 近竖直层理边坡破坏模式

近竖直层理边坡的临空面与岩体层面近平行，边坡结构较稳定，靠近临空面处岩层会发生局部破坏，破坏模式有倾倒和溃曲两种，如图 4-3-4 所示。倾倒破坏[见图 4-3-4(a)]是重力作用下岩层顶部自由端逐渐向临空面外倾斜弯曲，岩层内部产生许多横向拉裂缝，随着时间持续，岩层将发生倾倒、折断。溃曲破坏[见图 4-3-4(b)]发生在外侧竖直岩层坡脚的上方，由于岩层底部固定，顶部倚靠内侧岩层，重力作用下临近地面处向外弯曲，最终发生溃曲破坏。

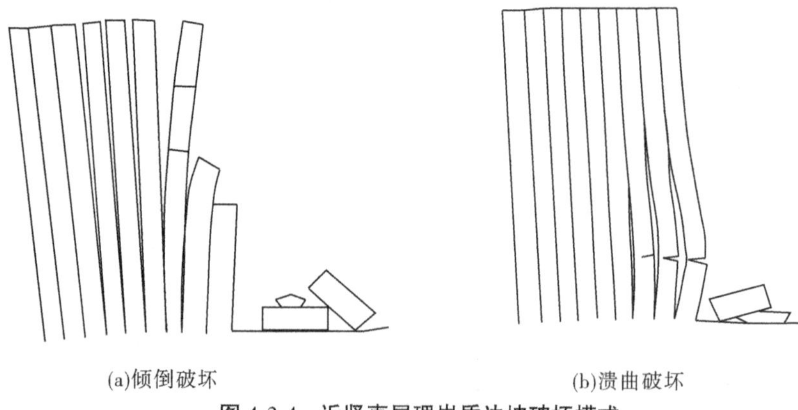

图 4-3-4　近竖直层理岩质边坡破坏模式

4. 反向陡倾边坡破坏模式

倾倒破坏是反向陡倾边坡的主要破坏模式，根据岩层完整性特点，倾倒破坏又可分为弯曲倾倒、块状倾倒和块状-弯曲倾倒三种类型。反倾岩层较完整时，其结构类似于相互叠加的岩柱，力学上可简化为悬臂梁模型。在这种情况下，由于受重力作用，边坡整体向临空面方向倾斜变形，使得每个岩柱外侧和内侧分别承受压缩和张拉应力。如果作用在岩柱上的最大拉应力超过了其抗拉强度，那么岩柱将发生弯曲张拉失稳，即称之为弯曲倾倒破坏[见图 4-3-5(a)]。若反倾岩层内除了平行层面外还存在多组与层面垂直的节理，两组结构面将岩体切割成块状，那么重力作用下岩块可能会绕底角逐渐转动，当转动力矩较大时岩块将会发生倾倒破坏，即为块状倾倒[见图 4-3-5(b)]。反向陡倾岩层更多的是块状倾倒和弯曲倾倒相组合的破坏模式，即块状-弯曲倾倒[见图 4-3-5(c)]，其特点是块状岩体与完整岩柱交互叠加，转动倾倒和弯曲变形两种破坏模式同时存在。

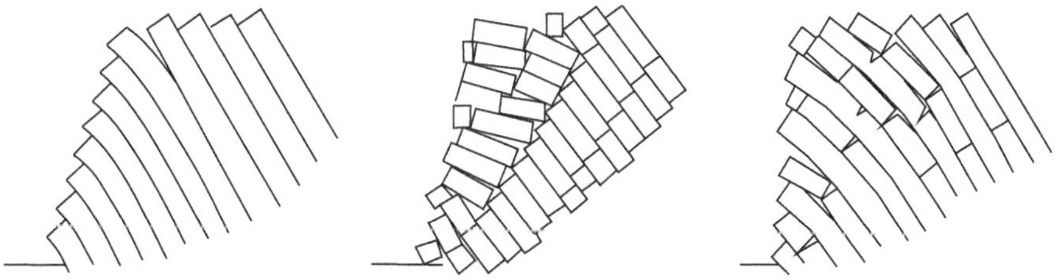

(a)弯曲倾倒破坏　(b)块状倾倒破坏　(c)块状-弯曲倾倒破坏

图 4-3-5　反向陡倾边坡破坏模式

5. 反向缓倾边坡破坏模式

反向缓倾边坡的稳定性较高，不易发生破坏。但在长期重力作用以及自然风化侵蚀影响下，岩层内部将逐渐产生一些与临空面近平行的张拉裂隙，呈雁列状分布；最终部分拉裂隙将贯通，边坡发生剪切滑动破坏(见图 4-3-6)。因此，反向缓倾边坡破坏模式为张拉-剪切破坏，其破坏范围一般较小。

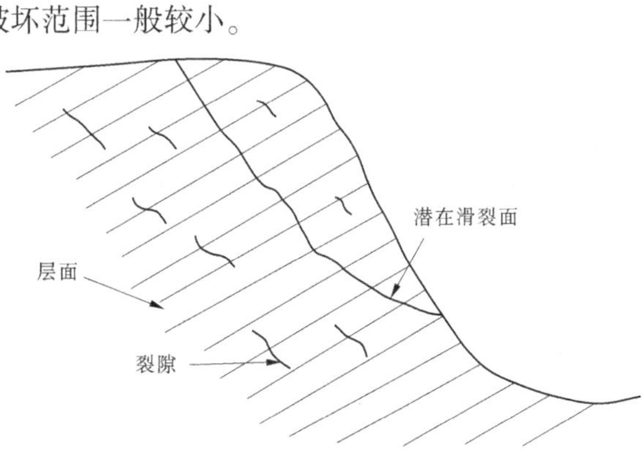

图 4-3-6　反向缓倾边坡破坏模式

(二)破坏过程

层状坡体的破坏往往有一个渐进的过程，对于蠕滑-拉裂破坏模式主要发育在均质斜坡体中，受后缘单裂隙入渗和斜坡体网状裂隙渗流的影响明显。单裂隙入渗模式和网状裂隙入渗模式渗流通道较窄，平面上呈非连续，地表水入渗较为缓慢，难以形成竖向水头。在天然条件下,斜坡处于稳定状态。在暴雨工况下,大量雨水渗入坡体内部,原有优势通道来不及把地下水排出坡体,导致地下水在坡体大量聚积,造成对两侧泥化夹层软化,随着时间的持续,滑带土抗剪强度持续降低,造成抗滑力持续下降,从而引起坡体失稳。对于平推-滑移破坏模式,主要是在滑坡后缘的竖向张拉裂缝或拉陷槽内充水后形成的静水压力、底滑面扬压力和动水压力的作用下,在滑带土软化作用下,滑体被“推”出去的,如图 4-3-7 所示。

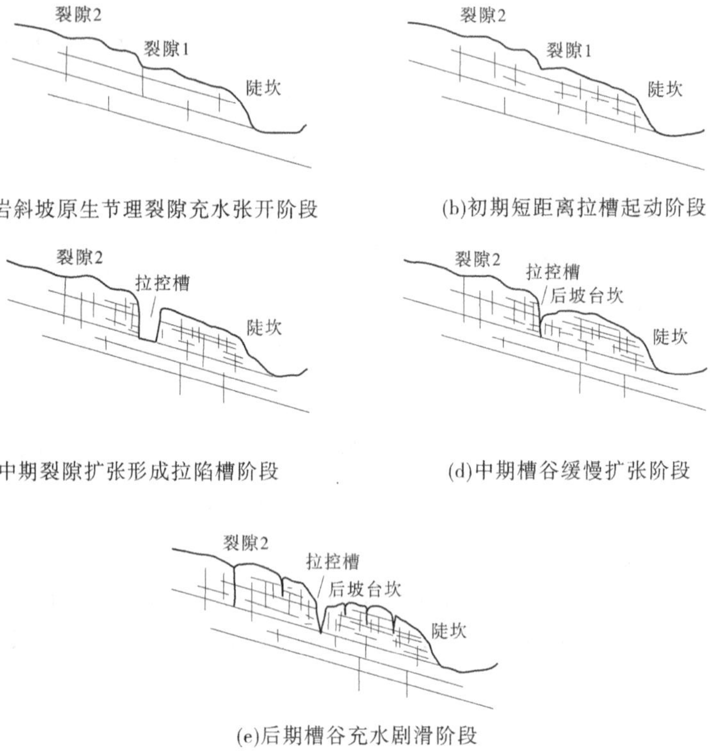

(a)基岩斜坡原生节理裂隙充水张开阶段　(b)初期短距离拉槽起动阶段

(c)中期裂隙扩张形成拉陷槽阶段　(d)中期槽谷缓慢扩张阶段

(e)后期槽谷充水剧滑阶段

图 4-3-7　层状坡体破坏过程

第四节　古生代沉积岩易滑地层

河南省古生代沉岩地层主要有寒武纪、奥陶纪、志留纪、泥盆纪、石炭纪、二叠纪 6 个地质时代。其中寒武纪、奥陶纪、石炭纪、二叠纪较为发育(见图 4-4-1、图 4-4-2),而志留纪和泥盆纪不甚发育,仅在淅川县有零星发育。河南古生代的易滑地层与各地质时代河湖相沉积的泥岩、页岩或含泥质较高的砂质泥岩、泥质砂岩相关。

一、二叠纪-石炭纪地层

(一)华北地层区-晋冀鲁豫地层区

1. 石千峰群(PTS)

石千峰群指石盒子组之上、二马营组之下的一套红色黏土岩和长石石英砂岩夹灰绿色泥灰岩、页岩,与上覆、下伏地层均为整合接触,自下而上分为孙家沟组、刘家沟组及和

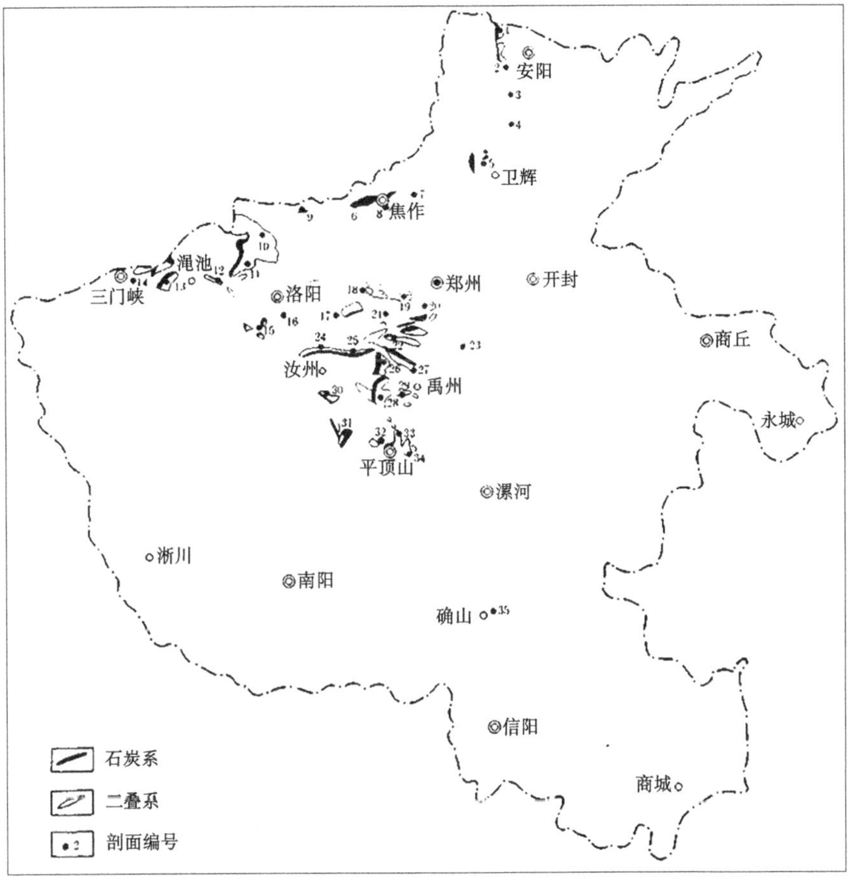

1. 安阳市红岭；2. 鹤壁市豆马庄；3. 鹤壁市盆场；4. 淇县庙口；5. 卫辉市东陈召；6. 博爱县乔沟；7. 修武县艾曲；8. 焦作市恩村；9. 济源县克井；10. 济源县下白；11. 新安县北冶；12. 渑池县仁村；13. 渑池县观音堂；14 三门峡市侯村；15. 宜阳县庙沟；16. 洛阳市龙门；17. 偃师县府店；18. 巩义市大峪沟；19. 荥阳市矿区；20. 郑州市三李；21. 新密布米村；22. 新密市平陌；23. 新郑市李粮店；24. 登封市新建煤矿；25. 登封市大金店；26. 禹州市滴水潭；27. 禹州市浅井；28. 禹州市大风口；29. 禹州市三峰山；30. 汝州市严和店；31. 鲁山县梁洼；32. 平顶山市香山寺；33. 平顶山市九宫山；34. 平顶山市八矿；35. 确山县吴桂桥。

图 4-4-1　河南省古生代石炭-二叠纪盆地及地层分布

尚沟组。

1）孙家沟组（P_2s）

孙家沟组为石千峰群下部地层，在河南省以宜阳县南天门剖面为代表，指石盒子组平顶山段之上、刘家沟组之下的一套砖红、紫红色黏土岩夹紫红、灰绿色长石砂岩、长石石英砂岩及灰绿、灰白色页岩和泥灰岩凸镜体，其上与刘家沟组，其下与石盒子组均为整合接触。

本组分布广泛，特征明显，下部以灰绿、灰黄色细砂岩、粉砂岩、紫红色砂质黏土岩为主，夹紫红色黏土岩、灰黄色薄层砂屑灰岩，在永城地区泥灰岩或泥质条带灰岩夹层增多，且含双壳类化石碎片，厚 20~149.83 m。上部为正粒序，以暗紫色为主，自下而上为灰白色石英砂岩、暗紫色粉砂岩、砂质黏土岩、紫色黏土岩、钙质黏土岩、含钙结核黏土岩，在永城地区多夹薄层石膏及钙结核，厚 62~256 m。

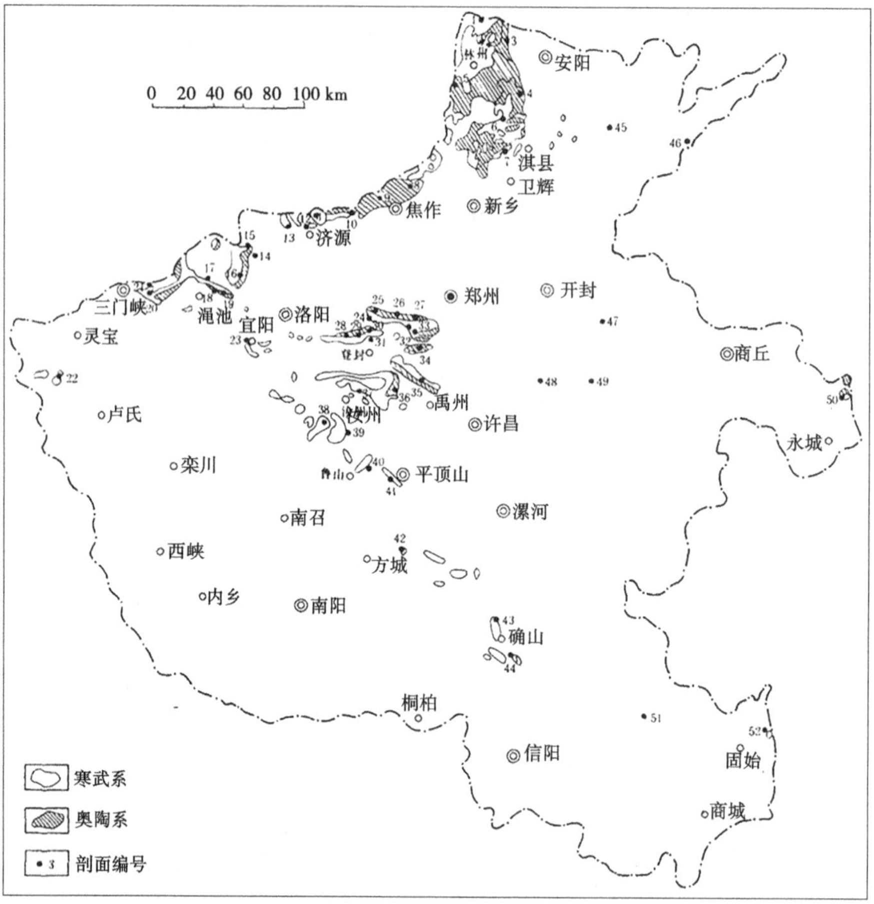

1. 林州市峪门口；2. 林州市白龙庙；3. 安阳市铜冶；4. 鹤壁市大峪；5. 林州市黄崖底；6. 林州市丰峪；7. 卫辉市沙滩；8. 修武县葡萄峪；9. 博爱县后寨；10. 沁阳市云台山；11. 济源县白涧河；12. 济源县莲东；13. 济源县麻姑庙；14. 新安县西沃；15. 新安县庙上；16. 新安县曹村；17. 渑池县坡头；18. 渑池县雷雁坡；19. 渑池县仁村；20. 陕县干泥沟；21. 陕县后赵沟；22. 灵宝县王家村；23. 宜阳县祖师庙；24. 巩义市大峪沟；25. 巩义市北；26. 巩义市大凹岩；27. 荥阳县田门；28. 偃师县参驾店；29. 巩义市岸河；30. 巩义市涉村；31. 登封市关口；32. 登封市高家湾；33. 新密市米村；34. 新密市石板岗；35. 禹州市浅井；36. 禹州市方山；37. 汝州市杨坡；38. 汝州市魏家村；39. 汝州市朝川；40. 鲁山县辛集；41. 平顶山市白龟山；42. 叶县杨寺庄；43. 确山县吴楼；44. 确山县独山；45. 汤4井；46. 龙古3井；47. 新大参1井；48. 华5井；49. 大参2井；50. 永城芒山；51. 息县ZK8孔；52. 固始县陈集。

图4-4-2 河南省古生代寒武-奥陶纪盆地及地层分布

该组总厚82~406 m，永城一带较厚，豫西渑池较薄，豫北常被剥蚀。总的趋势是东厚西薄、南厚北薄。本组地质时代为二叠纪末期。

2）石盒子组（$P_{1-2}s$）

河南省石盒子组以禹州市神垕大风口剖面为代表，指砂锅窑砂岩之上、平顶山砂岩顶面之下的一套黄绿色、灰色、紫红土色页岩、泥岩、煤层（线）、砂岩、粉砂岩、硅质海绵岩组成的河湖相沉积岩系。总厚653.22 m，时代为二叠纪。自下而上划分为小风口段、云盖山段、平顶山段。

该组地层分三段。

(1)小风口段($P_{1-2}s^x$)。

该段为石盒子组下部灰白色砂岩,灰紫色铝土泥岩,灰绿色、灰黄色砂质泥岩、泥岩及煤层,包括三、四、五煤段,底界为砂锅窑砂岩底面,与山西组整合接触,顶界为田家沟砂岩底面,与云盖山段整合接触。

小风口段为一套三角洲相含煤沉积,主要岩性为砂岩、粉砂岩、泥岩和煤层。自下而上分为三、四、五煤段。

三煤段:底部为砂锅窑砂岩(K_2)(因登封市砂锅窑村而得名),岩性为浅灰、灰白色含砾中粗粒长石石英砂岩,向上为灰紫色铝土质泥岩或灰白色高岭石黏土岩,具豆、鲕粒结构,俗称"大紫斑泥岩"或"米村泥岩"(因新密市米村而得名)。向上过渡为灰绿、灰白色砂岩、灰黄色砂质泥岩、泥岩,其顶界为三、四煤分界砂岩(K_3)。该段厚约 134 m。

四煤段:其底部为三、四煤分界砂岩(K_3),岩性为灰黄色中粒砂岩、细粒砂岩、粉砂岩,厚 8 m,向上变为灰黄色、灰色泥岩、粉砂质泥岩夹煤线(层),上部为黄色具紫斑泥岩。该段厚 43~94 m,一般 53 m。

五煤段:其底面在四、五煤分界砂岩,岩性为绿黄色细粒砂岩,向上过渡为含菱铁矿结核泥岩、细砂岩、泥岩夹煤线,顶界为田家沟砂岩(K_4)之底。该段厚 58~124 m,一般 79 m。

小风口段总体南厚北薄,砂岩厚度变化不大,泥岩和煤层(线)多在黄河以南分布,黄河以北基本不含煤。

小风口段地质时代为早二叠世晚期。

(2)云盖山段($P_{1-2}s^y$)。

云盖山段为石盒子组中部地层,指田家沟砂岩底面之上到平顶山砂岩底面之下的一套灰绿色泥岩、粉砂岩夹白色砂岩、紫斑泥岩、灰黄色硅质海绵岩及煤层,包含六、七、八煤段。

该段为一套三角洲相含煤沉积,主要岩性为砂岩、细砂岩、粉砂岩、泥岩、硅质海绵岩,自下而上分为六、七、八煤段。

六煤段:底部为浅灰、灰白色中粗粒砂岩,常含砾石及海绿石,厚 0.53~31.43 m,平均 8.31 m,俗称田家沟砂岩(K_4)。下部为灰色泥岩及青灰色砂岩互层,中部以灰色砂质泥岩及细砂岩为主,夹深灰色泥岩,含煤 2~7 层,俗称柳叶煤。上部灰绿色泥岩、粉砂岩,夹紫斑泥岩。中、上部夹 3~5 层单层厚 0.1~0.3 m 的灰褐色、灰黄色硅质海绵岩(K_5)。该段厚 53~167 m,一般 95 m。

七煤段:底部为粗粒岩屑石英砂岩,为六、七煤分界砂岩,中部以深灰色泥岩及青灰色细砂岩为主,夹煤 2 层,煤层顶板具含菱铁矿岩夹层,中下部夹硅质海绵岩 3~7 层,单层厚 0.1~0.5 m,上部为灰色、灰绿色及青灰色砂质泥岩,与细砂岩互层,顶部常含铝质,具紫斑。该段厚 35~144 m,平均 77 m。

八煤段:底部为中粗粒长石砂岩,为七、八煤分界砂岩,俗称大风口砂岩(以禹州神垕大风口而得名)。下部以泥岩为主,夹粉、细砂岩,上部为灰色泥岩、砂质泥岩及粉、细砂岩互层。该段厚 0~137 m,东厚西薄。

云盖山段总体南薄北厚,大风口一带最薄。砂岩夹层向北多变厚,煤层向北减少以至消失。硅质海绵岩夹层向北减少。紫色粉砂质泥岩向北逐渐增多，到豫北占优势。在区域上，陕州、渑池、观音堂等地缺失七、八煤段。云盖山段地质时代为晚二叠世。

(3) 平顶山段($P_{1-2}s^{p}$)。

平顶山段为石盒子组上部地层，指云盖山段之上、石千峰群孙家沟组之下的浅黄色厚层至巨厚层中-粗粒长石石英砂岩，夹浅黄色砂质泥岩，底部含小砾，其下与云盖山段含煤岩系的泥岩为整合接触，其上以灰黄色砂岩与孙家沟组暗紫色泥岩、页岩为整合过渡关系。

本段为灰白-灰色巨厚层粗-细粒长石石英砂岩夹灰绿、灰黄色黏土岩或薄层粉砂岩，在区域上十分稳定。底部含砾，局部为细砾岩，陕州、渑池一带与下伏地层之间有沉积间断，豫西地表露头常形成陡坎或单面山。

平顶山段在全省稳定，自西向东、自南向北明显变薄，层厚减薄，细砂岩及粉砂岩夹层自南向北增多，到豫北砂岩减薄，以至标志不十分明显。平顶山一带厚 100 m，登封一带厚 60~70 m，焦作厚 67 m，鹤壁厚 20 m。平顶山段地质时代为晚二叠世。

2. 月门沟群(CPY)

月门沟群指平行不整合于奥陶系或寒武系风化面之上的上古生界下部海陆交互相-陆相含煤岩系，在河南省以禹州市神垕大风口剖面为代表，底部以寒武系三山子组古风化面为界，顶部以砂锅窑砂岩底面为界，自下而上分为本溪组、太原组、山西组。

1) 山西组(P_1s)

山西组为月门沟群上部地层，在河南省以禹州市神垕大风口剖面为代表，指太原组之上的一套灰色、黑色页岩、砂质页岩夹煤层、灰白色砂岩、砂质泥岩、泥岩，含紫斑泥岩。其底界划在太原组最上一层灰岩的顶面，其顶界在砂锅窑砂岩的底面。

山西组为一套潮坪、潟湖、泥炭沼泽及三角洲沉积。自下而上划分为$二_1$煤段、大占砂岩段、香炭砂岩段和小紫斑泥岩段。现分述之。

(1) $二_1$煤段。下部由深灰色、黑色含菱铁矿结核泥岩、砂质泥岩及条带状砂岩组成，在济源、新安、渑池、荥阳、巩义、鹤壁、永城一带普遍相变为中粒石英砂岩，厚 10~40 m。向上过渡为黑色泥岩和煤层($二_1$至$二_2$煤)，其中$二_1$煤全省普遍可采，厚 0~37.78 m，一般 5 m 左右。

(2) 大占砂岩段。为灰白色细中粒含云母碎片及岩屑砂岩(K_1)，以宜洛煤田的大占煤而得名，为$二_1$煤顶板，局部相变为泥岩或砂质泥岩。三门峡、渑池、宜阳、新密、禹州一带厚 14~40 m，有时分叉为两层，在安阳、鹤壁、焦作、汝州、平顶山一带厚仅 4~7 m。

(3) 香炭砂岩段。下部为黑色砂质泥岩、泥岩，夹数层薄煤(香炭煤$二_4$至$二_5$煤)，上部为浅灰-深灰色中细粒砂岩(香炭砂岩)、砂质泥岩、泥岩，厚 15~40 m。

(4) 小紫斑泥岩段。由 1~3 层紫斑泥岩组成，局部紫斑不明显，具鲕粒，济源、焦作一带厚 3~5 m，登封地区厚 15~30 m。

山西组总体南部较薄，为 50~60 m，豫北、永城较厚，达 100~120 m。$二_1$煤段中砂岩在郑州市三李一带较厚，泥岩向北增厚，大占砂岩段禹州市以南为单层砂岩，向北分叉为二层。该段煤层北部靠下，南部靠上。香炭砂岩段南部砂岩发育，北部泥岩发育。小紫斑泥岩段中砂岩夹层多发育在郑州市以北，顶部在豫北有铝质泥岩。山西组地质时代为早二叠世。

2) 太原组(P_1t)

太原组为月门沟群中部地层，在河南省太原组以禹州市神垕大风口剖面为代表，为本溪组之上、山西组之下的一套灰白色砂岩、灰黑色页岩、煤及灰岩组成的海陆交互相含煤岩系，其下以出现稳定灰岩(及其下的煤层)为底界与本溪组整合接触，其上以最上一层灰岩顶面与山西组整合接触。

太原组主要岩性为泥岩、灰岩、砂岩、粉砂岩及煤层，为碳酸盐台地及潮坪、泥炭坪沉积，可分为下段、中段、上段。

(1)下段，又称大涧段，由4层灰岩(L1~L4)及其下的4层煤(一$_1$至一$_4$煤)相间组成，夹泥岩、砂质泥岩、灰岩，局部含燧石层，厚5~23 m，富含生物碎屑。其中L1、L2灰岩发育较好。灰岩层数自西向东增多，西部新安、渑池、济源一带1~2层，L1、L3缺失(不稳定)，东部永城可达5层。

(2)中段，又称胡石砂岩段、磨街段，由灰白、灰色中细粒石英砂岩(胡石砂岩，因宜洛煤田的胡石煤而得名)、砂质泥岩夹薄煤及1~3层灰岩(L5~L6)透镜体组成，厚5~11 m，最大不超过56 m。

(3)上段，又称猪头沟段，由深灰色中厚层燧石灰岩、砂质泥岩、泥岩和煤组成。含灰岩一般2~3层(L7~L9)，其中L7或L8发育较好，局部达4~5层，含煤4~5层。陕州区、渑池、济源一带往往缺失灰岩，为泥岩或泥质灰岩代替。厚度20 m左右。

太原组总体特征是西南薄、东北厚，西薄、东厚，在陕州区、济源等地碎屑岩多，灰岩夹层少。太原组下段、上段厚度比较稳定，而中段厚度变化大，导致太原组厚度变化。下段4层灰岩稳定，其下的煤层北部好于南部，郑州市三李L3之下有较厚的粗砂岩。中段灰岩夹层有变化，其上的泥岩较稳定，其下的砂岩、泥岩在豫北较厚，其间的砂岩(胡石砂岩)稳定，在郑州市三李发育厚的粉砂岩。上段灰岩稳定，但南部L7厚，其下煤层南部好于北部，灰岩之间的泥岩一般比较稳定。太原组地质时代为早二叠世。

太原组煤称一煤段，煤层多在灰岩之下，主要煤层有一$_1$、一$_5$、一$_8$煤，局部可采，或大面积可采，安阳、鹤壁一$_1$、一$_2$煤层厚1~2 m，一$_1$、一$_3$煤在荥巩、登封等地局部可采。一$_1$煤发育最好，到汝州、禹州、平顶山变为不可采煤层。一$_5$煤在焦作—登封地区局部可采。一$_8$煤在宜洛、汝州煤田发育，局部可采。

3) 本溪组($C_{2-3}b$)

本溪组为月门沟群下部海陆交互相沉积，在河南以禹州市神垕大风口剖面为代表，岩性为铝土质泥岩或泥岩，其下与寒武系蜀山组为平行不整合接触，其上以出现稳定灰岩(及其下的煤层)与太原组分界。在豫北夹灰岩透镜体及薄煤层(线)。

本溪组为河南省华北区石炭系底部沉积，岩性及厚度变化较大，主要岩性为铝土泥岩、铝土矿、铁矿、泥岩、砂岩，在豫北及永城夹灰岩及煤层(见图4-4-3)。

本溪组平行不整合于奥陶系马家沟组或寒武系崮山组之上，由滨海、潟湖相铁铝岩、泥岩，滨岸相碎屑岩组成，其厚度受基底风化壳地形控制，多为5~45 m，一般10~30 m，呈西南薄、东北厚的趋势。在鹤壁市娄家沟下段为粉砂岩、铁质高岭石云母泥岩，中段为灰岩夹水云母泥岩，上段为砂岩、煤层及泥岩，厚51.74 m。在永城县下段为铁质泥岩，中段

图 4-4-3　河南省本溪组地层照片

为铝土页岩及灰岩,上段为页岩及泥岩,厚 33 m。在博爱县乔沟下部为铁质黏土岩,上部为砂岩、泥岩夹高岭石黏土岩,厚 16.43 m。在黄河以南多发育铝土矿(湖田段),厚 4~15 m,巩义市张沟厚达 87 m。

本溪组总体是西南薄、北东厚,西薄、东厚,黄河以北多在 10~40 m,黄河以南 2~15 m。本溪组的时代由北向南逐渐变新。地质时代属从中石炭世至晚石炭世。

本溪组含有铝土矿、耐火黏土,其次为黄铁矿和铁矿等多种矿产。铝土矿多分布在黄河以南,属沉积型-水硬铝石型铝土矿,与山西式铁矿、黄铁矿、耐火黏土共生,横向和垂向可递变成黏土岩或铝土质泥岩。耐火黏土多分布在焦作—沁阳、巩义—登封、三门峡—洛阳、平顶山—禹州等地。黄铁矿和铁矿产于 G 层铝土矿底部或下部。

(二)大别山地区

大别山地区的晚古生代地层包括分布在商城县的石炭系和歪庙(岩)组。石炭系断续出露于信阳县凉亭,光山县塔耳岗、百步岗和商城县马鞍山—固始县杨山一带,另在商城县河风桥等地也有零星出露,在商城县王坳—固始县二道河—柳林一带地层发育较全。

该区石炭系的调查开始较早。1937 年李琳等在固始县杨山煤矿首先在寒坡岭煤洞附近的页岩中采获植物化石,将含煤地层划归石炭纪—二叠纪。聂宗笙等(1959)首次做了详细划分。苏育民(1960)、北京地院豫南区测队(1961a)、河南地质研究所(1962)、河南区调队(1980c)又做了局部修订。本书采用河南区调队方案。

1. 花园墙组(C_1h)

花园墙组中下部为中细粒钙质长石石英砂岩及粉砂质钙质页岩,下未见底。上部为厚层细粒石英砂岩、细粒泥质石英砂岩,上以细粒石英砂岩结束为标志与杨山组整合接触。

本组主要分布于固始县段集乡南花园墙、刘林及武庙坡冲一带,在信阳市东南的胡家湾、罗山县凉亭也有零星出露。该组中下部为中细粒钙质长石石英砂岩,夹钙质粉砂岩及粉砂质钙质页岩,鸭蛋青色薄层板状蚀变钙质粉砂岩,上部为厚层中细粒石英岩、细粒泥质石英砂岩,偶夹石英砾岩凸镜体。因受岩体或岩脉侵入影响,岩石有不同程度的变质或蚀变。在罗山县凉亭与下伏下古生界二郎坪群为不整合接触。该组属潮控三角洲前缘环境沉积。地质时代归早石炭世早期。

2. 杨山组(C_1y)

杨山组包括了原来的杨山砾岩和杨山煤系,其岩性下部为灰白色巨厚层状石英砾岩夹少量含铁泥质石英砂岩;中部为灰白色石英砾岩、石英砂岩及粉砂质黏土岩夹灰色铝土页岩及煤(层)线;上部为含铁泥质石英砂岩、粉砂质黏土岩及石英砾岩夹煤线。下以石英砾岩底界为标志与花园墙组整合接触,上以泥岩结束为标志与道人冲组整合接触。

该组主要分布于固始县杨山煤矿、大杨山、小杨山、五尖山、老营子及皮冲煤矿一带,呈半圆形围绕花园墙组分布。岩性主要为白色石英砾岩、石英砂岩、粉砂质黏土岩夹灰色铝土页岩。在横向上变化不大,在大杨山、五尖山一带灰色铝土页岩中夹有耐火黏土、砂质结核、劣质煤层和赤铁矿透镜体。上部为含铁泥质石英砂岩与粉砂质黏土岩、石英砾岩呈不等厚互层夹煤线。该组属冲积扇-泥炭沼泽环境沉积。本组地质时代归早石炭世晚期。

3. 道人冲组(C_2d)

道人冲组下部为含铁泥质石英砂岩、泥质粉砂岩、粉砂质黏土岩、泥页岩夹薄层砂砾岩、石英砂岩,含大量动物化石及植物化石碎片,底部以一层石英砾岩结束为标志与下伏杨山组整合接触;上部为厚层复成分砾岩夹中细粒含铁泥质石英砂岩;顶部为白云质细砂岩夹灰岩、白云质石英砂岩及石英砾岩;上以石英砾岩为标志与胡油坊组整合接触。

该组主要见于固始县杨山煤矿以西的道人冲一带。北部被侏罗系中统朱集组不整合覆盖,南部为二道河—老营子断裂所截。在区域上岩性变化不大,厚度稳定,底部为石英砾岩,中下部为铁泥质石英砂岩、泥质粉砂岩、粉砂质泥岩、泥(页)岩夹薄层砂砾岩,含大量动物化石及植物化石碎片;中上部为厚层复成分砾岩夹中细粒含铁泥质石英砂岩,含植物化石碎片;顶部为白云质细砂岩、白云质石英砂岩,含砾石英砂岩夹石英砾岩及灰岩。属滨海-浅海陆棚环境沉积。地质时代为晚石炭世早期。

4. 胡油坊组(C_2h)

胡油坊组为一套碎屑岩系,岩性下部为杂色砂岩、灰色板岩夹钙质长石砂岩;中部以粉砂岩、细砂岩为主夹复成分砾岩、含砾长石砂岩;上部为灰黑色含云母砂岩与板岩互层,夹钙泥质板岩和薄层灰岩凸镜体。下以长石砂岩为标志与道人冲组整合接触,上以泥质板岩、含粉砂泥岩为标志与杨小庄组整合接触。

该组出露于固始县胡油坊—商城县晏家冲一带,在商城以西观庙、油桥及商城县的西北仙桥等地也有出露,另在光山县百步岗陈湾北、从湾亦有零星分布。与下伏道人冲组为整合接触,局部可见推覆于上元古界龟山(岩)组之上。岩性主要为复成分砾岩,含中粒岩屑长石砂岩、黄褐色中细粒云母长石砂岩、变长石石英砂岩、粉砂岩、粉砂质泥岩互层,时夹灰岩凸镜体。在光山县百步岗陈湾北—从湾一带,岩性主要为变石英砂岩、细砂岩、粉砂质板岩夹铁质结核凸镜体。该组属河流-湖泊相环境沉积。地质时代归中石炭世晚期。

5. 杨小庄组(C_3y)

杨小庄组以含碳质较多为特征,主要岩性为碳质细-粉砂岩、含粉砂质黏土岩、粉砂质泥岩夹煤线或凸镜状煤层,下以角砾岩化含粉砂质黏土岩为标志与胡油坊组板岩整合接触,上以矽线、红柱绢云石英片岩结束与双石头组整合接触。

本组主要见于商城县王坳—青山煤矿一带,另外在商城县西北马鞍山煤矿附近亦有零星出露。岩性主要为碳质细、粉砂岩、含粉砂黏土岩、粉砂质黏土岩、粉砂质黏土岩夹煤线。岩性在横向上变化较大,在商城县王坳北乌龙洞底部有一层砾岩与下伏胡油坊组分开,在商城县苏仙石以北含碳质较低,但往西北至青山一带马鞍山等地变为可采的薄煤层。在商城县伏岭湾、钟铺等地,该组下部则以角岩化粉砂黏土岩、碳质千枚岩与胡油坊组分界,马鞍山煤矿南碳质粉砂岩中夹灰岩凸镜体。岩石具有不同程度的区域变质和接触变质。该组厚 800~1 540 m。在商城县马鞍山一带与上元古界石门冲组为断层接触。属河流-湖泊相沉积,局部为泥沼泽相环境沉积。地质时代为晚石炭世早期。

二、泥盆纪-志留纪地层

河南省泥盆系仅分布于秦岭地层区的南秦岭地层分区内,与石炭系共同构成荆紫关—师岗复向斜的槽部。该区泥盆系在淅川县西部的荆紫关一带被上白垩统覆盖,向西延伸情况不明。由荆紫关向南东东方向伸展,在内乡县的永青山地区,泥盆系圈闭。出露长度约 75 km。根据古生物化石,对泥盆系重新厘定为:中泥盆统白山沟组,上泥盆统王冠沟组和葫芦山组。

(一)白山沟组(D_2b)

本组底部为紫黑色砾岩。砾石成分为紫黑色燧石、脉石英和岩屑。在向斜南翼砾岩沿走向可分数层,其间夹砂岩,厚 0.97 m,东厚西薄。下部为紫红色页岩与灰黄色石英砂岩互层,厚 110 m 左右。中部为紫色薄层含云母细粒长石石英砂岩,含双壳类化石,厚 160 m 左右。上部为姜黄色黏土岩夹薄层砂岩及砂质页岩,厚 13 m 左右。顶部为一层灰白色白云质石英细砂岩与上统王冠沟组分界。

本组地层在老灌河以东岩石色调以紫红色为主,以西则以黄绿、黄褐色为主。砂岩中常见波痕、交错层理。属海滩相沉积。该组厚 84~444 m,西薄东厚。西部的淅川虎头一带仅 83.2 m,老灌河以东至内乡县的葫芦山一带,厚度均在 400 m 左右。与下伏下志留统为平行不整合接触。该组地质时代划为中泥盆世晚期。

(二)王冠沟组(D_3w)

与下伏白山沟组及上覆葫芦山组均为整合接触。底部为灰紫色砂质白云岩夹钙质泥岩,下部为灰黄色长石石英砂岩与灰黄色泥岩、礁灰岩互层,中部为灰黄色长石石英砂岩与灰、灰紫色泥岩互层,上部为灰紫色粉砂质泥岩夹灰黄色砂岩、壳灰岩、生物碎屑岩。厚 113~309 m。为潮间-潮下带沉积环境形成,地质时代归为晚泥盆中期。

(三)葫芦山组(D_3h)

本组分布于淅川黄庄、魏沟、红土窑及内乡葫芦山一带。下与上泥盆统王观沟组整合接触,上与下石炭统下集组平行不整合接触。下部为灰白色岩屑石英砂岩与灰黄色粉砂质泥岩、泥岩互层,中部为灰褐色泥质粉砂岩夹灰白色石英砂岩,上部为灰白色石英砂岩夹灰褐色泥质粉砂岩、泥岩。厚约 277 m。

(四)张湾组(S_1)

本组分布在淅川老灌河以东地区。下与蛮子营整合接触,上与白山沟平行不整合接触。主要为土黄色、黄绿色页岩,夹粉砂质泥岩、粉砂岩、泥灰岩。厚 145~260 m。地质时代为早志留世。

三、奥陶纪-寒武纪地层

(一)辛集组($\in_1 x$)

辛集组是寒武系底部的一套碎屑岩系,在正层型剖面上主要岩性为含磷砂砾岩、磷质含海绿石长石石英砂岩、紫红色砂岩,其下与震旦系东坡组平行不整合接触,其上以石英砂岩消失、厚层角砾状白云质灰岩出现与朱砂洞组分界。

山西分区南部分布有辛集组,为砂岩,含磷,厚0.5~25.7 m。豫陕分区嵩山小区该组下部为中-粗粒至中-细粒陆源碎屑岩,上部碳酸盐岩夹砂岩,含石膏假晶,厚2.92~8.5 m。渑池—确山小区为砂岩、砂砾岩,局部夹泥灰岩,厚20.80~78.66 m。华熊小区该组下部为含磷中-细砂岩,磷的含量向北逐渐减少,并发育风暴岩,不夹灰岩,上部以中-细粒陆源碎屑岩为主,不含磷,夹少量泥晶灰岩,厚20.72~66.85 m。叶县—确山一带该组下部以细粒陆源碎屑岩为主,夹含磷细砂岩和少量泥晶灰岩,上部细-粗粒陆源碎屑岩及碳质页岩夹泥晶灰岩,厚49.94~61.78m。豫东平原分区固始县郭山该组下部为粉红色含砾泥质灰岩、碳质页岩,夹黄绿色页岩,上部为黄绿色砂岩夹页岩,2~3层褐色砾岩状磷矿,厚153 m。地质时代为早寒武世。

在灵宝、鲁山、叶县、确山地区,辛集组含有胶磷矿层,下层位分布于确山、固始一带,含磷岩系为黑色碳质粉砂岩,磷矿为碎屑岩型,为还原环境强的浅海陆棚区形成。上层位在鲁山、卢氏等地,多为砂质磷块岩、含磷砂岩,在鲁山辛集等地形成矿床。

(二)朱砂洞组($\in_1 z$)

本组地层是整合在辛集组之上、馒头组之下的一套灰岩、白云质灰岩。在层型剖面上,下部为浅红色含燧石薄层泥灰岩,中部为泥质灰岩,上部为深红灰色(含云斑)灰岩,顶部为灰色、浅红色中厚层灰岩,下以辛集组砂质泥灰岩夹页岩消失、泥灰岩出现为该组底界,上以灰色灰岩结束,褐黄色、暗紫色薄层泥灰岩出现为该组顶界。

山西分区南部朱砂洞组厚20 m左右,豫陕分区岩性基本稳定,可分上、下两部分。下部由泥晶灰岩、条纹状泥灰岩、纹层状微晶-细晶灰岩、藻叠层灰岩、含燧石微晶灰岩、白云质灰岩和膏熔角砾灰岩等组成。膏灰岩主要分布在鲁山县辛集、宝丰和叶县杨寺庄等地。藻叠层灰岩层位和形态均有变化,辛集和汝州市南马窑多达6层。上部以灰色、黑色厚层“云斑灰岩”为主,少量亮晶砂屑-鲕粒灰岩、亮晶藻凝块包壳灰岩。该组厚度自南而北逐渐变薄,渑池—确山小区厚32.52~248 m,华熊小区厚38.39~94.39 m,嵩山小区厚50.84 m。地质时代为早寒武世。

朱砂洞组含膏岩系位于该组下部,矿石类型为石膏、硬石膏、石膏+硬石膏,以硬石膏为主。

(三)馒头组($\in_{1-2}$)

馒头组是朱砂洞组之上、张夏组之下的一套地层,在河南以登封关口剖面为代表,岩石组合以紫红色页岩为特征,夹有灰岩、白云岩、云泥岩及砂岩(见图4-4-4)。下以朱砂洞组灰色厚层微晶白云岩结束,黄色薄层泥灰岩出现为馒头组底界,上以黄绿色页岩夹灰岩结束,灰色薄板状灰岩出现为馒头组顶界。与朱砂洞组、张夏组均为整合关系,地质时代为中寒武世,厚276.86 m。

图 4-4-4　馒头组地层岩体及岩芯照片

馒头组在晋冀鲁豫地层区广泛分布，根据纵向变化、横向延伸，将馒头组划分为三段：一段为褐黄色、紫红色薄层泥灰岩、泥晶灰岩、泥晶白云岩夹紫色页岩；二段以暗紫色含云母页岩、粉砂岩为主，夹灰岩及薄层砂岩；三段以灰色鲕状灰岩、粉砂岩、砂岩为主，夹灰黄色、黄绿色、紫色页岩。

一段在山西分区超覆在汝阳群之上，底部见 0.2～2 m 含砾石英砂岩，向上岩石组合为灰黄色中层砾屑泥晶灰岩、微晶灰岩、钙质粉砂岩、藻叠层灰岩、泥灰岩、紫红色泥质条纹灰岩、含石膏泥灰岩等，厚 66～80 m。豫陕分区嵩山小区为泥晶灰岩夹页岩，登封市关口厚 95.16 m。渑池—确山小区主要由灰黄色、黄绿色、灰红色、暗紫色薄-中层含砂含泥细晶灰岩、含粉砂钙质泥岩组成，在渑池一带尚有较厚的鲕状灰岩，厚 34.64～97.19 m。华熊小区主要有灰色、黄灰色、灰紫色砂屑灰岩、白云石化砂屑砾屑灰岩、泥晶灰岩、白云质微晶灰岩等，中上部岩层层面见较多的石盐假晶，在鲁山县辛集最厚，达 124 m。叶县—确山一带主要由含砂质白云质细晶灰岩、含泥质白云质微晶—细晶灰岩、含石膏粉屑微晶-细晶灰岩组成，厚 37～127 m。华北平原分区固始县陈集一带为褐黄色泥灰岩、灰岩夹页岩。总之，该段以泥晶灰岩为主。

二段在山西分区为鲕状灰岩、紫色页岩夹砂岩、粉砂岩，卫辉市沙滩鲕状灰岩较多，厚 53.3～92.45 m。在渑池—确山小区为暗紫色页岩、粉砂质页岩、中层灰岩，厚 105～127 m，嵩山小区为紫红色页岩夹灰岩、鲕状灰岩、砂岩、海绿石砂岩，厚 115～138 m。华熊小区为紫红色粉砂岩夹灰岩、页岩夹砂岩，厚 106～237 m。叶县—确山一带为暗紫色粉砂岩、粉砂质页岩夹灰岩，厚 67～108 m。

三段在山西分区为紫色页岩与颈状灰岩，林县北部砂岩偏多，灰岩偏少，厚 60.49～82.7 m。渑池—确山小区为灰岩、鳍状灰岩，夹页岩、粉砂岩，厚 62.2～120 m，嵩山小区为甄状灰岩，夹黄色、黄绿色、紫色页岩、粉砂岩、海绿石砂岩，厚 66.3～77.36 m。华熊小区为暗紫色页岩夹状灰岩、砂岩，厚 86.7～98.64 m。叶县—确山一带为粉砂质页岩、页岩夹砂岩，顶部少量鲕状灰岩，厚 86～120 m。

（四）马家沟组（$O_{1-2}m$）

马家沟石灰岩因富产珠角石，曾命名为珠角石石灰岩。在河南省马家沟组以博爱县后寨剖面为代表，指三山子组之上、石炭系本溪组之下的灰色厚层-巨厚层灰岩夹白云岩、角砾状灰岩、角砾状白云岩的岩石组合，底部含砂砾，与下伏三山子组为平行不整合接触，其间为怀远运动形成的平行不整合面，顶部被石炭系本溪组平行不整合覆盖。

马家沟组地层可分为 8 段，并可进一步分为 15 层，在地貌上具有良好的标志，地质调查时容易辨别。

一段：习称“贾汪页岩”，为第 1 层，岩性为灰黄色砾岩、含砾泥质白云岩、页状泥质白云岩、页岩、姜黄色疙瘩状泥灰岩或泥质白云岩，夹中晶灰岩，其下为怀远运动造成的平行不整合面，其上以姜黄色疙瘩状薄层泥质白云岩与二段深灰色厚层角砾状灰岩分界，厚 11.73～33.1 m。

二段：该段在禹州市方山、浅井开始发育，向北到新密市石板岗、巩义市涉村以北发育完整。该段包括第 2～5 层：第 2 层为深灰色角砾状灰岩，其下界不整齐，厚 5～10 m；第 3 层为深灰色厚层灰岩、花斑状灰岩、白云质灰岩，厚 15～30 m；第 4 层为浅灰色中薄层白云质灰岩，纹层发育，中部夹 0.5～1 m 厚的灰岩，厚 5～8 m；第 5 层为深灰色厚层灰岩、花斑状灰岩，厚 15～25 m。该段厚 41.3～101 m。

三段：该段在新安县庙上—巩义市涉村—新密市石板岗一线以北发育，新安县庙上巩义市大凹岩发育完整，包含第 6、7 层。第 6 层为浅灰、灰红、黄褐色角砾状白云质灰岩，以此为标志与二段分界，厚 1.8～8 m。第 7 层为深灰色中厚层白云质灰岩、白云岩、花斑状白云岩，风化面黑灰色，层厚向上逐渐变薄，白云质逐渐增加，厚 10.8～35 m。该段总厚 12.6～43.57 m。

四段：自新安县庙上—巩义市大凹岩—新密市崔庙一线以北发育，包含第 8、9 层。第 8 层为灰黄色薄层泥灰岩、泥质白云岩、角砾状泥灰岩，上部夹少量中层灰岩，与三段分界标志明显，角砾状泥质白云岩在黄河以北发育，厚 15～47 m。第 9 层为灰色中厚层白云质灰岩夹灰黄色薄层灰岩、泥质白云岩，向上白云质灰岩逐渐增多，厚 28～57 m。该段厚 43～104 m。

五段：在新安县庙上—巩义市大凹岩一线以北发育，济源县以北发育完整。该段为第 10 层，岩性为深灰色、灰黑色厚层-巨厚层灰岩、花斑状白云质灰岩，含燧石团块细晶灰岩，富产头足类化石，厚 68.36～165 m。

六段：济源—焦作一线以北发育，博爱、修武一带发育完整。该段包括第 11、12、13 层。第 11 层下部为灰色中层灰质白云岩，中部为深灰色花斑状白云质灰岩，上部为灰色中薄层灰质白云岩，厚 25～60 m。第 12 层为深灰色巨厚层灰岩，含少量花斑，底部 0.5 m 厚的薄层泥灰岩，富产角石，厚 10～20 m。第 13 层为深灰色中层白云岩夹中厚层灰岩，灰岩夹层共 3 层，厚 0.5～1 m，豫北地区为中厚层白云质灰岩夹角砾状灰岩、花斑状白云质灰岩，厚 54～60 m。该段厚 36～160 m。

七段：自修武县洞湾—博爱县后寨一线向北出露，确山县独山局部出露。该段为第 14 层，下部灰黄色角砾状泥灰岩夹中层灰岩，中部为灰色厚层灰岩、白云质灰岩，上部为灰黄色角砾状灰岩、泥灰岩，厚 35～84 m。

八段：仅在鹤壁、安阳市铜冶一带发育，其上被石炭系本溪组平行不整合覆盖，为第 15 层，岩性为深灰色厚层灰岩、纹斑灰岩、花斑状灰岩、白云质灰岩，上部夹薄层灰岩，厚 89～167.36 m。

马家沟组总体变化趋势是由南西向北东逐渐增厚，层位逐渐齐全，白云质成分逐渐增高，角砾状构造发育。

马家沟组中一至六段为下奥陶统，七、八段为中奥陶统。

四、古生代易滑地层变化破坏模式

古生代沉积岩易滑地层的变形破坏模式大致与中生代沉积岩易滑地层类似，与前述内容相同，不再赘述。

第五节　变质岩易滑地层

河南省变质岩类从轻微变质到高级变质均有分布，岩石种类繁多，从大类上有轻微变质岩、片岩、片麻岩、长英质粒状岩、大理岩、角闪质岩、榴辉岩、榴闪岩、麻粒岩等。其中在河南省分布面积较大，且发生滑坡较多的地层主要为轻微变质中的千枚岩、片岩类中的云母片岩、绿泥石片岩等。

一、千枚岩地层

河南省千枚岩易滑地层典型分布区为秦祁昆地层区的五里川盆地和晋冀鲁豫地层区的嵩山地层小区和华熊地层小区，主要地层有五里川组、花峪组、白术沟组、陶湾（岩）组等（见图 4-5-1）。

（一）秦祁昆地层区-五里川盆地

1. 五里川组（T_3w）

本组地层上部为千枚岩与粉砂岩互层，夹碳质页岩及泥灰岩；下部为深灰色长石石英砂岩；底部为紫色复成分砂砾岩。下以紫色砾岩为标志与下古生界二郎坪群、下元古界秦岭群不整合接触，上未见顶。

本组地层呈北西—南东向展布。主要分布于卢氏县五里川、西峡县。岩性为黑色千枚岩、变质砂岩、砂砾岩，夹煤层（线）。岩石轻度变质，岩性在横向上变化大，是在温湿气候条件下的湖相、沼泽相沉积。厚度变化大，最大厚度可达 1 600 m。地质时代属晚三叠世。千枚岩边坡滑塌见图 4-5-1。

图 4-5-1 千枚岩边坡滑塌

(二)晋冀鲁豫地层区-嵩山地层小区

1. 花峪组(Pt_1h)

花峪组岩性为绢云千枚岩、含磷角砾状铁质千枚岩、变质砂岩、白云石大理岩及石英岩等。以含磷为主要特征。下以杂色千枚岩或变质砂岩为标志与庙坡山组整合接触，上被马鞍山组底砾岩不整合覆盖。该组地层以登封县唐庄小花峪创名。该组以含磷矿为主要特征，上、下关系清楚，地质时代属于下元古界嵩山群。

花峪组仅见于登封县井湾、新密市五指岭及荟萃山、新郑县风后岭等地，为一套千枚岩、变质砂岩、白云岩及石英岩等，岩性较稳定，在荟萃山地区白云岩发育，白云岩产叠层石，在嵩山地区厚 129 m，在荟萃山厚 430 m，风后岭厚 328 m。该组属浅海陆架沉积环境。

(三)晋冀鲁豫地层区-华熊地层小区

1. 白术沟组(Pt_3b)

本组岩性复杂，主要为碳质千枚岩、碳质绢云千枚岩、变质石英砂岩、石英岩、石英变粒岩、含钾长石石英岩、绢云石英钾长变粒岩、石英大理岩、含泥砂质不纯大理岩、含碳质白云石大理岩、绿泥石英片岩等。下以碳质千枚岩出现为标志与冯家湾组整合或平行不整合接触，上以碳质千枚岩结束为标志与三川组整合接触。该组岩体以栾川县三川乡白术沟而创名。地质时代归为晚元古代，属于上栾川群。

2. 陶湾(岩)组(Pt_3t)

本组主要岩性为碳质千枚岩、杂色大理岩、绢云钙质片岩、白云石大理岩夹黑云绢云片岩。下与三岔口组整合接触，上未见顶，于栾川县陶湾地区发现而创名。该岩组以灰白色黑云大理岩、绿泥钙质片岩、透闪大理岩、白云质大理岩夹角闪片岩为主，底部为绢云片岩、砾岩(含铁矿层)，其上与寒武系不整合接触，地质时代归晚元古代。

该(岩)组由西向东断续分布于卢氏县龙驹街、栾川县青岗坪、方城县维摩寺等地，大体可分两个岩性段，下段为云母片岩，上段为大理岩。厚度西部 2 515 m，东部大于 329 m。角闪质岩石东多西少。原岩为浅海相泥质碳酸盐岩及钙泥质岩，局部夹中基性火山岩。在南召县关山、方城县老李山等地陶湾(岩)组下部青灰色、灰色大理岩内有滑塌和风暴沉积特征,属于斜坡沉积。

二、片岩地层

构造发育地区的绢云母片岩、绿泥石片岩是研究区内重要的易滑地层,常对公路工程建设的路基边坡、隧道边仰坡造成较大影响。其中典型的易滑地层有柿树园组、双石头组、五指岭组、赤山沟组等。

(一)秦祁昆地层区

1. 柿树园组(Pz_2s)

柿树园组岩性主要为绢云石英片岩、变石英砂岩和变斑状黑云石英片岩、碳质绢云石英片岩。大片黑云母变斑晶是本组的特征矿物,与南侧火神庙组、北侧宽坪(岩)群均为断层接触。与上覆下庄组整合接触,与下伏火神庙组断层接触,归宽坪群下部层位,属中元古代。

柿树园组沿瓦穴子—明港断裂南侧断续分布于南召县柿树园、小罗沟等地。主要岩性为绢云石英片岩、(十字石)二云石英片岩、黑云石英片岩、变石英砂岩,其次有石榴云母片岩、变斑状二云石英片岩,局部夹大理岩凸镜体。

2. 双石头组(C_3s)

双石头组岩性为含砾绢云石英片岩、含红柱石绢云石英片岩夹碳质薄层及含砾砂岩,上部为角闪透辉斜长变粒岩。上未见顶,下以含砾绢云石英片岩为标志与杨小庄组整合接触。

该组主要分布于商城县东南的王坳、彭冲、双石头等地,另外在马鞍山一带也有出露。主要岩性为含砾绢云石英片岩、含红柱绢云石英片岩夹变质含砾砂岩及碳质薄层。上部被岩体侵入,外接触带为角闪透辉斜长变粒岩。在商城县马鞍山一带所夹石英砾岩减少,有较大的大理岩透镜体产出,并夹有可采煤层。在商城县双石头—余家冲一带,主要为透辉、透闪石化砂砾岩夹细砂岩,外接触带为透辉、角闪长石角岩。出露厚度 310~820 m。属河流-湖泊相环境沉积。地质时代归晚石炭世晚期。

(二)晋冀鲁豫地层区

1. 五指岭组(Pt_1w)

五指岭组下段为石英岩夹绢云石英片岩,中段为绢云片岩,上段为绢云石英片岩、绿泥绢云石英片岩夹石英岩、大理岩、白云石大理岩及铁矿等。该组下以绢云石英片岩大量出现为标志,与罗汉洞组为整合过渡关系;上以绢云石英片岩结束为标志与庙坡山组石英岩整合接触。五指岭组以分布于登封市、巩义市五指岭而得名,五指岭片岩的岩性颇为复杂,主要岩性为灰色千枚岩、淡褐色水纹状千枚岩、细片状云母片岩、灰绿色绿泥片岩、黑灰色云母片岩、白色石英片岩、云母状赤铁矿片岩。片岩中夹着各种石英岩,如黑白相间的带状石英岩。具有黑砂交错的石英岩、褐色坚质石英岩、碧石质胶结的石英岩、富于黑砂的黑色石英岩等。五指岭组岩层地质时代归早元古代。

五指岭组以片岩为主夹碳酸盐岩,易风化,是构成五指岭和荟萃山的主要岩层。岩性变化不大,在井湾一带其上段夹铁矿层,在荟萃山地区上段大理岩及白云岩夹层增多。厚度由北西向东南增大,在五指岭地区厚 748 m,在荟萃山地区仅见中、上段,厚 844 m。岩层中具波痕及斜层理等沉积构造,属滨海-浅海沉积环境(见图4-5-2)。

图4-5-2　荟萃山五指岭组地层钻探岩芯

2. 赤山沟组(Pt_1c)

本组岩性为绿泥片岩、绢云片岩夹大理岩、石英岩、磁铁石英岩、变质石英砂岩、含石墨绢云片岩等。下以片岩大量出现为标志与幸福园组整合接触,上以片岩结束为标志与北崖山组整合接触。

本组主要分布于王屋、邵源北冷沟庄、四牛沟等地。岩性主要为片岩夹大理岩及石英岩。岩性及厚度变化较大,在银鱼沟一带碳酸盐岩夹层较多,在奄沟一带则以碎屑岩为主,厚度608~1 215 m,局部地段混合岩化。该组产铁、铜、石墨、白云岩等矿产,属不稳定的浅海沉积环境。地质时代归早元古代。

三、变质岩易滑地层致滑机制与滑坡破坏模式

以千枚岩、片岩为代表的变质岩类工程滑坡常常表现为规模大、危害严重、成因复杂、处治费用高等特点,因而千枚岩、片岩等易滑地层是豫西山区公路项目需要突出对待的易滑地层。

(一)致滑机制

千枚岩、云母片岩等变质岩具有高度碎裂化、节理化和稳定性差的特点。其导致滑坡的因素与地形地貌、岩质成分、岩体结构、地质构造、地表水地下水的影响有较强的相关性。另外,公路建设坡脚开挖等工程活动常起到诱发滑动的作用,最终发生或大或小的工程滑坡。现从以下几方面分析阐述其致滑机制。

1. 地形致滑因素

变质岩易滑地层分布区域的栾川、登封、邵源等地构造活动强烈,河流冲切深大,存在较多的高陡边坡,原始坡度则达30°~40°以上,一般势能较大,自然边坡具有在重力作用下向临空面方向变形和位移的趋势。

2. 岩质致滑因素

由于变质岩的结构和构造特点,且含有绢云母、绿泥石等不良矿物,其物理力学指标整体不高。自然坡体上的变质岩岩体破碎,强度低,抵抗外力的能力小,加之坡体遭受长期风化作用,表层岩体风化严重,岩体强度进一步降低。

3. 岩体因素

千枚岩有千枚状构造，片岩有片理状构造，具有一定层状岩石的结构，又由于受构造节理等结构面切割，岩体结构常表现为块体状，风化作用则使块状的岩体更为破碎，因而岩体质量整体上较差。由于节理面强度普遍低于岩石块体强度，当遭受外力作用时很容易发生沿节理面破坏，坡体的滑动破坏表现出离散性特征。此外，节理面与顺倾的层面构成边坡不稳定边界，为坡体的滑动破坏提供了边界条件。长期重力作用使表层岩体沿层面面向临空面蠕动，蠕动进一步造成岩体内应力增加，当应力超过结构面的强度后，岩体最终沿结构面剪断或者拉断，形成块体状的岩块并大规模下滑。

4. 水的影响

由于变质岩中云母、绿泥石等矿物极易遇水软化，强度降低，抗剪性能劣化，甚至丧失大部分强度。因而，当遍布坡体的节理为雨水灌入坡体内部提供了足够多的通道时，坡体稳定性就会急剧降低，直至大范围滑动破坏。

5. 工程开挖活动

对变质岩体的路基开挖或隧道口边仰坡开挖面，破坏了坡表的隔水覆盖层，使坡体中岩石层面出露于开挖面内，爆破振动和开挖卸荷变形等加剧了坡表裂隙的发育和张开程度，为以后边坡的滑塌埋下了隐患。同时，人工开挖坡脚使自然坡体原始应力状态发生改变，造成坡体内应力重新分布，并于坡脚处形成剪应力集中带，则加剧了变形条件，并为坡体的变形破坏提供滑动空间。

（二）破坏模式

受构造影响极为破碎的变质岩坡体受长期重力作用，坡体沿着顺倾的层面向坡前蠕动变形，受坡脚处岩体阻碍而出现应力集中，但此时坡体并未发生破坏，而工程建设发生开挖坡脚的工程活动时，则往往直接诱发了工程滑坡的发生。因而，变质岩滑坡变形破坏常具有初期隐蔽性和后期剧烈性的特点。

开挖坡脚在短时间内解除坡脚岩体对上部坡体的抗滑约束作用，因而坡体内应力急剧变化，开挖面范围岩体应力松弛。伴随坡体应力的瞬间释放，开挖面区域内的坡体向临空面蠕动变形以适应应力的突变，同时蠕变范围向坡体后部不断发展，变形速度相较于自然斜坡长期重力作用下加快，坡体进入了前期蠕变变形阶段。

随着开挖面区域内岩体的持续蠕变变形，坡体前部变形量不断增加，坡体后部拉应力亦不断增加，最终后部坡体受前部坡体的牵拉而产生拉张裂缝，裂缝沿着节理面发育，并向坡体深部延伸呈阶梯状分布，坡体进入滑动启动阶段。

坡体内发育的拉张裂缝进一步解除了裂缝前部坡体的侧向约束，重力作用使坡体的下滑趋势更加明显，因而坡脚处剪应力进一步增大，剪应力集中带不断扩展为滑动带，最终坡脚处岩体发生剪切破坏而丧失对上部坡体的锁固约束作用。拉张裂缝和开挖面范围内的岩体沿着滑动面下滑，坡体进入滑动破坏阶段。

坡体后部未滑动破坏的岩体由于前部岩体的滑动而失去支撑，因而相继进入位移变形状态，并造成坡体后部进一步产生沿着节理面发育的拉张裂缝，裂缝前岩体在重力作用下沿着层面相继向坡前滑动，坡体进入渐进式滑动阶段，坡体在滑动过程中沿着节理面拉裂而解体呈块体状。

整个破坏过程表现为“滑移-拉裂”渐进式破坏的模式。坡体破坏首先从开挖面发生,并随着应力的释放,破坏范围不断向坡体深部和后部发展。由于坡体内节理发育、强度低,坡体滑动破坏表现出“离散性”的特征(见图4-5-3)。

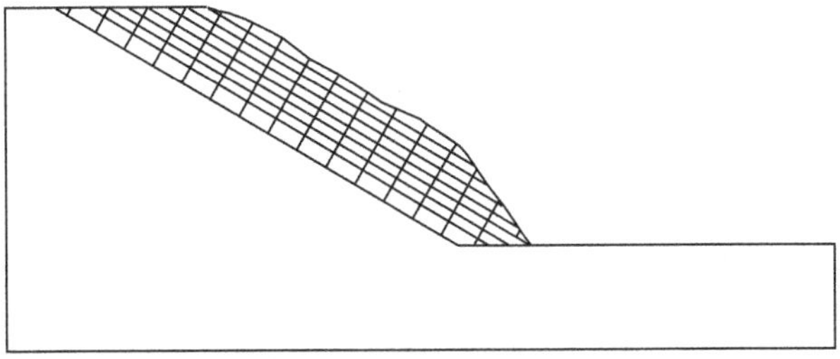

(a)开挖面范围岩体向临空面蠕动变形

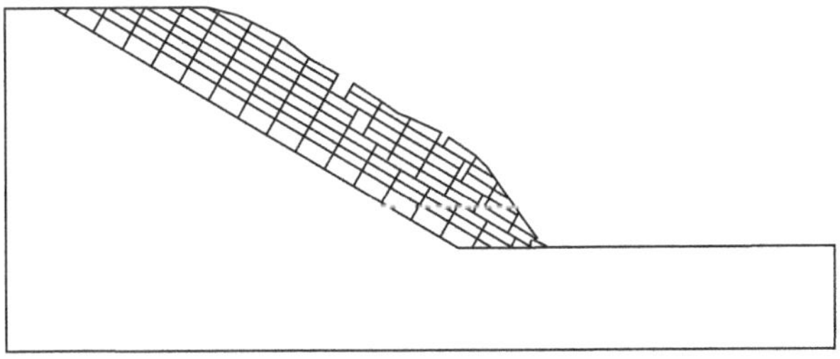

(b)坡体前部持续蠕动变形，造成坡体内形成拉张裂缝

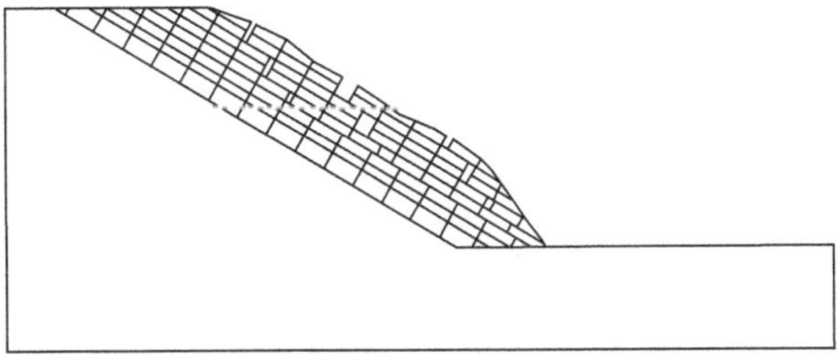

(c)坡脚发生剪切破坏，裂缝前坡体滑移，并造成坡体后部进一步形成拉张裂缝

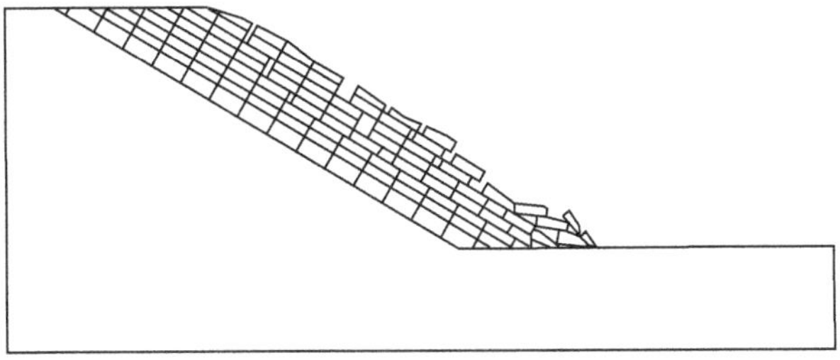

(d)坡体发生渐进式滑移破坏，滑动过程中坡体沿着节理面解体

图4-5-3　变质岩工程滑坡破坏模式

第五章　河南省公路工程滑坡防治

河南省工程滑坡多分布于前述章节的易滑地区，与区域地质构造、地形地貌、地层岩性、气象水文条件紧密相关，还与地层的地质构造条件、空间展布条件、临空条件、水文地质条件等紧密联系。公路工程滑坡防治与滑坡破坏类型、规模等密切相关。国外以滑坡为主的灾害预防和处治管理体系，突出了综合性、一元化领导、权责与资金的集中应对、分级管理、重视预防、抗救过程协调一体化、常设的防灾救灾机构统筹安排等特点。我国也正逐步建立一个综合减灾管理体制，以加强滑坡以及工程滑坡等管理工作和法制建设，强化和完善依法治理的管理和法制建设，明确各级政府以及主要灾害管理部门和相关部门的职责，使灾害管理工作法制化、规范化。分级分工管理制度也正在各级主管部门和各级建设管理与运养单位中建设和实施。近年来，随着公路防灾抗灾救灾工作的科研投入不断增加，有关科研人才培养与科研成果日益丰硕。

第一节　工程滑坡防治的基本要求

公路工程滑坡的防治与其他行业滑坡防治既有共同点，又有明显的行业特色。

一、公路工程滑坡危害程度分级

对于公路工程而言，滑坡防治工程应根据滑坡的危害程度分级进行针对性设计，滑坡危害程度分级是根据滑坡的规模、稳定状况、周围环景，以及公路通过滑坡区的部位和公路路基及构造物类型等划分的，按《公路滑坡防治设计规范》(JTG/T 3344—2019)确定的滑坡危害程度分级见表 5-1-1。

表 5-1-1　滑坡危害程度分级

危害对象		危害程度			
		小型滑坡	中型滑坡	大型滑坡	巨型滑坡
公路通过滑坡前部	路堤	○	○	★	★
	路堑	☆	★	▲	▲
	桥梁	★	★	▲	▲
公路通过滑坡中部	路堤	★	★	▲	▲
	路堑	★	★	▲	▲
	桥梁	★	★	▲	▲

续表 5-1-1

危害对象		危害程度			
		小型滑坡	中型滑坡	大型滑坡	巨型滑坡
公路通过滑坡后部	路堤	☆	★	▲	▲
	路堑	○	○	☆	★
	桥梁	★	★	★	★
滑坡位于隧道洞口		★	★	▲	▲

注:1. 当滑坡影响区内有高压输电塔、油气管道等重要建筑物,以及村庄和学校时,滑坡危害程度可定为严重或特严重。

2. 当滑坡处于基本稳定状态时,其危害程度可定为轻。

3. 滑坡危害程度分级符号:○—轻,☆—中等,★—严重,▲—特严重。

二、防治工程安全等级

滑坡防治工程设计应从滑坡的安全等级出发,滑坡防治工程安全等级是根据滑坡危害程度、公路等级、周围环境及其工程重要性,按《公路滑坡防治设计规范》(JTG/T 3344—2019)确定的,其分级标准见表 5-1-2。

表 5-1-2 滑坡防治工程安全等级

滑坡危害程度	安全等级		
	高速公路、一级公路	二级公路	三、四级公路
轻	Ⅰ	Ⅲ	Ⅲ
中等	Ⅰ	Ⅱ	Ⅲ
严重	Ⅰ	Ⅱ	Ⅱ
特严重	Ⅰ	Ⅰ	Ⅱ

注:1. 滑坡防治工程安全等级由高到低依次为Ⅰ级、Ⅱ级、Ⅲ级。

2. 滑坡影响区有桥梁、隧道、高压输电塔、油气管道等重要建筑物,以及村庄和学校的二、三、四级公路,滑坡防治工程安全等级宜提高一级。

3. 区域内唯一通道的二、三、四级公路,滑坡防治工程安全等级宜提高一级。

三、防治工程安全标准

滑坡防治工程安全标准可依据《公路滑坡防治设计规范》(JTG/T 3344—2019)所列稳定安全系数值(见表 5-1-3)确定。

其中,滑坡稳定性分析计算考虑的工况包含以下列三种:

(1)正常工况:边坡处于天然状态下的工况。

(2)非正常工况Ⅰ:边坡处于暴雨或连续降雨状态下的工况。

(3)非正常工况Ⅱ:边坡处于地震等荷载作用状态下的工况。

表 5-1-3　滑坡防治工程设计稳定安全系数

滑坡防治安全等级	稳定安全系数 K_s	
	正常工况	非正常工况 I
Ⅰ	1. 20~1. 30	1. 10~1. 20
Ⅱ	1. 15~1. 20	1. 10~1. 15
Ⅲ	1. 10~1. 15	1. 05~1. 10

注:1. 高速公路、一级公路滑坡防治,地质条件复杂或危害程度严重、特严重时,稳定安全系数可取大值;危害程度较轻时,稳定安全系数可取小值。

2. 当滑坡影响区域内有桥梁、隧道、高压输电塔、油气管道等重要建筑物,以及村庄和学校时,稳定安全系数可取大值。

3. 水库区域公路滑坡防治,周期性库水位升降变化频繁、高水位与低水位间落差大时,稳定安全系数可取大值。

4. 临时工程,稳定安全系数可取 1. 05。

需要说明的是,由于河南省地处中原腹地,地震发生频率低,在实际工程项目中,工程设计人员对于非正常工况Ⅱ的验算重视程度不够。笔者认为,对于大中型工程滑坡,以及人员密集的服务区等场区内工程滑坡,应重视非正常工况Ⅱ下滑坡的安全稳定验算。参照《公路工程抗震规范》(JTG B02—2013)8. 2. 5 条的规定,采用静力法对路基进行抗震稳定性验算时,高速公路和一级、二级公路路基边坡高度大于 20 m 的,路基边坡抗震稳定系数不小于 1. 15,路基边坡高度小于或等于 20 m 的,不应小于 1. 1,进行必要的稳定性验算。

四、公路全生命周期的不同阶段滑坡防治的基本要求

公路工程具有高成本的特性,很多公路工程,特别是高速公路工程项目都需要大量的投资,这使得公路工程有着很高的建设和运营成本。公路工程又具有不可移动性,这是由其附着土地的不可移动性而产生的。同时,公路工程又有较高的耐久性需求,在较长的运营期内,都要保障道路的安全运营,在水涝、地震等灾害时期完成生命线工程的使命。基于公路工程以上特点,工程滑坡的防治必然成为公路工程全生命周期重要的保障工作。

在项目立项期间,要对项目区域资料进行系统的研究工作,对路线走廊带内的滑坡区、滑坡影响区进行标识,并根据滑坡规模和影响范围及构筑物设置情况做出原则性对策,并将滑坡作为地质选线的重要工作内容。

在项目勘察设计期间,在公路路线及其附近存在对公路工程及其附属设施的安全有影响的滑坡或潜在工程滑坡,都应进行滑坡工程地质勘察。其工作内容要求是查明滑坡区域的地形地貌、地层岩性、地质构造、水文地质条件、地震动参数及当地的气象资料,滑坡的成因、类型、规模、分布范围、发育规律及诱发因素,滑坡周界、滑坡裂缝、滑坡擦痕、滑坡台阶、滑坡壁、滑坡鼓丘、滑坡洼地等滑坡要素的分布位置和发育情况,滑动带的分布位置、层数、厚度、形态特征、物质组成、含水状态及其物理力学性质;滑坡体的物质组成及其分级、分块和分层情况;滑床的形态特征、物质组成、物理力学性质和地质结构;沟系、洼地、陡坎等微地貌特征和植被情况;地下水的类型、分布、埋藏条件、成因、水质、水量;滑坡的稳定性分析评价与判定。

在勘察设计期间，对于大型及以上类型的滑坡，公路路线应以绕避为主，对于中型、小型滑坡，应结合路线平纵的优化，尽量以最优的路线线位、最小的工程影响、最经济合理的处治措施通过滑坡及其临近区域。

在项目建设期间，勘察设计单位与建设单位、施工单位等应紧密配合，控制施工工程措施，避免因施工工序、工艺和方法等不当引起工程滑坡。主要要求包括：

(1)潜在滑坡体的趋势分析与动态评估。对存在易滑底层及易滑地质结构，可能发生工程滑坡地段，应加强边坡的安全状态分析，施工时加强监控，并根据监测数据动态评估边坡的安全发展趋势，对于安全状态随着施工逐渐恶化的，应及时采取措施，控制坡体变形，避免滑坡的发生。

(2)合理确定边坡开挖的施工措施。边坡隧道等岩土体开挖，难以避免形成临空的地形条件，为工程滑坡的发生和发展提供了起动条件和发生基础。那么根据公路工程设置情况、基础条件，结合岩土体自稳能力等地质条件，在施工中做到开挖和有关条件的密切配合，是防止工程滑坡最直接有效的手段，也是最基础的建设要求。如隧道工程洞口地处斜坡，地质条件差，岩、土体自稳时间均较短，不及时做好洞门及相应支挡工程，极易发生失稳，不少还酿成大滑坡。施工中先做好洞门后再进洞内施工往往是事半功倍的有效施工组织。

(3)地质条件的动态分析与评价，加强施工地质工作。充分利用施工期大面积揭露地下地质体的有利条件，进一步认识工程地质环境真面目，核对设计文件，分析地质条件的吻合程度，对重要的地质变化要及时做出判定与建议，适时调整支挡防护措施，避免地质条件恶化引起工程滑坡的发生。

(4)水文及水文地质条件的监测与控制。水是加速和导致工程滑坡发生的重要原因，对遇水就软化，抗剪强度锐减的岩、土体更为突出。公路膨胀岩路段极易受两端排水干扰，造成坡脚积水，严重影响浅基工程和边坡的稳定，边坡工程在积水作用下一再发生滑坡，并进而形成较大规模的工程滑坡，从而造成抗滑工程和处治费用的增加。因此，公路工程涉及的陡坡路堤及路堑边坡工程，施工过程中对地表水和地下水的疏干或控制是基本的工程要求，施工临时排水系统设计也是施工组织设计中重要的工作。

(5)潜在滑坡体的施工控制。对于涉及工程滑坡的路堑边坡工程，要求先做抗滑工程，再做路堑土石方施工。对于长段挡墙工程，采用分段跳槽开挖基础，在较浅挖方和地质条件较好地段，用挡墙作为主要支挡工程，施工也应分段做好支挡工程后再全面下挖路堑土石方，以免已扰动的边坡暴露时间过长而造成坍滑。对于采用抗滑桩的路段，也应先做桩再挖路堑，在地质差的深堑地段，设计应用桩、锚索等抗滑工程，施工先完成这类抗滑工程后，才具备安全条件，用机械拉槽开挖路堑。地段较长时也可分段进行，设计概算分析也应与之相适应。

在公路项目运营期间，对高速公路等工程项目的Ⅰ级滑坡，对于滑坡的防治监测往往是必不可少的，一般可以分项目运营管理段落或管理主体或主管单位建立涵盖滑坡基本信息、勘察设计及处治施工等基本资料，各阶段监测数据，防治稳定性分析、防治效果评价等数据及资料的滑坡防治数据库工程。对于其他公路工程，可参照管理模式和方法，以行政区划及管辖主体等主要承担部门进行系统的分级与管理。

第二节 预防与处治的原则

根据部分工程滑坡资料分析，高于 15 m 的岩层风化带，以及坡积层、堆积层临时边坡自稳时间多在 3～6 个月，高于 6 m 的中强膨胀岩路段自稳时间仅在 1 个月左右，遇到雨季时间更短。工程滑坡的发生、发展、破坏过程，岩土性质和状态都是一个渐变的过程，这对工程滑坡预防和控制提出了更高的要求。工程滑坡的预防和处治原则是基于对公路工程滑坡的认识与实践积累，这些原则对于工程滑坡的控制和处治的施工方法、工序流程具有指导意义。

一、预防为主原则

目前，以工程滑坡灾害预防为主的理念得到广泛认可，公路工程以预防为原则的地质选线和处治措施往往能起到良好的经济效益和社会效益。提高预防效果，控制工程技术风险，特别是勘察设计阶段不遗漏重大工程滑坡隐患，施工运营阶段不产生和发展影响工程进度和运营安全的工程滑坡，采取一定的预防措施是非常必要的工作，也是最简单有效的处治原则。公路工程滑坡预防有很多技术方法，其中潜在工程滑坡识别、滑坡启动过程与机制分析及要素控制、工程滑坡监测预警 3 个方面的内容，是工程滑坡预防的主要技术对策和工作内容。

(一) 预防为主的原则突显经济效益与社会效益

从河南省工程建设的实际情况来看，山区新建工程项目引起的工程滑坡在滑坡地质灾害中占比较高。因此，在工程建设前的勘察设计阶段和工程建设中的施工阶段，通过行之有效的预防措施，减少或避免工程滑坡发生、发展的策略，可以大量节省工程投资。对于工程滑坡和潜在工程滑坡而言，通过勘测投入的费用不及工程处治费用投资的 5%，但却可节省 60%～80%的整治费用，在施工阶段可避免对项目工期的不可控影响，在运营阶段，也可避免中断运营的损失，经济效益明显。

公路工程在暴雨、地震等自然灾害发生时，往往起到生命线工程的作用，工程滑坡的发生会阻断交通，甚至是长时间难以修复通行，会产生一定的社会不良影响和负面评价。通过有效的预防控制措施，避免工程滑坡的发生、发展，使公路在自然灾害面前起到生命保障作用和救灾通道的作用，充分发挥公路的抗灾能力和保障支撑作用。

(二) 工程滑坡预防的控制要素

在工程滑坡防治中，预防措施的首要控制要素为对斜坡扰动过程的分析与控制。包括公路项目建设在内的人类工程活动的规模在局部远远超过自然斜坡的卸荷与夷平作用。因此，工程滑坡和人工边坡变形破坏造成的灾害事件不断发生，只有不断对斜坡变形事件进行研究分析，才能逐步揭示斜坡的扰动过程和机制。一方面，自然斜坡在其不断演化过程中，受到不同类型、不同规模的工程扰动，变形破坏过程差异很大；另一方面，不同岩土性质和结构的斜坡对工程扰动的响应也有很大差异。公路工程建设活动可能产生多种斜坡扰动，有路堑高边坡、高填路堤、陡坡路堤、地下开挖、切坡与水位变化相结合的综合扰动等斜坡扰动类型。其中，路堑边坡开挖是最常见的扰动类型，而以地表积水和地下水位上升等水文地质条件扰动为最显著的扰动类型之一。

其一,路堑高边坡开挖引起的边坡扰动变形主要表现为卸荷回弹、松弛张裂、蠕变、表层变形、冲蚀破坏等,这些高切坡扰动变形从量变到质变,直至引起大规模岩土体快速滑动的过程和方式,是预防工作重点分析和研究的内容。

其二,控制要素为对工程滑坡触发机制的研究和控制,工程滑坡的触发因素首要为人类活动扰动情况,可分为常规扰动、关键扰动和临界扰动。常规扰动是指自然斜坡稳定性较好,人工切坡规模较小,切坡扰动只可能导致斜坡局部发生快速的卸荷回弹、松弛张裂,缓慢的蠕变、蠕滑,而不影响斜坡整体稳定性,如果及时处理和加强监测,就可以维护斜坡的整体稳定性。关键扰动是指人工开挖规模大,切穿维持斜坡稳定的关键支撑岩体,潜在滑动软弱带或者是老滑坡前缘支撑岩土体,使边坡处于潜在不稳定状态,随时可能诱发块体快速滑动。这种地段的高切坡,如果是不可避免的,施工前必须在稳定性计算分析的基础上进行工程防治,以保障边坡整体稳定性。临界扰动是指斜坡一直处于不稳定或者较不稳定状态,只是潜在滑动面没有完全贯通,还有局部锁固点或阻滑体,或者是前缘有阻滑体,人工切坡直接挖掉阻滑体,或者是人工切坡引起的变形贯通了阻滑体,导致规模滑坡的突然发生。如斜坡顺层泥岩上覆薄层松散堆积物在坡底呈松散堆积物自然堆积支撑,由于公路修建、边坡开挖把堆积支撑切除掉,松散堆积物失去支撑,顺泥岩层面滑动,形成小规模滑坡,直接毁坏新建公路。

其三,潜在滑体,水环境与水文地质条件控制也是预防措施的重要事项。临水路段水位快速上升和下降,可能诱发库岸斜坡发生大规模库岸再造、坍塌、蠕滑和滑动。地表水体水位升高后,库岸影响带在浸泡、浪蚀作用下,斜坡岩土体会发生库岸再造和坍塌,因而使牵引库岸上的土层向库内蠕滑,特别是叠加暴雨时,将会发生大规模变形和滑坡。防止地表水或地下水排导阻滞引起岩土体软化和悬浮减重也是预防措施的主要工作,潜在滑体内部或坡脚地表水积水后由于水岩相互作用造成岩土体的强度软化和浮托减重效应,可能改变滑坡体的稳定状态,包括斜坡岩土体软化、泥化,抗剪强度降低,导致老滑坡复活或新滑坡产生。特别是在含有软弱夹层的顺层岩带,对水环境和水文地质条件的控制是预防手段的重要措施。由于降雨或水体水位的突然降低,岸坡内地下水水位高于地表水体水位,地下水由潜在滑坡体渗透排出,较大的水头差和水力梯度形成较大的动水压力,加大了沿地下水渗流方向的滑动力;同时,滑体中部分细粒物质被水流潜蚀,增大了滑体孔隙性,降低了岩土体有效抗剪强度,从而引起老滑坡的复活和新滑坡的产生。

其四,地震作用的叠加会明显放大对滑坡的诱发作用。对强震区的潜在工程滑坡,应进行必要的抗震设计。

(三)预防的主要对策与控制方法

工程滑坡的预防从工程滑坡的识别开始,通过工程设计对策、工程施工对策、工程测量和监控,以及预报预警措施,达到预防的目的和效果。工程滑坡的空间预测识别和评估,需要寻找人类工程活动斜坡带可能存在的潜在危险隐患点,便于主动避让和预防。其可分为既有滑坡识别和潜在危险斜坡的识别,其中,既有滑坡识别主要指对已发生过滑坡,有可能再次发生滑动的滑坡进行识别,主要的识别判据有:①斜坡形态呈躺椅状、坡体后缘出现垂直坡向的洼地和张裂隙;②坡体上发育平台与阶地;③坡体上发育马刀树或醉汉林；④坡体前缘明显前凸或有剪出口；⑤滑坡边界清楚或坡体边界裂隙发育；⑥存在滑动面或顺坡向软弱变形面。潜在危险斜坡体识别主要指对有可能发生崩塌、滑坡的潜在危险坡体进行定性识别评估，主要的识别判据有：①斜坡岩体存在顺坡向、倾角小于坡角的软弱结构面；②坡体存在多个临空面或被2组以上结构面所切割；③斜坡后缘出现拉裂隙或发育卸荷裂隙的高陡边坡；④坡体裂隙发育，表层岩体发生变形或蠕动的斜坡；⑤坡基存在缓倾软弱层，且前缘陡开挖临空或地表水径流冲蚀。在初步确定潜在滑坡位置之后，对于不能回避的工程，还需要评估滑坡危险性，包括定性评估滑坡规模、剪出口高程、诱发因素和强度、滑坡速度和最大距离；在此基础上，结合工程勘察和测试分析，定量计算评估滑坡稳定性，为滑坡监测预警和工程治理提供依据。

工程滑坡监测预警是公路工程滑坡预防工作的重要组成部分，通过对工程规划施工不能避让的潜在危险斜坡地段和潜在危险滑坡区进行动态监测预警，采用基于"3S"等的监测技术，使潜在工程滑坡或工程滑坡初始阶段得到良好的变形动态实时监测，从而以最经济、最高效的方法对潜在工程滑坡进行应对和处治。实施对滑坡变形及性质的长期监测，其重点是监测病害在空间范围的变化和促使滑坡发展的主要原因与作用因素及彼此关系，要预测离可能产生滑坡大动破坏的大致时限及预估出可能危害的范围与程度等。

对于易滑地区的易滑地层，笔者认为，最高效的预防措施就是绕避。对于采空区的易滑地层分布区，应尽量采取绕避和开采管控的方式应对公路的工程滑坡，可以大大提高效率，减少不确定因素的后期干扰，往往也是最为可靠和经济的应对措施。

滑坡的预防措施还包括制止一切使滑坡恶化的人为活动。如禁止在滑坡范围内特别是在抗滑部分取土采石；禁止在滑坡推移及主滑地段上弃土、堆渣；禁止雨水渗入滑体和大量灌溉（要控制水量，采用适度的滴灌与喷灌），要控制滑坡范围内生活用水的排放不渗入地下，在滑体上要改水田为旱地或营造果林；禁止在影响滑坡范围内采矿、挖洞，必要时需有相应的加固工程与保证滑坡稳定的开挖措施；禁止在滑坡及影响滑坡的范围内大爆破，应在有保证不影响滑动的控制爆破下进行；禁止在滑坡上游的对岸筑坝圈田使水流改道冲刷滑坡地段的坡脚，可在滑坡范围做护岸工程；在疏浚航道时，禁止导致水流冲刷滑坡地段，可在滑坡岸边建立防冲刷的措施。在滑坡地段的一切交通设施及工程建设均应从加固滑坡、利于坡体稳定方面布置，并先固后挖。

对于滑坡的预防措施，滑坡资料充分、滑坡性质判断准确明晰者，可采用永久性工程，一次建成，一劳永逸；对勘探资料匮乏，滑坡性质复杂，一时难以准确查清的，滑坡防治可采取永临结合或分期实施的原则，先做成临时预防措施，但要能随时加固改成永久性措施，避免造成浪费。同时可按临时性措施的变形而了解滑坡性质和建筑物性能。如为防止水流冲刷滑坡前沿的岸边，可先于岸边堆石及笼石修建临时低丁坝，在经受1~3次洪水后即可发现坍岸对滑坡变形的影响、沿岸边冲刷的规律（寻找局部冲刷地段及其变化规律）、低丁坝设置的间距与方向和长度以及经受的水力作用等，据之始可从加固滑坡的需要确定应防护的地段及强度，从堆石破坏程度而定夺护岸的高度与强度，从临时低丁坝的破坏状态经分析而得出改为永久工程的各种设计参数等。一般带永久性的预防措施，其结构强度应大于围岩的刚度，即可整体变形而不破坏，可从变形迹象判断滑坡性质，尽可能再加固使用。为此，在设置预防建筑物时，要有足够的移动空间，在变形下不妨碍所保护的设施,要预计变形后有实施增强的可能,达到逐项增加预防措施至可稳定滑坡的目的。

二、治早治小原则

自然界中的天然边坡,在地质营力的作用下,经一定年限有可能产生滑坡,多是属于地貌自然演变过程的一部分,但这个过程往往是漫长和具有一定周期性的。对于工程项目而言,大多数滑坡和潜在滑坡多数具有明显的不良地貌与地质条件,且整个地质单元处在一个地质营力活跃影响的阶段。当这些边坡处于雨水充沛且集中、地震频繁烈度高,以及岸边水流冲刷等恶劣的环境时,往往先发生局部变形破坏,此时处于滑坡发生孕育的起始阶段,尚未引起坡体大范围的失稳,但任其发展,有的可因失却抗力而导致坡体整个失稳形成大范围的滑坡与崩塌。在此阶段,对局部变形先行加固可限制滑坡的进一步发展,处治工程规模和费用也是最经济的,即达到"治早治小"原则。如果起始阶段未采取有效措施,一旦病害扩大,工程滑坡的处治规模和费用可能发生数倍乃至数十倍的增长。

对地形地质条件复杂而范围大的滑坡,局部变形后,滑坡整体情况一时还不易勘察清楚,先修局部整治工程也可发挥监测和指示作用。对于规模较大的大中型滑坡,常在前缘及两侧先有一定规律的局部变形迹象,整体滑动迹象不甚明显,但往往在特定条件下快速发展至难于收拾的地步。对于此种情况,通过对其两侧及前缘的局部变形进行预先加固,比如针对坡体实施的地表排水措施等,投入很少,但作用明显。这样的小投入治理,往往可以延缓大滑坡的发展,并由此为勘测、设计和整治争取了时间,经济效益和时间效益尤为突出。

对于工程建设过程中诱发的工程滑坡,大规模的滑坡一旦发生,可能对已完成施工的分部工程造成不可逆影响,甚至对局部路段的工程方案造成重大影响,既造成了大量的工程浪费,又严重影响了工程工期,通过及早发现局部小变形,及早干预处治,可以最大可能地控制工程滑坡的发展,减少工程损失。

三、止滑治水原则

水是滑坡发生、发展的主要诱导因素,控制地表水、疏排地下水是滑坡治理的重要原则。在查明滑坡区域水文地质条件,特别是影响滑带的地下水补给来源、补充通道、补给方式,是滑坡治理中治滑止水的重要依据。

地表水往往是滑坡形成和发展的控导因素,在滑坡形成时,地表水的下渗不一定是滑坡的主导因素,但随着滑坡变形开始因滑体逐步松弛而表水下渗增多,可逐渐转化为主要作用因素之一。对于滑体由破碎岩体、松散堆积土或滑坡变形已产生多条贯通裂缝,且裂缝通达滑带的滑坡体,加强排水措施是延缓滑坡发展的重要手段之一。对于滑体由完整岩土组成的厚层滑坡,或由含多层密实黏土相间组成的深层土质滑坡,地表水下渗至滑带相对较为困难,降雨后短期内或雨季早、中期地表水下渗至滑带从而引发滑坡的可能性极小,仅加强地表排水措施并不能稳定滑坡,只能作为辅助工程。而在坡体稳定未松弛前的加强地表排水,只是维持山坡不恶化所需的措施。

治理滑坡也可以通过止水实现延缓滑坡发展的作用。主要措施有:整顿并健全地表排水系统、整平地表、疏干坡体表层和绿化山坡,再对坡体的前部斜坡加固坍塌之处,以及疏干潮湿渗水的部分,然后继续在该坡体的岸边受水流冲刷的地段进行防护。

止滑治水原则是在滑坡防治总体方案基础上,结合地形地质条件、地下水状况及降雨条件等,制订地表排水和地下排水相结合的综合排水设计方案。地表排水工程设计的标准根据滑坡等级确定,并应符合《公路路基设计规范》(JTG D30—2015)和《公路排水设计规范》(JTG/T D33—2015)的有关规定。滑坡体上的地表水体应采取清除措施,对积水坑槽、洼地等采取整平措施等。对于居民生产生活需要必须保留的供水系统,应进行防渗处理,并与拟建排水系统相接。地下排水工程应根据滑动面状况、滑坡所在区域的水文地质条件及地下水动态特征,选用合理的地下水排水方案与工程措施,可单独或综合选用支撑渗沟、暗沟、仰斜式排水水孔或排水隧洞等排水设施。地表排水设施的降雨重现期:高速公路、一级公路滑坡采用 15 年,其他等级公路采用 10 年。当滑坡排水工程为小流域部分汇流时,设计洪水流量计算按推理公式计算,公式中的参数和指数,采用各地区编制的暴雨径流图表值。当滑坡排水工程排水范围小,汇水时间很短,无明显冲沟、流域时,排水设计流量可采用所在地区的暴雨强度公式。

四、克制注浆与圬工、环境协调原则

工程滑坡的发生地,往往由于工程建设对原地貌形态、地质环境产生了影响,对原来坡体的里表结构、水体系统产生了根本性改变,地质条件和地质环境恢复与再平衡往往花费昂贵并需要较长的时间,因而工程滑坡的防治应遵循"不破坏即为保护的原则",尽量避免大填大挖对项目地质环境和生态环境的影响,做到工程与环境协调,充分利用自然原始的稳定因素和稳定条件的工程对策。

对于非碎散结构的岩体,虽然节理、裂隙发育,但无贯通性裂缝时,破坏形式以掉块和局部崩塌为主,坡体整体性尚可。可仅采取清除危岩和坡脚支挡,对局部松散坡面可酌情作挂网喷射混凝土加固防护,整体上维持地表原坡形,以达到基本保留原坡体形态和植被的目的。既免受刷方圬工所累,又能尽量与自然环境协调,也大大节省了处治费用和施工工期。

对于滑面形态为弧形破裂面的工程滑坡,其滑体为土质、软岩的全风化和强风化层、碎裂散体结构的破碎带等,滑坡治理应结合场地区域整体地貌单元、地形坡度、地表水径流形态等,采取综合工程处治方案。

对于层状或似层状结构的岩体,其滑面形态多为平面线形或切层叠加平面线形,工程滑坡防治时,依据切坡方向与层理和主要节理组合的几何关系,确定抗滑措施与支挡结构的设置部位和设置规模,必要时对坡面辅以锚杆加固等抗滑设计,以达到坡体的平衡,并最大限度地保留坡体原有植被及地表水与地下水补、径、排系统。

临时工程,特别是圬工临时工程要充分考虑永临结合,对圬工工程的实施要克制。由于圬工工程多为刚性体,而工程滑坡的稳定往往有一个过程,在这个趋向稳定的过程中,地表形态是在不断调整和变化的,坡表难免会有位移发生,长大的圬工难以适应变形,则容易引起破坏失效,甚至由于其增重滑体和汇聚地表水等加重滑坡的不利因素,从而破坏抗滑段条件,加速滑坡的发生发展。

对于滑坡防治中化学注浆的处理方法,主要是通过注入水泥浆或其他化学浆液来改善滑带渗水状态及岩土抗剪参数。对于该种方法,笔者认为在未查清滑坡的机制、主要滑带和抗滑机制时,慎重采用注浆方案。注浆可能导致滑体重量的增加,地下水的非受控阻滞和聚集,滑带土体在浆液凝固前的强度降低等不利情况,容易导致注浆时坡体安全系数的降低,造成加速滑坡变形、抗滑工程效果不佳或最终失效的后果。

对于滑坡治理工程与环境相协调的原则,需要说明的是,不同自然地理带,不同土岩情况不能生搬硬套,没有放之四海而皆准的万能方法和措施,只有充分分析研究场地的自然地理条件、场地植被与植生条件、场地影响区域的地质环境和土壤条件,才能制定出适合每一个或每一类场地的方法和对策。

第三节　抢险处治措施

公路工程滑坡往往事出突然,特别是对于已通行的公路工程,道路通行功能不可或缺,对人民的生命财产安全影响大,保通任务艰巨而繁重。快速对滑坡准确定性并采取必要的抢险措施,是十分必要的。滑坡的抢险处治是公路工程滑坡治理体系的重要组成部分,包括非工程措施和工程措施两类。有效的非工程措施(应急处置管理)是滑坡抢险与滑坡治理的基础保障,主要涉及滑坡防治安全等级评定、危险区域划分,人员疏散、交通管制或引导通行等措施,安全标示牌(警示牌、安全通行警示牌等)设置,人工哨岗、人员巡查、连续监测,成立应急抢险工作组或领导小组,编制应急预案等。工程措施是抢险处治的实施内容,包括应急抢险技术与应急治理技术等,具有难度大、工期紧、场地受限等特点。抢险处治措施宜遵循“三不”和“三要”的原则,从速从快进行紧急处治,以保障公路工程项目财产与人员安全。

一、抢险处治措施基本原则

(一)滑坡抢险的“三不原则”

1. 不加重滑体原则

滑坡体的处理,应符合上部减载、下部压重的原则,切忌在滑坡后缘堆压重物,加大下滑力。公路工程滑坡的抢险措施在实施前,必须把滑体的边界范围摸清楚,对主要滑面和潜在滑面有较为准确的把控,所实施的滑坡抢险措施不能进一步加重滑体。同时,要注重对潜在滑体和隐藏滑带的调查与调绘,不能因不合理的加载行为引发滑体规模和滑体深度的进一步延伸与发展,给滑坡治理工作增加治理的难度和处治费用。

2. 不加速滑动原则

工程滑坡发生后,整个滑坡体处于一个临时稳定的极限状态,滑坡抢险工程的设计与实施不能进一步破坏阻滑抗力,不能恶化坡体的水文地质条件,不能加速滑坡的进一步破坏发生。在实际的实施过程中,加速滑动的不当措施教训还是比较多的,比如对于牵引式滑坡错误地采用前端抗滑段的清方处理。又比如不宜采用打桩固脚方法处理滑坡险情,因为打桩时产生的震动也会加速滑动体下滑。对于滑坡裂缝,不宜在未摸清滑坡机制的情况下采用灌浆的方法,因为灌浆压力也会促使滑动体下滑。

3. 不增加隐患原则

抢险工程应考虑永临结合,抢险的临时工程等不应妨碍永久治理工程方案的设计与实施。比如对于黄土分布区的土质滑坡,为避免水流冲刷在坡体不合理设置密排植生袋或砂袋,加速地表水入渗,且掩盖地表水补排路径,冲蚀空洞难以及时发现,为坡体稳定埋下隐患。又如坡脚堆挡阻滑,由于基底不良或处治不佳,导致坡脚堆挡体的滑移破坏等。

(二)滑坡抢险的"三要原则"

1. 要增加阻滑力,减小滑动力

工程滑坡发生的根本原因是外部因素导致坡体阻滑力小于抗滑力,那么阻止滑坡发生发展的核心内容即为对滑动力的削减和对阻滑力的增加。这要求对滑坡的整体驱动模式和滑动机制有准确的认识和把握。如针对推移式滑坡与牵引式滑坡,减少滑动力和增加阻滑力措施方法是完全不同的。

2. 要快速支挡,消势减能

由于抢险工程往往是形势不等人,需要快速的均衡受力,阻挡滑坡的进一步发展和演变,所采取的工程措施就要因地制宜,能够快速起到阻滑制动的效果。同时,对滑带的一些加固措施,如注浆等在一些硬质岩体顺倾滑坡中,也能起到较好的止滑作用。微型桩群、机械成孔的型钢圆桩在山区的岩质滑坡和堆积体滑坡抢险处治中都可起到良好的作用。

3. 要疏排水体,降低水位

地下水与地表水常常是滑坡发生的主要诱导因素,往往也是滑坡加重和加速的最直接影响因素。因此,滑坡抢险工作一定要把疏排地表水和地下水等水体,降低地下水位作为工程滑坡抢险工作的重要任务和必须遵循的原则。

二、抢险处治的工程措施

抢险处治的工程措施主要是对边(滑)坡体进行快速有效处治,是防止边坡失稳或滑坡体的进一步变形,为人员疏散及应急部署争取时间的临时性处治措施,是滑坡应急处治过程的重要步骤。应急抢险处治通常是在缺少详细勘察资料的情况下,基于经验与现场调绘所开展的工作,主要包括对险情的应急抢险处置,具有快速、扰动小、针对性强、工程方案经济等特点。抢险处治应兼具快速勘察、快速评估和快速支护三方面,需具有轻型、经济、快速等特点,也体现在加固结构的轻型化、机械化、可预制等方面。

针对潜在滑坡、蠕变滑坡,需进行防滑的应急抢险处治,常用措施包括封水防护与削坡防护,如针对富水区域雨季和汛期的边坡防护,通常采用坡面铺设塑料薄膜的方式减少雨水下渗,搭配(截)排水沟对地表径流或雨水进行疏导、排泄,填充坡体后缘裂缝,防止雨水下渗,采用削坡方式对坡体进行减载处理,降低下滑力,减缓变形趋势。此外,采用坡面修整或被动防护网等方式防止落石,采用钢筋笼填充块石对坡体进行压脚防护,保证受影响范围内的道路等基础设施正常运行,保障救援人员安全,为进一步治理提供时间与空间。针对已致灾滑坡或突发性滑坡,首先需对已滑塌的部分进行快速清淤处理,同时建议采用爆破等技术,对滑后遗留的倒悬体、错落式、孤立式危岩进行定点爆破清除,或采用素喷混凝土、高聚物注浆等对滑后松散的表层坡体进行临时性加固,搭配防护网,以期迅速恢复交通,减小受灾损失。

(1)对于因填筑碾压不实、浸润线过高而造成的路基填方段工程滑坡,应采取坡顶疏排防渗,坡底压坡、导渗,放缓边坡等措施。压坡一般可先清除原护坡,铺设反滤料,在反滤层上用砂石修压坡体,压坡体坡脚修贴坡排水,如图 5-3-1 所示。

(2)对于填筑路堤边坡段存在软黏土层、湿陷性黄土层或液化的均匀细砂层而引起的滑坡,可以在坡脚清除软黏土、黄土和砂层,然后筑平台固脚阻滑,如图 5-3-2 所示。处理措施主要是压重固脚和放缓坡体。

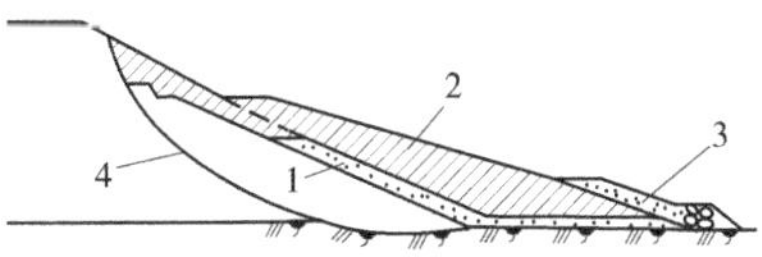

1—砂砾石;2—土料压坡;3—排水体;4—滑裂线。

图 5-3-1　堆石固脚示意图

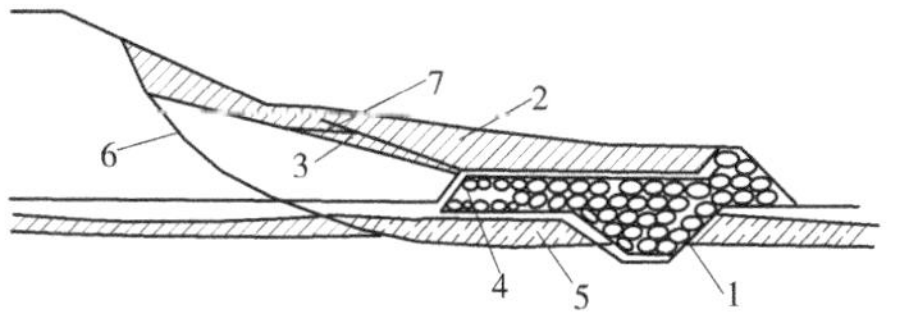

1—块石固脚齿槽;2—回填土;3—砂层;4—原有排水体;5—软弱夹层;6—滑裂线;7— 放缓后示坡线。

图 5-3-2　软弱夹层路基滑坡处理示意图

(3)对于路堤施工铺土厚、含水量不合适、有冻土层、施工速度快、孔隙水压力大等引起的边坡滑动,其抢险处理方法主要是放缓坡率、压重固脚和加强排水。

(4)固脚阻滑法的作用在于能增加抗滑力,制止滑坡发展,以稳定险情。同时,还要视情况将坡体削缓,以减小滑动力。如用堆石固脚阻滑,即在滑坡坡脚增设堆石固脚,如图 5-3-1 所示。堆石部位应设在滑弧中的垂线 OM 左边,靠滑弧下端部位(增加抗滑力),而不应将堆石放在圆弧的腰部,即垂线 OM 和 ND 之间(滑动力与抗滑力同时增加),更不能将堆石放在垂线 ND 以右的坡体顶部(增加滑动力)。堆石体以透水性块石材料为佳。

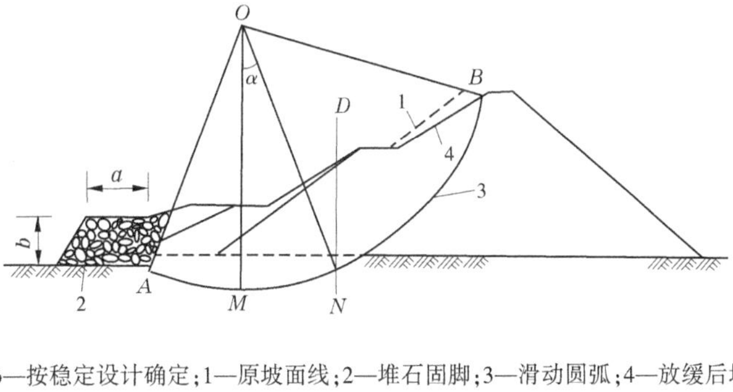

a、b—按稳定设计确定;1—原坡面线;2—堆石固脚;3—滑动圆弧;4—放缓后坡。

图 5-3-3　堆石固脚示意图

(5)滤水土撑法适用于坡体排水不畅、滑坡范围较大、取土较困难或占地受限的情况。在滑坡范围修筑导渗沟,以减小渗透水压力并降低浸润线;接着间隔修筑土撑,以增加阻滑力。具体做法是:先将滑坡松土清理;然后在滑坡体上顺坡挖沟,沟深一般挖至滑动面或不到点。沟内按下细上粗反滤要求分层填铺砂石料或土工织物等反滤材料,上压块石保护。已完成导渗沟部分,抓紧时间抢筑土撑,其尺寸根据险情确定,土撑顶应高出浸润线逸出点 0.5 m 以上,并分层夯实(见图 5-3-4)。

图 5-3-4　滤水土撑法

(6)滑坡裂缝处理前,对缝口妥加保护,防止雨水进入。裂缝险情抢护按“判明原因,先急后缓”的原则。对于垂直于滑动方向,与路线平行或小角度相交的纵向裂缝或滑坡台阶裂缝应及时抢护,对于与坡向平行或小角度相交的横向裂缝,无论是否贯穿滑体,均应及时抢护。如裂缝较窄、较浅或呈龟纹状,应注意区分是滑坡引起,还是膨胀土引起的裂缝,并可用彩条布盖住裂缝口,以免雨水渗入。

裂缝采用开挖回填法处理具有施工简单、处理较彻底、效果较好的特点,适用于深度在 5 m 以内,并已停止发展的裂缝。开挖前,把过滤的石灰水灌入裂缝内,以便了解裂缝的走向和深度。开挖时,深度挖至裂缝以下约 0. 5 m,沟槽长度应超过裂缝端部约 2 m。回填时,回填土应与原土质基本相同,回填土分层夯实,每层厚度约 20 cm,回填土顶部应高出原地表约 5 cm,并做成拱形,以防雨水灌入。

对于裂缝宽度小于 1 cm,深度浅于 1 m 的裂缝,经检查观测裂缝已经稳定,也可用封堵缝口法。一般用干而细的沙壤土由缝口灌入,再用板条或竹片捣实。灌塞后,沿裂缝做宽 5~10 cm、高 5~10 cm 的拱形小土埂(黏土、灰土等隔水性材料填筑)压住缝口,以防雨水浸入。

在采用开挖回填等方法对裂缝处治时,如遇降雨天气,应先对裂缝覆盖土工膜处理,以防止雨水渗入裂缝,造成新的危害。

(7)在滑动土体上,要尽量避免过往人员、车辆、机械践踏扰动,以免险情扩大。

三、抢险处治的非工程措施

非工程措施可定义为:通过法令、政策、经济手段和工程以外的其他技术手段,以减少滑坡灾害损失的措施。基于人与滑坡灾害的相互关系,非工程措施是着眼于“管人”的措施。

(一)公路工程滑坡管理机制与管理机构

公路工程滑坡抢险工作直接关系到人民的生命财产安全,所以对加固时机的选择也非常关键,这就需要我们在公路工程建设和运营管理中对于工程滑坡给予足够的重视,例如在雨期,需要重视巡视工作的开展,同时增加险情观察的重视程度,发现问题立即进行处理,并进行及时的补强工作。如果公路工程自身存在长期位移变形或多次损毁的滑坡灾害点，就需要在旱季采用必要的措施来进行除险加固，来提升公路的抗灾能力。

公路工程滑坡管理和治理工作具有较强的专业性，同时施工作业环境恶劣，安全问题突出，这就需要一批具有较强理论水平和丰富实践经验的技术人员，能够结合公路工程情况和地质条件与地质环境情况，以及滑坡发生发展情况进行全方位的分析。在具体工作中，则需要积极进行技术培训，做好各项工程的技术交底，这样才能让相关技术标准得到提升，从而让抢险工作发挥出应有的作用。

在除险加固施工操作当中，需要对于安全问题给予足够的重视，工程滑坡抢险处治工作现场往往面临着非常恶劣的环境，则施工现场需要应对多种意外情况，所以尤其要重视安全管理工作，同时做好各种意外因素的应对措施，为现场人员配备安全救生用品，做好安全和防护预案。

鉴于以上种种，对于各行政区域或各级公路主管部门、建设或运营公司，成立必要的管理机构和设置一定的管理制度，是行之有效的重要非工程处治措施之一。

根据国内外有关经验，滑坡管控机构一般包括三类，一类是科研类机构，一类是管理类机构，一类是技术公司。如美国的科研类机构在20世纪70年代中期提出的滑坡灾害计划（LHP）。LHP的任务是提供可以降低滑坡损失的信息，促进人们对滑坡灾害的了解，制定科学的减灾战略，提高公众的安全意识。为完成使命，LHP开展了滑坡灾害评价、滑坡研究和预报，为滑坡应急提供帮助，并实施了一些拓展活动。以LHP为框架，提供研究成果，供地质和工程界的私人顾问与各级政府部门、私人部门的规划者和决策者使用。LHP的研究成果提高了美国乃至全球范围内对滑坡问题的性质和范围的认识，这是该计划最主要的成功之处。1999年，LHP 5年计划（2006—2010年）将USGS1244号通告“全国滑坡减灾战略”中的综合战略建议与美国国家科学院（NAC）国家研究理事会（NRC）名为“合作减轻滑坡风险”战略的建议进行了综合。LHP每5年更新一次5年计划，由项目协调人同项目负责人、首席科学家和来自于州地质调查局、大学和私人行业的滑坡专家代表共同对5年计划进行修订。美国地质调查局（USGS）会对最终计划进行评审。到2005年，LHP已经成立了由17人组成的科学团队，他们都是在滑坡领域中有着丰富经验的地质学家、工程师、水文地质学家、物理学家、地理学家和土地利用规划者。LHP的科学家们在滑坡研究、实时监测和灾害评价方面具有丰富的野外、实验和理论知识。滑坡灾害计划（LHP）帮助USGS利用可靠的科学信息来完成降低自然灾害造成的生命和财产损失的任务。管理类机构可参照《河南省突发地质灾害应急预案》成立滑坡灾害管理的分支机构（见图5-3-5）。

（二）抢险处治的评价方法

工程滑坡的抢险处治往往需要快速决策，对于抢险处治的决策需要一定的评价方法和评价指标，根据前人经验，一般从施工难易程度、施工周期、公路通行影响和经济性四个方面进行评价。

1. 施工难易程度评价

施工难易程度评价，首先我们要确定施工难易的主要影响因素有哪些。通过对各种技术措施在工程中的应用分析，有交通是否便利、机械进场难易与否、岩土性质是否便于该技术措施施工、地形是否便于施工组织、灾害规模等因素。依据评价指标的构建原则，

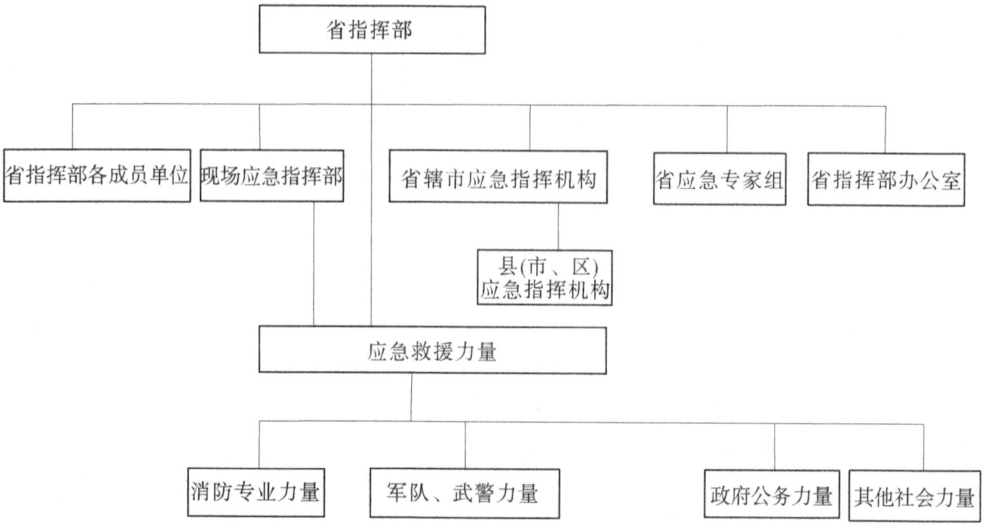

图 5-3-5　河南省地质灾害应急组织机构示意图

舍弃那些指标意义良好但可操作性差的,以及那些有包含关系的评价指标,选取主要影响因素,舍弃次要且混乱影响因素,从而确定施工难易程度评价指标为施工条件、地质条件、灾害规模及技术难度四大指标。

(1)施工条件。

施工条件是指工程滑坡或潜在工程滑坡现场的交通、场地的总体情况。它主要影响到施工机械进场、施工材料的堆放及施工平台的搭设等。同一滑坡现场的地形地貌对不同的技术措施而言,其影响施工难易的程度是不同的。因此,综合应急抢险技术措施施工特点将地形地貌条件分级是较为合适的评价方法。

(2)地质条件。

地质条件是指公路工程构筑物所在地区地质环境各项因素的综合。它涉及地层岩性、地质构造、水文地质条件、地表地质作用、地形地貌、地下水等具体特征。

(3)灾害规模。

在决策应急抢险施工措施时,决策者往往要考虑诸多的因素,而滑坡规模往往是不能忽视的重要因素之一,滑坡规模对采取何种应急抢险技术措施起到直接的影响。

(4)技术难度。

技术难度是指所采取的应急抢险技术措施本身施工所具有的技术复杂性,通常将其分为难、较难、较易及易四个等级。

2. 施工周期评价

在工程滑坡的抢险过程中,各技术措施的整个施工周期包括施工前的准备工作、技术措施的施工及善后工作(见图 5-3-6)。整个抢险过程的施工周期从施工准备开始,直至可以恢复交通。

施工周期的影响因素较多,但主要的影响因素有两点:一是施工工艺所需的必要时间,二是施工组织方案对施工时间的优化。

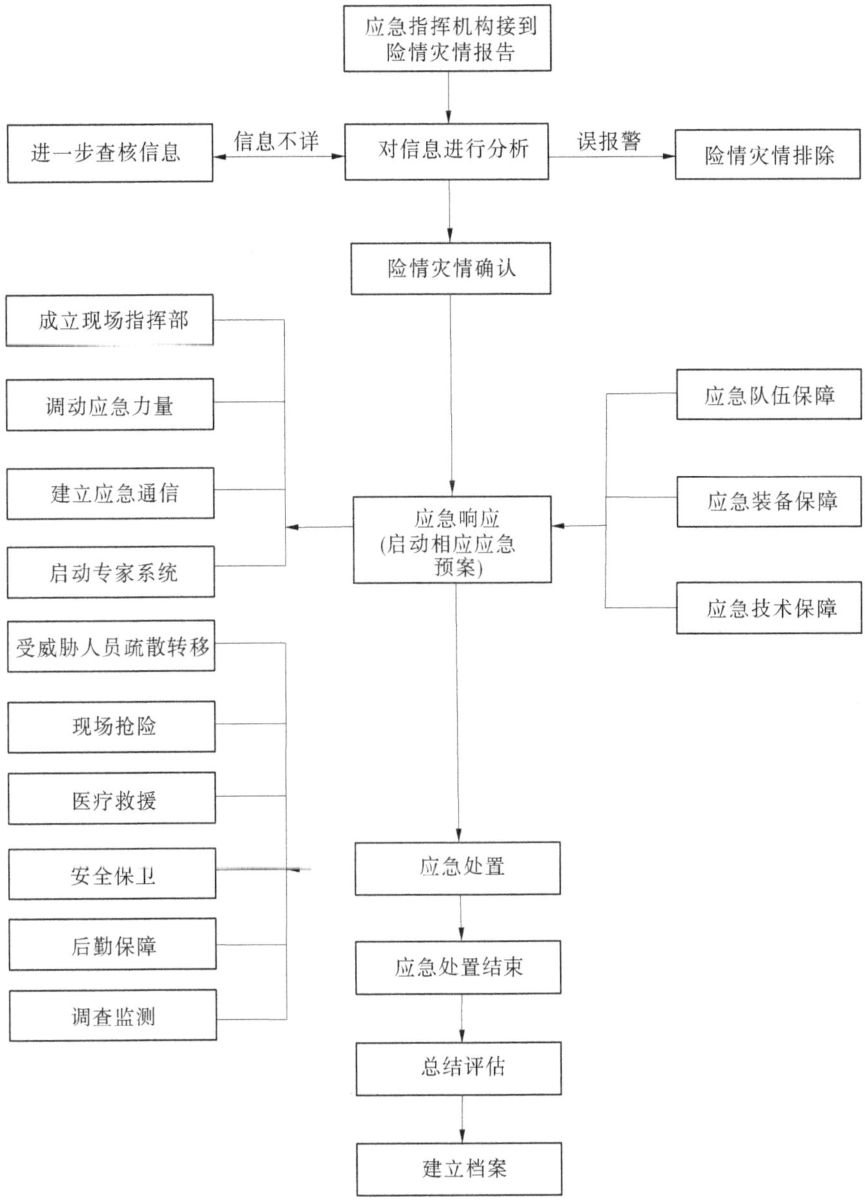

图 5-3-6　地质灾害应急响应工作流程

(1)施工组织。

在应急抢险施工前,需要编写相应的施工组织方案等文件,施工方案和施工组织是施工布置的依据,是施工的纲领性文件,起着理论指导作用。良好的施工组织方案能够有效地促进各施工工序的有序进行,让施工现场调度自如,更能够缩短或避免不必要的施工间隔,有效地缩短施工周期。

(2)施工工艺。

在应急抢险中对各技术措施的施工周期进行评价,要分析各技术措施的准备工作有哪些，各自所需的时间，施工前的准备工作包括材料购置及储备、场地布置、机械设备安装调试及进场和人员就位等；熟悉各技术措施的工艺流程，有哪些工艺流程，各自流程之间是否需要必要的技术间隔时间，各技术措施的施工耗时主要是各技术措施的施工工艺程序所需的时间及各程序之间所需的必要的间隔时间；善后工作所需时间包括施工过程中抢险工程所需的养护时间，所需机械的撤离现场，辅助工具的拆卸，如脚手架等的拆卸及现场的清理工作。

3. 公路通行影响评价

在抢险过程中，为了减少抢险施工对交通的影响，就要尽可能减少对场地的占用，即减少对行车道的占用。通过对施工组织等分析，影响公路通行的主要原因是应急抢险施工中施工对场地的占用，施工对场地的占用主要有机械占地、作业平台占地和施工材料堆放占地等。

(1)机械占地。

机械占地是指在施工过程中，应急抢险施工中各技术措施主要的大型施工机械必要的作业空间，包括挖掘机、推土机等。

(2)作业平台占地。

作业平台主要是指为施工机具提供施工作业空间而搭设的平台，如脚手架等。作业平台的搭设会占用一定的地面空间，对道路交通产生一定的影响。

(3)施工材料占地。

施工材料占地是指在施工过程中，施工材料的现场堆放所需占用的面积。

4. 经济性评价

在抢险过程中，虽然快速抢通为主要任务，但是在同等条件下，在同样完成快速抢通任务的前提下，所选取的抢险技术措施有更好的经济性也是要考虑的因素。然而各技术措施因其施工材料成本及其他工艺成本的不同，尤其是针对特定的工程环境的情况下，其经济性也有很大的区别。

(1)材料成本。

施工材料成本是指依据抢险技术措施的工程量所需的工程材料的成本。

(2)工艺成本。

工艺成本是抢险施工工期内，人工成本和机械使用等成本的总称。通过对各个因素的分析，采用一定准则的评价方法，以达到辅助决策的目的，常用的评价方法见图 5-3-7。

(三)抢险处治的非工程措施方法

非工程措施方法主要包括工程滑坡的预报、警报，滑坡路段区、构筑物管理，道路清障，灾害保险，灾害天气防御措施，避灾防护与受灾人员救援和撤离等，可分为两类：一类是平时的规划措施，把工程滑坡预报、工程滑坡路段的管理、灾害保险、避险防护、处险决策归入此类；一类是应急措施，包括滑坡灾害应急计划、工程滑坡预报警报、撤离、紧急援助和救灾。

1. 基于工程滑坡物理属性的非工程措施

工程滑坡的形成和发展是其重要的物理属性。利用这种物理属性形成的工程预报技术和处治系统，能够预见和评估工程滑坡的形成与发展，通过有效的预防措施和及时处

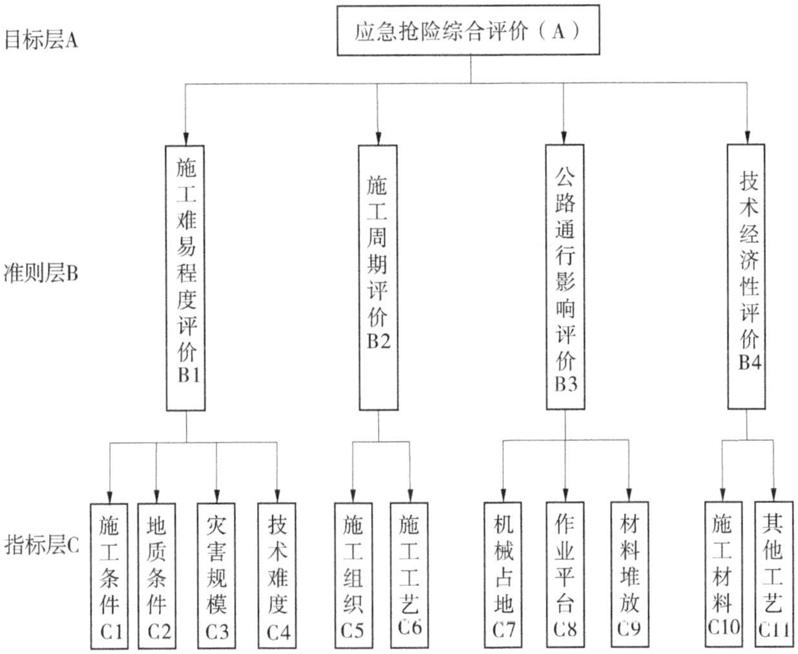

图 5-3-7　抢险综合评价层次结构

治，可以避免工程滑坡的发生，延缓或阻止工程滑坡的发展，使公路工程管理机构和涉及人员有较多时间根据具体情势采取有效的预防措施或及时撤离。

2. 基于工程滑坡风险处治的非工程措施

公路工程作为线形工程，为了打通道路交通，难以避免在地质条件较差，或易发生滑坡的地貌区域通过，这种公路工程修建和运营是一种面对可控风险的开发行为。对公路工程穿越滑坡易发地区和易滑地层的路段或构筑物进行风险分析和管理属于典型的处治对策非工程措施。

保险是风险管理的重要手段，保险的功能是把不确定的、罕见的和巨额的灾害损失风险转化为确定性的、稳定的和小量的开支。在我国，滑坡等灾害保险尚处在初级阶段，这是因为灾害具有突发性和破坏性，滑坡灾害的发生地域区分明显，参加保险的大多是灾害发生频繁区的项目，增加了保险的管理费用，因此利用地理信息系统绘制出灾害风险图，根据灾害风险图上灾害严重程度实行差额收费便可解决具体实施的问题。

3. 基于管理学的非工程措施

在公路工程建设期，不当的施工方法、施工工艺、施工过程管理都会诱发工程滑坡的发生，因而施工期的工程滑坡灾害控制与管理，对于易滑地区的高速公路或存在易滑地层的路段或构筑物，都是举足轻重的管理学方法措施。

在公路工程运营期，公路周边不当的开发和侵扰，常常会造成工程滑坡的发生。因此，加强工程滑坡易发地区管理被作为减轻工程滑坡病害的重要手段之一。通过规范人们在工程滑坡易发地区的工程行为等人为活动，引导项目公司和临域地方相关方根据风险等级进行满足规划的开发、生产、生活、避险等一系列的非工程措施。

4. 基于政策与法规的非工程措施

地方政府与行业管理机构为预防和减少滑坡等地质灾害发生和破坏为目的制定的有关政策与法规是有约束力的经济与社会行为规范。各级行政管理机关可以充分利用这些政策和法规约束自然人及企事业单位等的行为，约束和制裁不利的经济社会活动，从而预防和减少工程滑坡灾害的发生。

第四节 永久处治措施

滑坡的永久处治措施是工程滑坡治理的核心内容，是经过快速抢险处治初步稳固滑坡后，对坡体进行综合治理的永久性的治理技术。依据滑坡形、质、水、势、态等五个方面的分析，相应地采取削和堆、锁和固、挡和拉、导和排 8 类永久处治措施中的一种或多种组合，从而达到根治病害，保障公路工程建设和运营安全的目的。

削和堆主要从滑坡的形态和地形的形态出发，主要包括削坡减载和堆载压脚；锁和固是针对滑坡的关键部位和关键地层采用物理、化学等方法锁固滑体，主要的措施有抗滑键工程和加固改良滑带等；挡和拉，是以力学势态出发的治理措施，挡的方法主要有抗滑挡墙和抗滑桩，拉的方法主要是指七锚固体系；导和排，是以地表水和地下水为控制对象，主要包括地表水排导工程和地下水疏导工程。

不同的处理方式在经济性上和时效性上是有明显区别的，以某纵向长度 100 m，方量约 3 万 m^3 的滑坡处治方案为例进行比较，主要经济及时效指标如表 5-4-1 所示。

表 5-4-1 不同处理方式经济及时效对比

种类	经济性	时效性
削载与堆脚	约 50 万元	1-2 周时间
重力式抗滑挡墙	约 150 万元	1~2 个月时间
抗滑桩	约 300 万元	2~4 个月时间

一、削坡减载

(一) 什么是削坡减载

削坡减载是指通过削去滑坡体主滑段中后部的土石量、清除滑坡体表层的变形体、降低滑坡体坡度等措施，以减少滑坡体自重，从而减少滑坡体下滑力的技术措施。是滑坡应急抢险治理工程中的一种常用简便的技术措施，如图 5-4-1 所示。

(二) 削坡减载的作用机制

根据边坡的安全稳定系数 K 计算方法可知，边坡稳定取决于边坡下部抗滑力 T 与边坡上部下滑力 F 的比值。削坡减载的作用机制就是在不改变安全稳定系数 K 的分子，即不改变边坡下部的抗滑力的条件下，减少安全稳定系数 K 的分母，即边坡上部的下滑力，从而增加滑坡体的安全稳定系数，使得边坡处于一个相对安全稳定的状态。

(三) 削坡减载的优缺点

在路基与边坡应急抢险工程中，削坡减载往往是优先考虑的技术措施，其主要的工程

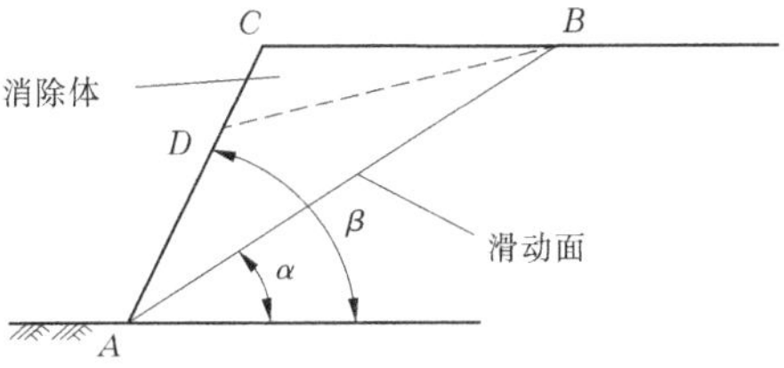

图 5-4-1　削坡减载示意图

技术特点如下：

(1)施工简便。技术方法简单，施工容易。

(2)经济性好。不需要其他建筑材料，工程造价低。

(3)工期短。削坡减载作业面可以较大，施工机械化程度高。

(4)地形限制。其施工容易受到滑坡后缘已有建筑物或其他特定地形条件的限制。

(5)坡顶边坡稳定性制约。对于坡顶自然边坡较陡、地质条件不良的，削坡减载易破坏上部边坡的稳定，造成滑坡规模的扩大。

(四)削坡减载的适宜性

无论是公路路基边坡与滑坡的治理工程，还是突发公路滑坡灾害时的应急抢险处治工程，削坡减载的处治方式都有一定的适用性和局限性，主要体现在以下几个方面：

(1)适用的滑坡形态。适用于滑床上陡下缓、滑坡下部基底及自身稳定的推移式或是由错落转化滑坡的应急抢险处治工程。由于推移式滑坡的推力主要来自于滑坡体的中后部，并且有上陡下缓的滑动面，采取后部主滑地段减重的治理方式就是削掉滑坡下滑的推力，可起到阻止滑坡进一步滑动的作用；否则，不但不能达到预期的效果，反而可能扩大滑坡范围，引起更大滑动。

(2)适用的滑坡地质条件。在土质边坡或在强风化碎岩边坡中应优先采用，可用于边坡为岩体、较为良好的砂性土或是塑性黏土中。

(3)适用的滑坡规模类型。适用于中低矮、平缓的山区公路的中小型滑坡应急抢险工程；对于规模较大的公路边坡应急抢险处治，削坡减载常作为一种辅助措施，以削减治理工程规模或以保证滑坡暂时处于相对稳定的状态(防止滑坡进一步的恶化)。

(4)削坡减载不适用于会引起较大次生灾害的牵引式滑坡前部阻滑段，也不适用于坡体稳定性受地下水或地表水影响巨大的边滑坡工程。

(五)削坡减载施工注意事项

在应急抢险施工过程中，从施工安全、科学、合理等方面出发，主要注意事项有以下几点：

(1)削坡时，应查明滑坡体发展的范围和土方数量，做好临时排水措施，确保施工作业面不积水。

(2)开挖必须遵循从上至下的原则，严禁下部掏空开挖。

(3)削坡时，必须进行地质勘查，严禁在削坡过程中切断原有断层等结构面，避免产生新的滑动。

(4)边坡失稳处，不可大面积开挖，应分级开挖、刷方。

(5)削坡减载应与相应的防护措施相结合，避免形成新的灾害隐患。

(6)削坡减载应在滑坡下滑力最大处，以不引起边坡后缘及两侧岩土体丧失为原则。

二、堆载压脚

(一)什么是堆载压脚

堆载压脚，是指在滑坡体下部及基底处，通过在坡脚处堆载跺石、沙袋等进行加载，在不改变滑坡体下滑力 F 的条件下，增加滑坡体下部的抗滑力 T，从而提高滑坡体的边坡安全稳定系数 K，如图 5-4-2 所示。

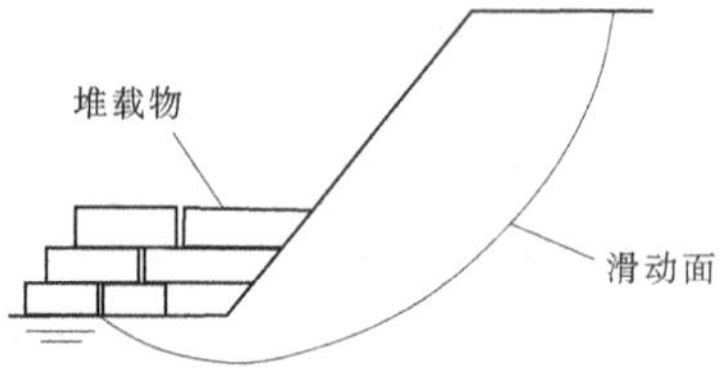

图 5-4-2　堆载压脚示意图

(二)堆载压脚作用机制

与削坡减载应急抢险技术措施不同，堆载压脚受控于坡体安全稳定系数 K，取决于坡体下部的抗滑力 T 与上部的下滑力 F 的比值。堆载压脚的作用机制就是在不改变边坡上部的下滑力 F(分母)的条件下，增大下部的抗滑力 T(分子)，从而增加滑坡体的安全稳定系数(K)，使得边坡处于一个相对安全稳定的状态。

(三)堆载压脚主要优缺点

堆载压脚应急抢险技术措施主要优点和限制条件：

(1)施工简便。技术方法简单，施工容易。

(2)经济性好。施工土石方量少，堆载重物造价低廉。

(3)施工快速。能够快速地堆载重物，施工速度较快。

(4)地形限制。其施工容易受到滑坡前缘已有建筑物或其他特定地形条件的限制。

(5)对地质适宜性较为广泛，受土质的影响较小。

(四)堆载压脚适宜性

针对堆载压脚的适宜条件，通过分析总结，其适宜性主要有如下几点：

(1)适用于滑坡体前缘地势相对较为平坦的地形条件。

(2)在中低矮的山区公路边坡上使用效果较为理想，一般不在较大的高陡边坡上使用。

(3)特别适用于牵引式滑坡，注意堆载时不能引起次一级滑面。

三、抗滑键工程

(一)什么是抗滑键

抗滑键是指在滑面或潜在滑面附近设置的位于滑床和滑体中一定长度的抗滑结构构造(见图 5-4-3)，其主要形式有桩式抗滑键、线状抗滑键和圬工抗滑键等。

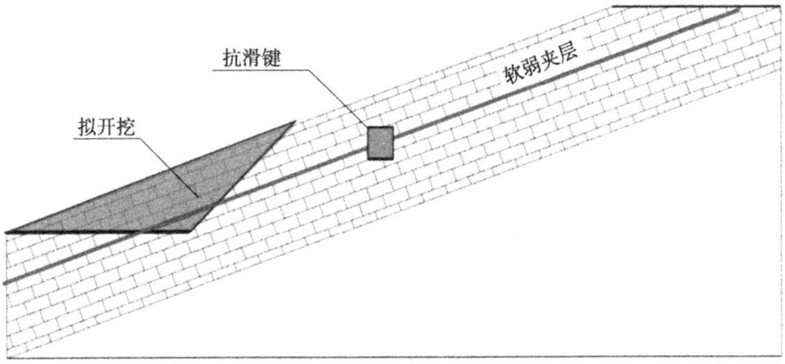

图 5-4-3 抗滑键示意图

通过抗滑键的设置，可以有效减小支挡工程规模，避免工程顶部位于地表时造成的支挡工程规模较大和工程造价较高的情况出现。

(二)抗滑键的适用条件

抗滑键常用于顺倾岩边滑坡的防滑治理，通常适用于以下情况：

(1)缓倾顺层边坡的稳定性仅受单一层面控制，其余层面计算所得安全系数满足设计要求。

(2)软弱夹层较薄且层面上下为完整性较好、强度较高的中风化岩体，同时软弱夹层下伏基岩能提供较好的锚固力。

由于该种方法限制条件较多，目前河南省公路滑坡防治中鲜有应用。

(三)桩键改良结构

桩键结构是采用抗滑桩与阻滑键组合形成的抗滑结构，通过多级开挖平洞与竖井穿过滑带至稳定地层，形成由多级平肢和竖肢交叉相连的"台阶"状阻滑结构，将坡体下滑力转化为竖肢抗弯能力与平肢拉力，平肢端部扩大或设置横向锁固键加强"销榫"作用，且对桩顶或桩身存在一定约束作用，显著提高结构的抗滑能力。

复合式桩键结构与连续型桩键结构抗滑能力出众，适用于有明显滑带、下滑力巨大、坡体深厚的滑坡，但由于平洞开挖，需避免坡体坍塌，因此不适用于松散和软弱坡体。

四、加固改良

加固改良的方法，主要包括两个方面，一是加固改良滑带，二是加固滑体的抗滑段，一般采用注固化剂、注水泥浆等手段。

(一)适用条件

(1)对于一些大型、特大型深层滑坡，目前在工程防治设计方面还没有比较好的防治措施，采用传统的抗滑支挡，如抗滑桩、锚拉桩、深埋桩等有时仍然不能达到设计标准，即便达到设计标准，其防治工程费用往往非常巨大，对于有限的防治费用而言极不经济，因此采用注浆加固改良滑带土成为可选的措施之一。需要说明的是，在公路项目勘察设计阶段，对于大型和深层的滑坡，都是优先选择绕避方案的，而对于已在运营中的公路，发生该类滑坡时，也是优先以绕避方案确保公路工程的安全运营，在抗震抗灾等抢险工程中，为了临时保通，保障救援，以及防止滑坡发展和保障人民生命财产安全受到侵害，采取临时抢险措施较为常见。

(2)对于一些裂隙发育的风化岩崩滑体或潜在滑体,特别是在岩质较好的情况下,采用在阻滑段注浆以增加阻滑段抗力的方法,也是较为有效的治理措施。

(二)注意事项

1. 地层的可注性

渗透注浆是在地层结构不受破坏的条件下,注浆渗入地层,浆材的颗粒必须小于地层中岩土体内孔隙和裂隙大小,满足浆材对地层的可注性条件是渗入式注浆的前提。国内外广泛采用的评价浆材可注性的简化公式为:

$$N = \frac{d_{15}}{d_{85}} \quad (N \geqslant 10 \sim 15)$$

式中　N——可注比值;

d_{15}——岩土体中砂砾石含量为15%的颗粒尺寸;

d_{85}——浆材中含量为85%的颗粒尺寸。

N满足大于等于10~15,就将有85%的浆材充填大部分孔隙。

2. 浆液的流动性

浆液的流动性受浓度影响最大,一般其流动性随水灰比的增大而提高,另外,材料颗粒的比表面积(流动性随比表面积的增大而降低)、颗粒形状(圆形颗粒可以增加其流动性)、絮凝程度(絮凝性降低流动性)等也是重要的影响因素。有关资料表明,当水灰比小于0.8~1.0后,浆液的黏度和抗剪强度都迅速增加,成为典型的塑性体,这些都需在注浆施工中根据情况做合理的调整。

3. 注浆体的稳定性

由于滑带常常涉及地下水的不断影响,注浆体整体的耐水性和稳定性是事关注浆方案成败的关键。因此,在未基本判明滑坡滑动影响机制和地下水补、径、排条件时,不宜匆忙实施注浆处治措施。

4. 浆液强度增长

注浆加固的目的是改良岩土体的物理力学性质,通过化学胶结作用、惰性填充作用及离子交换作用,提高土体抗力。浆液强度的增长是一种受多种因素制约的复杂的物理化学过程,除注浆材料外,浆液与界面的结合形式(浆液与岩土体内物质颗粒的表面接触面越大,结合强度越高;接触越直接,结合强度越高)、浆液的饱和度(裂隙或孔隙被浆液填满的饱和程度越大强度越高,不饱和充填直接导致的是加固的岩土体内仍然存在孔隙、空洞等,导致强度不足,一般通过调整注浆压力、注浆时间,采用分段注浆、调整浆液的浓度、填加适当的流动剂等措施避免)、注浆时间(浆液的强度一般随时间而增长,有时需要使加固体尽快发挥作用而必须缩短凝结时间,有时又为了维持浆液的可注性而需要延长浆液的凝固时间,这些都可以通过采用适当的外加剂来实现)等控制和影响。

五、抗滑挡墙

抗滑挡墙是常用的滑坡治理永久措施,因其适用性广、经济性好、就地取材方便、施工工艺简单可控、工程经验丰富,而获得广泛应用。

（一）抗滑挡墙的类型与主要技术特点

抗滑挡土墙主要应用于中小型滑坡治理，是目前公路工程滑坡治理应用最为广泛且较为有效的措施之一。根据抗滑挡土墙受力特点、材料和结构等的不同，抗滑挡土墙可分为不同类型。从结构形式上分，有重力式挡土墙、锚杆式挡土墙、加筋土挡土墙、板桩式挡土墙、竖向预应力锚杆式挡土墙等类型。从材料上分，有浆砌片石挡土墙、混凝土挡土墙（浆砌混凝土预制块体式和现浇混凝土整体式）、钢筋混凝土挡土墙和加筋土挡土墙等。

抗滑挡墙与一般挡土墙类似，但它又不同于一般挡土墙，主要表现在抗滑挡墙所承受的土压力的大小、方向、分布和作用点等方面。

一般挡土墙承受的土压力为主动土压力，其大小和方向与土体种类、破裂面位置、墙高、墙背形状及粗糙度有关，呈三角形分布，合力作用点在墙高下 1/3 处，而抗滑挡土墙所抵抗的是滑坡体的剩余下滑推力。一般情况下滑坡的剩余推力较大，抗滑挡土墙上的滑坡推力大小与墙高、形状及滑面位置无关，分布为矩形（或梯形），推力的方向与滑移面层平行，合力作用点位置较高，位于滑面以上 1/2 墙高处。一般比主动土压力大，并且墙基埋入滑面下一定深度，故其合力作用点高，倾覆力矩大，墙趾应力较大。为满足抗滑挡墙自身稳定的需要，这要求通常抗滑挡墙墙面坡度采用 1∶0.3～1∶0.5，甚至缓至 1∶0.75～1∶1。有时为增强抗滑挡土墙底部的抗滑阻力，将其基底做成倒坡或锯齿形；而为了增加抗滑挡墙的抗倾覆稳定性和减少墙体圬工材料用量，有时可在墙后设置 1～2 m 宽的衡重台或卸荷平台。有的采用墙后留卸荷平台与盲沟连用以节省成本，或扩大墙趾，也有的在墙踵部加竖向锚杆。抗滑挡墙的主要功能是稳定滑坡。因滑坡形式的多种多样，滑坡推力的大小也因滑坡的形式、规模和滑移面层的不同而不同。抗滑挡墙结构的断面形式也应因地制宜开展设计，而不能像一般挡土墙那样采用标准断面。

选取何种类型的抗滑挡墙，应根据滑坡的性质、类型（渐断性的滑坡或连续性的滑坡、单一性的滑坡或复合式的滑坡、浅层式的滑坡或深层式的滑坡等）、自然地质条件、当地的材料供应情况等条件，综合分析，合理确定，以期达到整治滑坡的同时，降低整治工程的建设费用。

采用抗滑挡墙整治滑坡，对于小型滑坡，可直接在滑坡下部或前缘修建抗滑挡土墙；对于中、大型滑坡，抗滑挡墙常与排水工程、刷方减重工程等整治措施联合适用。

在修建抗滑挡墙时，必须认真进行踏勘，调查滑坡的性质、滑体结构、滑移面层位和层数，以及基础的地质情况，合理确定滑坡体的推力大小。原则上抗滑挡墙应设置在滑坡体前缘稳定基础上，防止由于滑坡体前缘地基过大的变形，而使抗滑挡墙产生变形而失效。

有时为使抗滑挡墙在地基有一定程度变形情况下也能保持其功能，也采用柔性结构，如石笼挡墙、加筋土挡墙等。滑坡治理中抗滑挡墙以重力式抗滑挡墙为主要处治措施，重力式抗滑挡土墙可采用浆砌块石（片石）、混凝土预制块体，也可采用混凝土和钢筋混凝土直接现浇。加筋土抗滑挡墙就其工作原理，也属重力式挡土墙范畴，但其受力方式等略有不同。

（二）抗滑挡墙的布置

（1）抗滑挡墙一般设置在滑坡下部或前缘抗滑段。

（2）墙高不能任意设定，必须验算滑坡在墙后形成新滑面从墙顶滑出的可能性，以保证抗滑效果。

(3)当滑坡中下部有稳定岩层锁口时,宜将挡墙设置于锁口处,以节省工程费用;其前缘部分则视剩余滑体体积大小及排水后的稳定情况适当处理。

(4)当滑动面出口在路基面附近,滑坡前缘距线路外缘有一定距离时,宜将挡墙靠近线路设置,墙后余地可填筑土方或石方进行补偿加载(压实度宜为90),以增强抗滑段的抗滑力,从而减小挡墙承担的下滑力。

(5)当滑面出口在路堑边坡上时,可视滑床地质情况选定挡墙位置:若滑床为较完整坚实的岩层,则可以此岩层为基础持力层,并将挡墙设置于滑面出口附近,其下外露的边坡加设适当的支护;若滑床为不宜用作地基的破碎岩层,而滑面出口高出坡脚不多时,则应将挡墙设置于坡脚下并埋入稳定地层内。

(6)当滑面位于路堑的路基面以下一定深度处,路基成为滑体的一部分时,应先采取稳定整个滑坡的措施,然后检查滑体有无从路堑坡脚附近滑出的可能来决定是否需要在路堑坡脚设置挡墙。

(7)当滑坡长度大且厚度小时,可沿滑坡主滑方向设置多级挡墙。对于多级浅层滑坡,可根据具体情况设置分级的挡墙支撑。

(8)根据地质条件及滑坡推力的变化情况,可沿挡墙走向分段设计,分段长度一般不宜小于10~15 m,各段可灵活采用大小不同的挡墙断面。

(9)抗滑挡墙应垂直滑坡的主滑方向布设,以发挥最好的抗滑效果。

(10)抗滑挡墙的墙基必须放在滑动带以下一定深度,并考虑滑动面向下发展加深从墙底滑出的可能性。当滑床为土层时,挡墙埋入滑带以下的深度为1.5~2.0 m;当滑床为岩层时,埋深为0.5~1.0 m。

(11)抗滑挡墙对墙后纵向盲沟的要求高,为免墙后积水及墙基软化影响稳定,在地下水水量较大时,还应设置支撑盲沟或仰斜孔排水。抗滑挡墙的墙后必须设置反滤层,一般顺墙设置纵向渗沟以排除墙后的滑体和滑带中的水,防止墙后积水泡软地基面,影响挡墙的稳定性。重力式抗滑挡墙常用断面见图5-4-4。

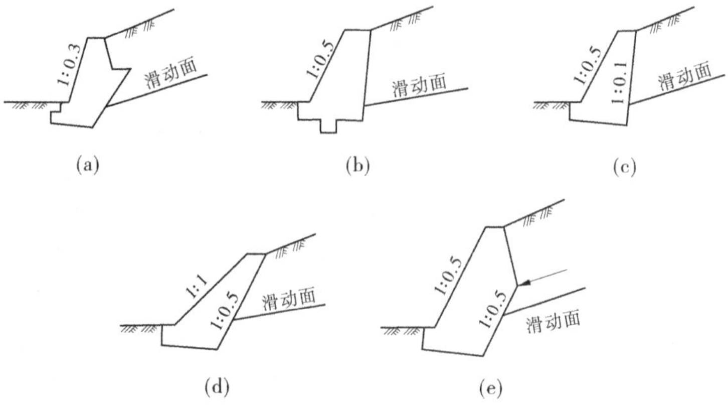

图5-4-4 重力式抗滑挡墙常用断面

(三)抗滑挡墙的设计要素

(1)由于挡墙以抗滑为主,通常宜采用体积较大的重力式类型;又因设计推力一般较大且作用点较高，故其断面形式多具有胸坡缓、外形胖的特征。

(2)挡墙的高度应能控制墙后滑体不至于沿可能的薄弱面自墙顶滑出，可用试算法检算：先按该部位的滑体厚度假定一个墙高，由墙顶向滑带做几个虚拟的可能滑面轮廓线，分别求出沿这些滑面的剩余下滑力，从而可决定最危险滑面的位置。若沿该滑面的剩余下滑力为正值，说明墙顶不够高；若为过大的负值，说明墙顶高可以降低。设计时应调整墙高重新试算，直至剩余下滑力为不大的负值时，即可认为是经济合理的墙高。

(3)挡墙的基础应埋入完整岩层内不小于 0.5 m，或稳定坚实土层内不小于 2 m，若基础以下土质较软弱，设置挡墙后滑体受阻滑面可能改变而自基础以下滑出时，则还应求算合理的基础埋置深度。当基础的埋深较大(密实土层 3 m 及以上，中密土层 4 m 及以上)，且墙前有形成被动土压力的条件时，在设计中可考虑被动土压力的抗滑作用。

(4)抗滑挡墙本体应有足够的强度和稳定性，其要求与一般重力式挡土墙相同。当可以利用墙前被动土压力时，采用墙体在极限平衡状态下的被动土压力检算倾覆稳定和基底应力。采用最大被动土压力检算滑动稳定。

(5)当滑体有两层或几层可能的滑面时，挡墙需按最下一层滑面的推力设计与计算，并逐层向上检算沿其他各层滑面的滑体稳定性，若各层推力可能同时作用时，则应做出每层滑坡分别作用下的弯矩图和剪力图，并要求墙身各截面都能满足其中的较大值。

(6)抗滑挡墙优点是山体破坏少、稳定滑坡收效快。尤其对于由于斜坡体因前缘崩塌而引起大规模滑坡，抗滑挡墙会起到良好的整治效果。但在修建抗滑挡墙时，应尽量避免或减少对滑坡体前缘的开挖，必要时，可设置补偿型抗滑挡土墙，在抗滑挡墙与滑坡体前缘土坡之间填土。

(7)对于深层滑坡体和正在滑移的滑动体，可能因修建挡墙进行基础开挖时，加剧滑坡体的滑动，因此这类滑坡不宜采用抗滑挡墙，而宜采用其他抗滑整治措施(如抗滑桩等)。

(8)如滑坡位于强震区，抗滑挡墙还应按照公路工程抗震规范进行抗震设计。

(四)抗滑挡墙的优缺点

抗滑挡墙主要的工程技术特点如下：

(1)施工简便。技术方法较为简单，施工相对容易。

(2)经济性好。片石等石材可以就地取材，工程造价相对较为经济。

(3)工期较短。抗滑挡墙施工工艺简单，可以多作业面同时开展，施工机械化程度高。

(4)地质条件限制。由于挡墙开挖面相对较大，对地基基础要求相对较高，则抗滑挡墙对地质条件的要求相对较高，需有准确清晰的勘察成果才能保证工程措施的安全和有效。

(五)抗滑挡墙的适宜性

(1)适用的滑坡形态。适用于滑床上陡下缓、滑坡下部基底及自身稳定性较好的浅层推移式或牵引式滑坡，滑坡前缘有抗滑挡墙施作的空间。

(2)适用的滑坡地质条件。抗滑挡墙适宜于厚度不大的土质滑坡，包括黏性土、碎石土及黄土等，抗滑挡墙不适用于会引起较大次生灾害的牵引式滑坡前部阻滑段，也不适用于坡体稳定性受地下水或地表水影响巨大的边滑坡工程。

(3)适用的滑坡规模类型。重力式抗滑挡墙适用于滑坡规模较小、厚度较薄、滑坡推力小于 300 kN/m 的滑坡治理工程，且挡墙基坑开挖后不会引起滑坡复活或产生新的滑动。对滑坡推力较大的滑坡，当采用重力式抗滑挡墙进行支挡时，应与其他支挡结构配合使用。

(4)重力式抗滑挡墙墙高不宜超过10.0 m，当超过10 m时，宜采用抗滑桩板墙或其他工程措施。

(5)不同类型的抗滑挡墙有各自的适用范围。

①重力式挡墙适用于石料充足一般地区下滑推力较小的滑坡地段。

②半重力式挡土墙介于重力式挡土墙与悬臂式挡土墙之间的一种挡土墙，适用于不宜采用重力式挡土墙的地下水位较高或较软弱的地基。

③石笼式挡墙适用于地下水较多的土质、风化破碎岩石地段的崩塌和剥落。

④锚杆挡墙适用于缺乏石料的地区和挖基困难的岩质路堑地段薄层小规模滑坡处治。锚固条件不好的新黄土地层不宜采用，在老黄土地层中应慎用。

⑤桩板式挡墙用于表土及强风化层较薄的均质岩石地基及桩基锚固段地层条件较好的黄土地基，挡墙高度可较大，也可用于地震区的滑坡或潜在滑坡等特殊地段的治理。

(六)抗滑挡墙的施工注意事项

抗滑挡墙施工应科学组织、合理安排保障各项工程安全实施，在施工过程中应主要注意以下几个方面：

(1)在修建抗滑挡墙前，应事先做好排水系统，合理编制施工组织设计，集中施工力量，做好施工准备，尽量缩短施工工期。

(2)抗滑挡墙施工应选择合理的时机与工期，并应尽可能避免在雨季或滑坡正在急剧发展时进行开挖工程或修建构筑物基槽。抗滑挡土墙宜在滑坡尚未整体变形或剧烈变形前尽早、尽快实施。

(3)由于抗滑挡墙位于滑坡前缘，截面较大，开挖基础会影响滑坡的稳定性，因此不允许全面开挖；大拉槽施工时，应根据施工过程中的受力情况，采取“步步为营”分段、跳槽、马口开挖的施工方式分段跳槽开挖，开挖一段立即砌筑一段，及时形成抗滑力。避免大范围全面开挖引起滑坡的进一步发展。抗滑挡墙一般从滑坡两侧滑坡推力小的地段先施工，逐步向中轴线推进，以免已有工程因应力集中被破坏。

(4)施工时刷方减载应按自上而下的原则进行，先对滑坡体上(后)部进行刷方减载，以减小滑坡体产生的下滑力。若滑坡体前缘极为松散，有时需将其清除，在这种情况下，也应采用自上而下的原则进行施工。刷方减载的弃方可作为抗滑挡土墙后的填料或抗滑挡土墙前的堆载固脚体。

(5)开挖、填土等坡形整饬将使地形有较大的变化，因此要充分注意排除地表水，也应注意排除地下水，以防水的滞留，同时对施工用水也应特别注意。

(6)当地下水丰富时，除按设计要求做好主体工程的施工外，对辅助工程，如墙后排水沟、墙身泄水孔等，也应切实注意其施工质量，防止墙后积水。

(7)对墙后的回填土必须分层夯实，达到设计要求。

(8)墙体施工时，必须保证施工质量，浆砌片石挡土墙砌筑时，砂浆必须饱满，砂浆强度应符合设计要求，以保证墙体的整体性和刚度。

(9)施工时，应保证基础埋置到最深的可能滑动面以下的稳定岩(土)中，并满足设计深度。

六、抗滑桩

抗滑桩是滑坡治理永久措施中最为常见的工程措施，因其适用性广、耐久性好、施工工艺可控、工程经验丰富、检验检测方法完备而得到大面积应用和推广。

（一）抗滑桩的形式与分类

抗滑桩在实际应用中又常可分为不同的类型，按抗滑桩的材质可以分为木质抗滑桩、钢轨抗滑桩、钢筋混凝土抗滑桩；按桩身截面的几何形状可以分为圆形桩、矩形桩、“工”字形抗滑桩等；按施工方法可以分为人工挖孔桩、钻孔桩和旋挖桩等；按桩体组合形式有单桩、排架桩、钢架桩等；另外，按抗滑桩的受力状态可以分为全埋式和半埋式等类型（见图 5-4-5~图 5-4-12）。目前，公路滑坡治理中使用最多的是矩形钢筋混凝土埋入式挖孔桩。当工程需要时，也常采用桩板式抗滑桩；当桩身弯矩较大，且滑动面以下为稳定的有锚固条件的地层时，优先采用预应力锚索抗滑桩；钢轨（管）抗滑桩常用于滑坡应急抢险工程和施工临时加固措施。

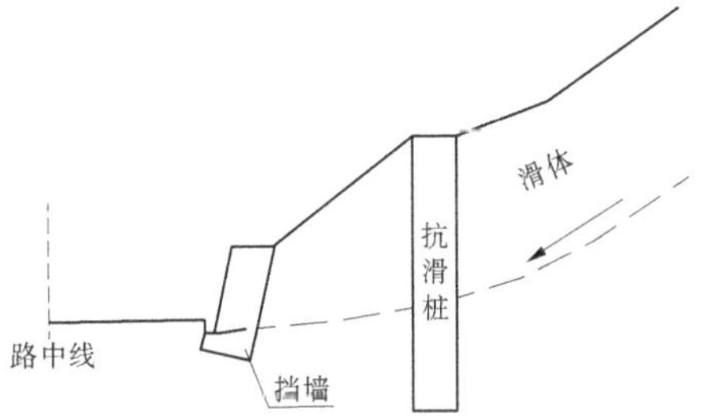

图 5-4-5　等截面全埋式抗滑桩

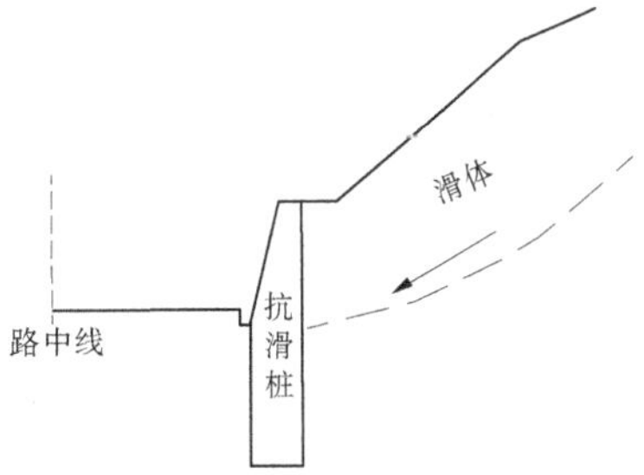

图 5-4-6　变截面半埋式抗滑桩

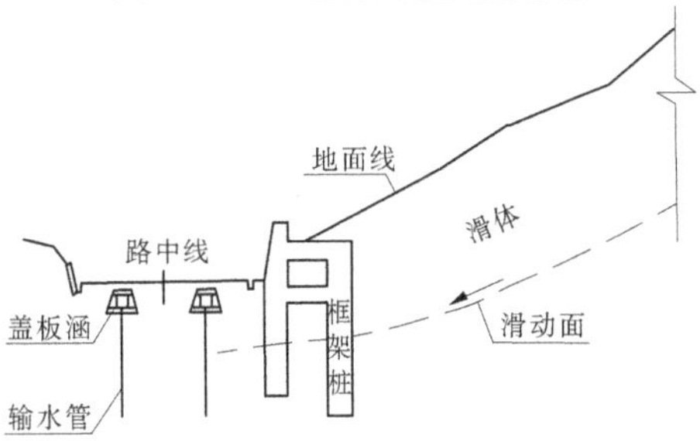

图 5-4-7　排架抗滑桩

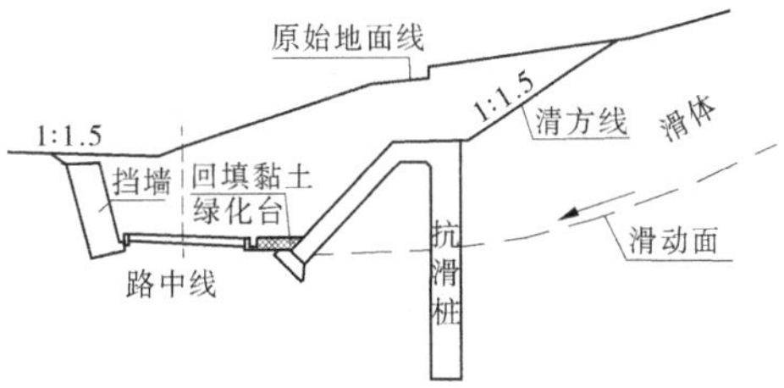

图 5-4-8　钢架抗滑桩

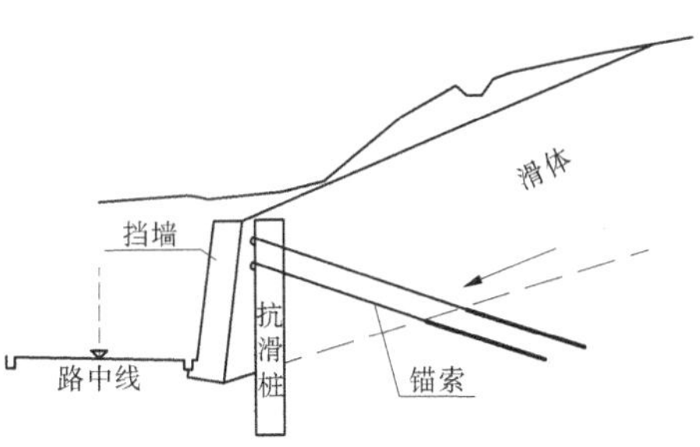

图 5-4-9　锚索抗滑桩

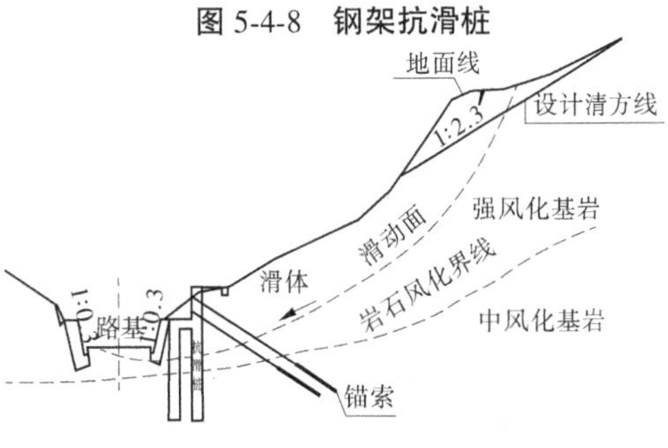

图 5-4-10　钢架锚索抗滑桩

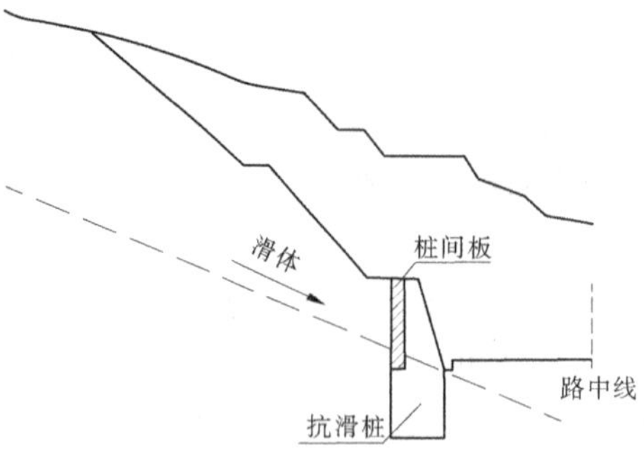

图 5-4-11　抗滑桩板墙

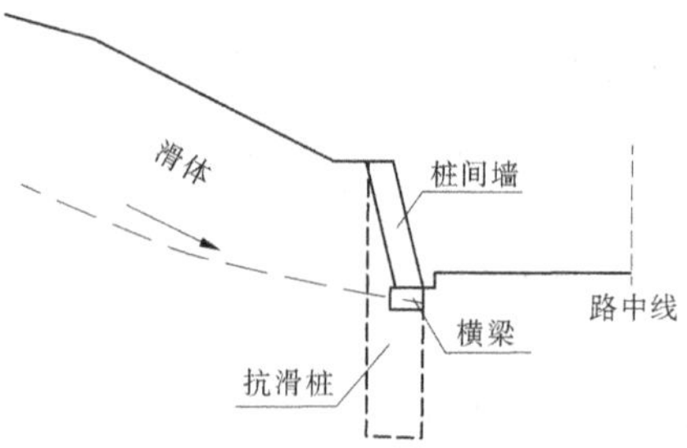

图 5-4-12　抗滑桩墙

(二)抗滑桩的布设

1. 抗滑桩桩位的设计

(1)抗滑桩宜布置在滑体的抗滑段上,一般为厚度较薄、推力较小、地基强度较高且嵌固段地层稳定的地段。

(2)从理论上来讲,滑坡下部出口位置滑坡推力最小,抗滑桩宜布置于此,但实际施工中,根据滑坡推力分布特点,抗滑桩位置需沿坡体上移一定的位置,以防止出现越顶破坏。

(3)抗滑桩截面的长边应沿主滑方向布置。

(4)滑坡沿滑动方向的长度较大时,可视地表形态、滑动面(带)倾角、推力分布、滑体厚度等因素设置多排抗滑桩进行分段阻滑。每段宜以单排布置,且各排桩的间距应适当加大,分排计算抗滑力,防止各排桩受力模糊导致的抗滑失效。弯矩过大时,应采用预应力锚索抗滑桩,锚索锚固段应置于稳定岩层内。

2. 抗滑桩间距设计

抗滑桩间距设计也是抗滑桩布置的重要参数,抗滑桩中对中间距如果过大,则滑体可能从中间滑走;间距如果过小,则会造成经济上的浪费,并加长工期,实际设计中抗滑桩中对中间距宜为 5.0~8.0 m。具体计算方法,通常是基于桩间土体与桩侧摩擦力超过滑坡推力的相关理论方法进行估算。应当指出的是,其结果与实际结果是存在一定误差的,要想使结果精度进一步提升,需要结合实际情况将土拱效应考虑在内。

3. 抗滑桩的桩长及埋深设计

(1)抗滑桩桩长宜小于 35.0m。对于埋深大于 25.0m 的滑坡,应论证抗滑桩的可行性。

(2)计算抗滑桩锚固深度,主要是基于桩横向压应力小于地基横向容许承载力这一条件来展开的。当然仅依据这一原则,计算结果的准确性相对较差,所以还需要充分考虑实际情况。

(3)抗滑桩桩长设计还要考虑其他多种因素,如抗滑桩的材质(刚性桩和弹性桩会有显著差异)、抗滑桩的弯力和弯矩等。

4. 抗滑桩设置不当易引起的破坏形式

(1)抗滑桩间距过大、滑体含水量高并呈流塑状,滑动土体从桩间挤出。

(2)抗滑桩抗剪能力不足,桩身在滑面处被剪断。

(3)抗滑桩抗弯能力不足,桩身在最大弯矩处被拉断。

(4)抗滑桩锚固深度及锚固力不足,桩被推倒。

(5)抗滑桩桩前滑面以下岩土体软弱,抗力不足,产生较大塑性变形,使桩体位移过大而超过允许范围。

(6)抗滑桩超出滑面的高度不足或桩位选择不合理,桩虽有足够强度,但滑坡从桩顶以上剪出。

(三)抗滑桩的优缺点

抗滑桩治理滑坡主要有如下几方面的优势:

(1)抗滑桩施工技术较为简单,工程量不大,工程性能可靠,抗滑效果较好,性价比突出。

(2)抗滑桩在实际应用中灵活性强,能够与其他措施配合使用,也能够独立使用,对布置位置没有太高的要求。

(3)抗滑桩施工设备简单、拥有量大,施工质量控制和安全性有保障;无须连续施工,可以及时调整优化设计,并对施工中出现的问题及时补救。

(4)抗滑桩对于治理蠕动变形或缓慢滑动阶段的滑坡效果显著。

(四)抗滑桩的施工注意事项

(1)抗滑桩挖孔施工一般采用跳挖。对井口模板进行支护施工时,要使用全站仪校核桩口位置及方正情况,浇筑完井口后,要将标高与桩心十字轴线向锁口护臂混凝土投测,将其当成桩孔施工过程中控制深度、垂直度及桩心位置的参考数据。

(2)对桩身进行施工前,应提前做好锁口,针对施工区域的地表截水和排水,要提前做好系统性的规划,避免地表水流入桩井口。

(3)在做好锁口后,为防止施工过程中井口边的重物坠入井口中,需在孔口周边砌筑1 m的墙,以保证施工安全。

(4)在开展的过程中,应根据土层的渗水情况调整施工方案,必要时采用适量的速凝剂。

(5)孔内混凝土浇筑施工最好连续完成,如果出现中断,很容易降低成孔的质量,开展完成灌注工作后,需立即进入养护阶段。

(6)人工挖孔的过程中会出现大量的弃土,这些弃土要按照规范在指定的地点进行堆放。

(7)桩孔的开挖多通过人工,并用风钻与风镐进行辅助完成。施工从中间开始向四周展开,并应及时检查各节护壁的几何尺寸与中心点。

(8)挖孔时,护臂施工前需对桩身的垂直度、位置与净空尺寸进行检查,确保其质量。孔底保持干燥,同时对孔底进行施工,一定要平整,没有松渣类的软弱层;应对地质与岩性进行素描及编录,如出现与地质勘探情况不匹配的情况,要立刻与地勘和设计单位等相关方协商处置,保证桩体质量完好。

(9)抗滑桩施工地段,一般地质情况较差,地层软弱、破碎,渗漏、涌水较多,对此情况,一般采取跳桩开挖方案,也可在底部的拐角处挖积水坑用潜水泵排水,或人工边开挖边把积水舀入吊渣斗内排出。对地下有暗沟、泉水出露等涌水量较大的情况，则可采取类似井点降水的办法，但该方法的局限性较大，要求护壁混凝土掺加早强剂，开挖、护壁等工序衔接紧密等。

(10)桩井开挖遇到不良地层、滑动面等情况，有时会出现井壁一侧或多侧塌方，严重时可导致已打好的上节护壁向外流泥、掉土。遇此情况采用的措施主要有：①在软弱土层、滑动面、破碎带等不良地质段，减小护壁的分节高度，避免在滑动面处分节；②每节桩井开挖20～30 cm后，在上节护壁的底部(与本节护壁联结处)四周每隔20～30 cm打入一根锚杆(可用废旧钢筋或钢管制作)，锚杆长50～100 cm；③停止桩井开挖，尽快把塌方下的土、石清理干净，里面干砌或浆砌片石填满，然后在塌方一侧编织钢筋网片(网格20 cm×30 cm)，用锚杆或支撑将网片固定，外面留出护壁厚度。灌筑护壁时用同等级的砂浆把片石内的空隙、空洞灌满，使护壁和防护结合成整体。

(11)桩井施工遇到护壁开裂错动时，常根据其诱发原因采取以下处理措施：①减载、限制车辆通行；②加强护壁施工的过程控制，保证护壁厚度和护壁内布筋达到设计、规范要求；③适当延长护壁模板及支撑的拆除时间，达到一定强度后再开挖下节桩井。护壁开裂一般为竖向裂纹，若一侧开裂可采取方木水平支撑；若四周均有裂缝，常采取方木矩形支撑，拐角用三角支撑固定。若开裂较严重，需改换为钢支撑。对于严重开裂变形的护壁，应采取从上至下爆破拆除原护壁后重新护壁、护壁内钢筋加密、护壁厚度加大、提高护壁等级等措施进行处理。

(12)对于流塑状地层，滑体介质与抗滑桩的摩阻力低，土体易从桩间挤出，开挖截面过大的抗滑桩易造成坍塌，还可能破坏滑坡的稳定状态，加速滑体的的滑移速度。此时，应及时在抗滑桩间设置连接板或连系梁，以稳定滑体。

七、锚固体系

锚固体系是滑坡治理的主要工程措施之一。为保证滑坡体及其周边环境的安全，保障涉及工程滑坡的公路工程在规定的使用期限和规定的使用条件下能稳定安全运营，满足公路工程的安全性、适用性和耐久性的要求，常使用锚固体系叠加框架梁、挡墙、抗滑桩等的综合治理措施。

锚固体系在岩石质的滑坡中应用较多，主要对节理裂隙不连续面起到加固效应，体现为增韧止裂作用(对卸荷裂隙提供桥联作用，以阻止或延缓其张裂扩展过程，进而改善坡体岩石的变形与强度性质)、销钉作用(加固软弱结构面，凭借杆体自身的抗剪能力阻止结构面的相对滑动，从而提高结构面的抗剪强度和黏结力)、剪胀效应作用(从岩体中的粗糙不连续面发生剪切位移时，不连续面的两壁因剪胀而产生扩容，使得贯穿不连续面的锚杆受拉产生附加的法向应力，并通过不连续面的摩擦效应提供附加的抗剪强度)和预应力作用(降低或消除岩体中的拉应力和剪应力，缓解应力集中现象，改善岩体应力状态，同时预应力使加固区的节理裂隙闭合，降低节理裂隙的连通率，从根本上提高岩体的抗剪强度)。

锚固体系通过埋设在地层中的锚杆或锚索，将结构物与地层紧紧地连锁在一起，依靠锚杆或锚索与周围地层的抗剪强度传递结构物的拉力或使地层自身得到加固，以保持结构物和岩土体的稳定。锚固体系的核心部件是锚杆或锚索,它将拉力传递到稳定的岩土层中。锚杆主体通常由钢筋、特制钢管等筋材组成,锚索主体常采用钢绞线或高强度钢丝束等。锚固体系可以充分发挥岩土体的自稳能力,提高岩土体的强度,有效控制变形,是解决公路工程滑坡问题的经济高效的手段。

锚杆与锚索没有本质的区别,从某种意义上来说,锚索也是锚杆的一种,两者只是量的区别,不是质的区别。所有各种锚杆锚索均要求先钻孔,然后才能安装和设置。为了工程应用方便,也经常对它们的不同进行必要的认识,其主要不同点有以下几个方面:

(1)锚杆一般较短,多为 10 m 以内,最长不超过 20 m。锚索一般较长,长度 20~40 m,一般不超过 50 m。

(2)锚杆一般受力小,每根锚杆受力几十千牛至百余千牛,锚索一般受力较大,一组锚索受力可达几百千牛甚至上千千牛。

(3)锚杆的孔径较小,钻孔的费用较小,一般间距较小;锚索的孔径较大,可达到 150 mm 钻孔,费用较大,一般间距较大。

(4)锚杆与锚索的张拉介质不同,锚杆一般以高强度精轧螺纹钢筋为主钢,材料多为钢筋或钢管;锚索的受拉件则一般由钢绞线制作,通常受力较大。

(一)锚杆

锚杆类型主要有预应力与非预应力锚杆(见图 5-4-13、图 5-4-14),对规模较小的岩质滑坡,常采用预应力锚杆(见表 5-4-2)。

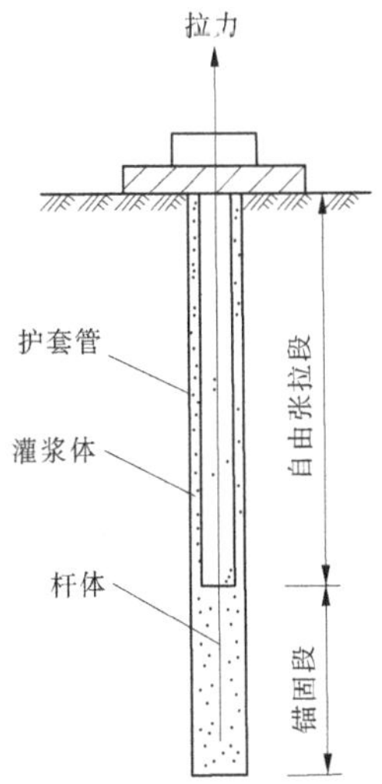

图 5-4-13　**预应力锚杆**

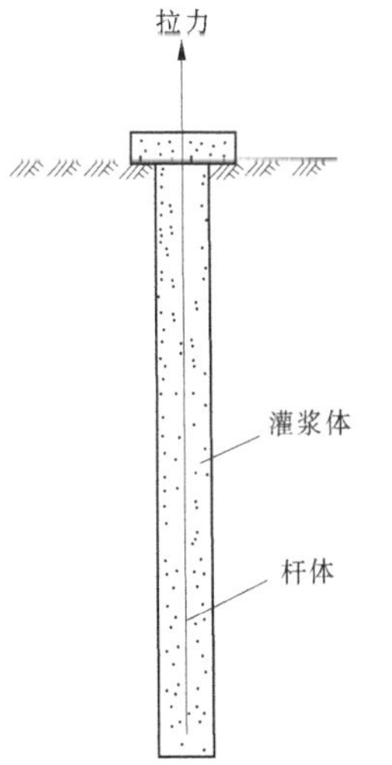

图 5-4-14　**非预应力锚杆**

按受力模式,锚杆可以分为拉力型、压力型、荷载拉力分散型和荷载压力分散型(见图 5-4-15)。传统的拉力型与压力型锚杆均属单孔单一锚固体系。它在一个钻孔中只安装一根独立的锚杆,尽管由多根钢绞线或钢筋构成锚杆杆体,但只有一个统一的自由长段和固定长度。在岩土体中埋设锚杆,由于围绕杆体的灌浆体与岩土体的弹性特征难以协调一致,因此锚杆受荷时,不能将荷载均匀分布在固定长度上,会出现严重的应力集中现象。在多数情况下，随着锚杆上荷载的增大，在荷载传至固定长度最远端之前，在杆体与灌浆体或灌浆体与地层界面上就会发生黏结效应逐渐弱化或脱开的现象，这会大大降低地层强度的利用率，当处于固定长度深部的地层强度被利用的条件下，那么固定段前端的地层已超出其极限强度值，该处锚杆与岩体界面上只具有某些残余强度。此外，目前广泛采用的单孔单一锚固型锚杆均为集中拉力型锚杆，其锚固体在工作时受拉，易开裂，为地下水的渗入提供通路，对防腐极为不利，影响到锚杆的使用寿命。

表 5-4-2　预应力锚杆与非预应力锚杆性质对比

项目	预应力锚杆	非预应力锚杆
构造特征	锚杆由锚头、杆体自由段、杆体锚固段组成，能对地层施加预应力	锚杆杆体全长用灌浆料与地层体固定，不能对地层施加预应力
布置形式	锚杆一般较长，布置较非预应力锚杆稀疏	锚杆一般较短，布置较密集
工作特性	安设后能提供主动抗力，且受拉承载力高	当地层变形后，才能发挥受力作用
传力方式	能将结构物拉力传至深部稳定地层，控制地层变形能力强，能明显地提高地层潜在滑裂面与软弱结构面的抗剪强度	主要起加固地层作用，控制地层变形能力差，依靠筋体自身的强度，被动地抑制滑裂面或软弱结构面的抗剪强度
力学效应	能改善开挖后地层的应力状态，变拉应力状态为压应力状态	不能改善开挖后地层的应力状态

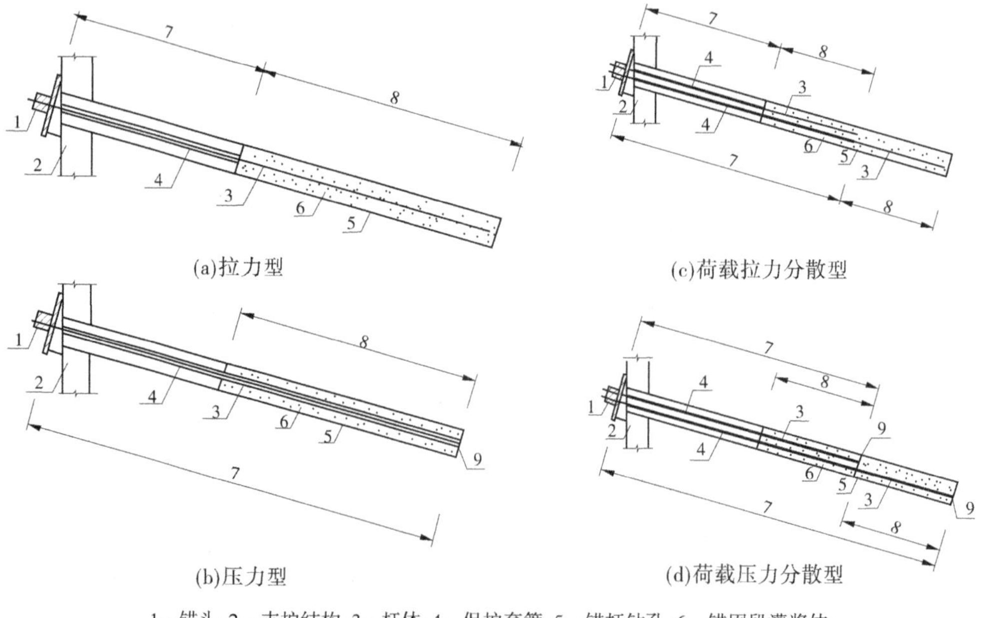

1—锚头；2—支护结构；3—杆体；4—保护套管；5—锚杆钻孔；6—锚固段灌浆体；
7—自由段区；8—锚固段区；9—承载板(体)。

图 5-4-15　锚杆简图

单孔复合锚固体系(SBMA 法)是在同一钻孔中安装几个单元锚杆,而每个单元锚杆均有自己的杆体、自由长度和固定长度,而且承受的荷载也是通过各自的张拉千斤顶施加的,并通过预先的补偿张拉(补偿各单元锚杆在同等荷载下因自由长度不等而引起的位移差)而使所有单元锚杆始终承受相同的荷载。采用单孔复合锚固体系,由于能将集中力分散为若干个较小的力分别作用于长度较小的固定段上,导致固定段上的黏结应力值大大减小且分布也较均匀,能最大限度地调用锚杆整个固定范围内的地层强度。此外,使用这种锚固系统的整个固定长度理论上是没有限制的,锚杆承载力可随固定长度的增加而提高。

若锚杆的固定段位于非均质地层中,则单孔复合锚固体系可合理调整单元锚杆的固定长度,即比较软弱的地层中单元锚杆的固定长度应大于比较坚硬地层中单元锚杆的锚固长度,以使不同地层的强度都能得到充分利用。还应特别提出的是,单孔复合锚固体系可采用全长涂塑的无黏结钢绞线,组成各单元锚杆的杆体。

单孔复合锚固体系(SBMA 法)中最具有实用价值的是压力分散型锚杆,被命名为 KTB 工法,主要用于永久边坡工程。压力分散型锚杆的杆体由油脂、涂塑层及灌浆体构成多层防腐,且灌浆体受压,不易开裂,因而可大大提高锚杆的耐久性。

(二)锚索

锚索外端固定于坡面,另一端固定在滑动面以内的稳定岩体中,通过穿过坡体滑动面的预应力钢绞线锚固连接(见图 5-4-16),直接在滑面上产生抗滑阻力,增大抗滑摩擦阻力,压紧岩体结构面,提高岩体的整体性,改善岩体的力学性能,有效控制岩体的位移,从而达到固坡促稳的作用。锚索对整治顺层边坡、危岩、危石及岩体的工程滑坡效果较好。

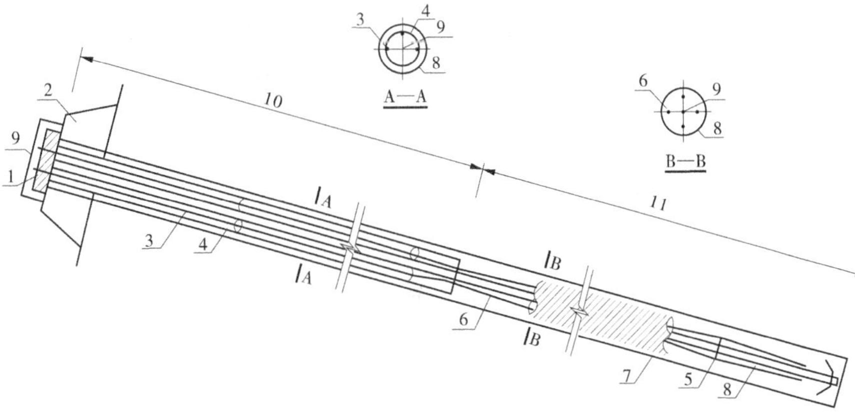

1—锚具;2—垫座;3—涂塑钢绞线;4—光滑套管;5—隔离架;6—无包裹钢绞线;
7—钻孔壁;8—注浆管;9—保护罩;10—自由段区;11—锚固段区。

图 5-4-16　拉力型锚索结构简图

预应力锚索一般用于岩质滑坡加固,不宜单独用于土质滑坡。当用于土质滑坡时,锚固段应置于滑动面以下稳定的岩层中,并宜与抗滑桩等其他抗滑结构共同组成抗滑支挡体系,且应考虑由于土体变形引起的锚索预应力损失。腐蚀性环境中不宜采用预应力锚索,必须采用时,应采取严格的防腐措施。采用预应力锚索加固滑坡时,应根据滑坡地质条件、性质、规模、破坏模式、稳定状况及稳定性计算结论等对锚固方案的合理性、安全性进行技术经济论证。

预应力锚索的锚固形式常根据边坡岩土体类型、工程特征、锚杆承载力大小、锚固材料和长度、施工工艺等条件综合确定。对软质岩、风化岩地层，宜采用压力分散型锚索；对强度较高的硬质岩石地层，可采取拉(压)力集中型锚索。

预应力锚索设计锚固力，是根据滑坡锚固位置确定的滑坡推力设计值，按下式计算确定。

$$P_d = \frac{E}{\sin(\alpha+\beta)\tan\varphi+\cos(\alpha+\beta)}$$

预应力锚索长度不宜大于 50.0 m。单束锚索设计拉力宜为 500~2 500 kN。锚索间距应以设计的锚固力能对地基提供最大张力为标准，一般为 3.0~6.0 m，最小间距不应小于 2.5 m。锚索间距小于 2.5 m 时，应将相邻锚杆的倾角调整至相差 3°以上。锚索与水平面的下俯角不宜大于 45°，一般采用 15°~30°。当抗滑桩上设置多排预应力锚索时，且间距较小时，各排锚索宜采用不同的倾角，以改善锚固段的受力条件。

锚索体截面面积、锚固段长度等可按现行《公路路基设计规范》(JTG D30—2015)的有关规定计算确定。锚索总长度由锚固段长度、自由段长度以及张拉段长度组成，各部分长度可按有关规范计算确定。

(三)新型锚固体系

1. 格构锚固

格构锚固通常是利用浆砌块石、现浇钢筋混凝土梁或预制装配式的预应力格构梁，搭配挂网、喷浆、植被等进行坡面防护，并将下滑力分配于节点处锚索(或锚杆)的一种边坡加固技术。格构锚固分为坡面加固与坡体加固两部分，通过锚索将坡体剩余下滑力传递到下部稳定地层，而上部格构梁用于加固坡面，可有效连接锚索，增强加固区域的整体性。

公路岩质滑坡治理中格构锚固通常采用预应力锚索框架梁的支护结构，它通过对预应力锚索施加的预应力将滑动岩土体与稳定岩体紧密连结为一体，增加岩土体各层面的抗滑力，同时又通过坡面上框架梁将各个锚索有效地连成一个整体，形成一个由表及里的加固体系，进而达到防止整体边坡失稳的目的(见表 5-4-3)。

表 5-4-3　公路坡面结构常用类型及适用条件

结构形式	适用条件	说明
框架(格子)梁	风化严重、地下水丰富、软质岩、土质边坡	多雨地区梁宜做成截流沟式
地梁	软硬岩体相间	
单锚墩	硬质岩、块状或整体性好的岩体	

2. 快速锚固

快速锚固又称自适应深层锚固技术，是利用新型潜孔锤跟管钻具进行快速钻探成孔，同时搭配锚索安装系统的孔内、外装置实现快速下锚，并通过改善注浆外加剂实现快速注浆的改进锚固结构。

3. 注浆锚固

注浆锚固是通过深层注浆形成劈裂，增强锚固结构的抗滑力，形成空间型加固结构，适用于高陡边坡应急处置，目前有效应用于软弱或松散围岩边坡中。

随着干式螺旋钻机、风动型自进式缝管安装机等多用途钻孔及便捷型的安装机械的研制，锚固工程正朝着快速化、轻型化、便捷化的方向迅捷发展。

（四）快速锚固体系技术特点

在岩质滑坡发生的早期，采用快速锚固体系进行治理和干预，往往能起到控制变形的优化处治工程规模的效果。常用的快速锚固技术特点总结如表 5-4-4 所示。

表 5-4-4　快速锚固技术特点汇总

类型	作用原理	适用范围	主要特点
快速锚固	将锚索头尾扩大，在滑体、基岩中分别设置锚固段，于滑面处设置自由段产生预应力	适用于高陡、深层边坡，尤其适用软弱或松散围岩的边坡锚固	机械化高、扰动小，适用高位边坡，地形适应性强
注浆锚固	钢筋笼搭配高压注浆形成劈裂式锚固结构防滑，对滑体有抗滑	适用于浅层残积土边坡、风化碎石边坡或平面分布较广的边坡	
竖向钢花管注浆锚固	钢花管与浆体形成微桩进行抗滑，同时注浆可提高岩土体强度	适用于岩质边坡与浅层坍塌体，及变形范围大的洪积边坡加固	工艺先进、持久可靠，结构轻便，注浆位置可控，适用多破裂面边坡，施工后可恢复绿化
预应力钢花管多级注浆锚杆框架	注浆与锚固机制结合进行抗滑	适用于松散堆积边坡加固或软弱结构带位置未知的边坡加固	

（五）其他要说明的问题

公路工程滑坡锚固工程设计也可从“形、质、水、势、态”五个方面来着手分析。形，就是几何形态，包括坡体的几何形态、岩体的几何形态、结构面的几何形态；质，是坡体组成岩性的物理力学性质；水，指滑坡周界及影响范围内的地表水和地下水的工程条件；势，指前述因素组合下的力学模型和安全系数；态，即是水文地质条件和工程地质条件变化趋势，坡体组成物质的物性变化趋势和坡体位移变化趋势分析，并据此确定边坡破坏类型和模式，然后根据分析判定的破坏模式，选择锚固工程的布设方案。

（1）对于呈现缓倾不连续面的沉积岩或变质岩体，可能出现折线型破坏的边坡，一般采取沿坡面均匀布置预应力锚杆或锚索（见图 5-4-17）。

(2)对于陡倾不连续面的岩质边坡,可考虑主要对坡面做防护设计(见图 5-4-18)。

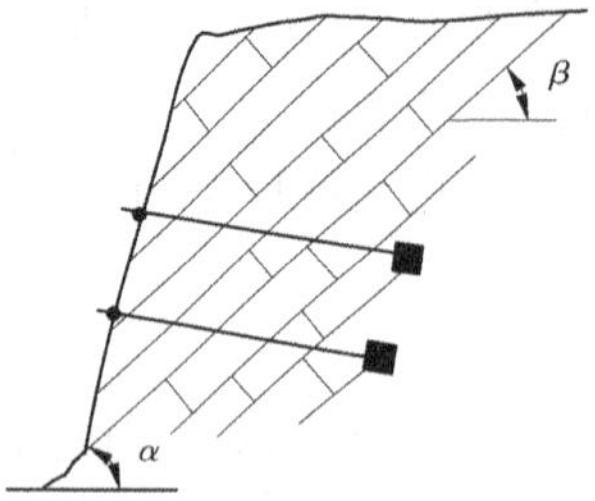

图 5-4-17　缓倾岩体锚固示意图

图 5-4-18　陡倾岩体锚固示意图

(3)对于水平层理岩体(如薄层沉积岩)可能出现圆弧滑动或坡脚出现软弱岩层风化带的岩质边坡,一般在坡脚的应力集中处安设预应力锚杆(见图 5-4-19)。

(4)对于可能出现倾倒破坏的边坡,则宜在边坡的上中部设置预应力锚杆或锚索,且锚杆应向上倾斜,以提高对不连续面的法向作用力,抵抗岩石的倾倒和溃屈破坏(见图 5-4-20)。

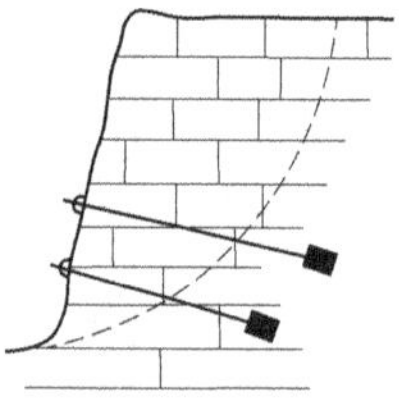

图 5-4-19　水平岩体锚固示意图

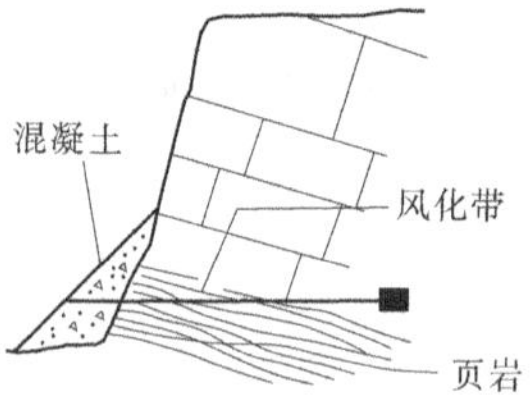

图 5-4-20　倾倒岩体锚固示意图

八、地表水排导工程

对地表水的排导工程为整治滑坡必不可少的对策和措施。地表水排水工程的目的是根据滑坡范围的场地情况,合理布置排水设施,形成完善的排水系统,及时引排地表水。加强地表排水系统的措施,主要包括三个方面:①改善滑坡范围以内的排水系统(整饬自然冲沟的沟道,使其利于径流;整平地表,防止地面积水;使用沟水隔渗措施防止下渗),使流经滑坡的地表水尽快导出滑坡范围之外。②拦截滑坡四周来水,避免地表水流入滑坡范围,从而使滑坡形成冲刷,加重滑体,劣化滑带,减弱抗滑力等。③绿化山坡或夯实坡体表层(坡体表面做隔渗层),并集中引排生产及生活用水并经隔渗设施排走以减少下渗。地表排水工程措施要求达到的标准为维持或恢复原山坡在稳定时的状态,不恶化地质环境条件,并可适当完善整饬。此外,为保证治理措施的耐久性,对于地表水下渗为主要病因的工程滑坡,则应将疏排工程作为根治的主体工程,并应达到一定的质量标准。地表水疏排工程主要包括截水沟、排水沟等。

(一)截水沟

1. 截水沟的类型

截水沟按材质可分为水泥砂浆、浆砌片石、钢筋混凝土、预制件、波纹管截水沟(见

图 5-4-21、图 5-4-22)等。

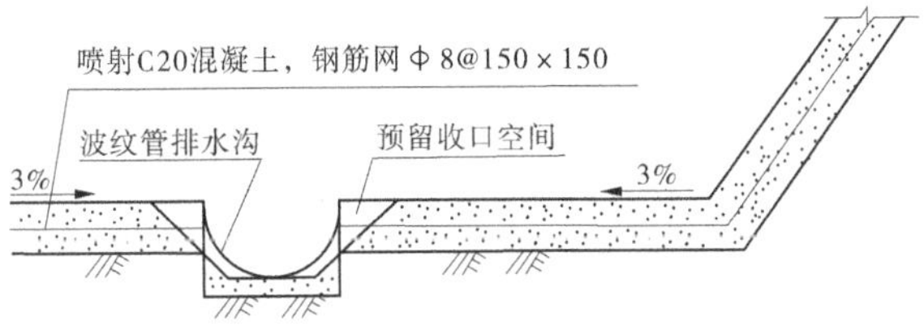

图 5-4-21 波纹管截水沟示意图

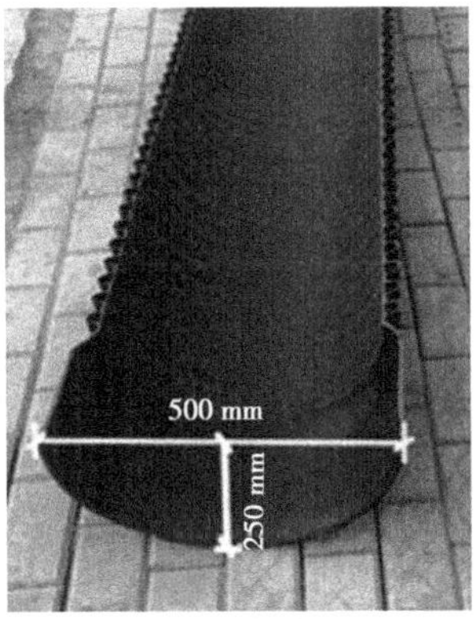

图 5-4-22 波纹管规格

按形状可分为矩形、梯形、复合型、U 形等。

按常规功能和特殊功能还可分为常规截水沟和生态截水沟(见图 5-4-23)等。

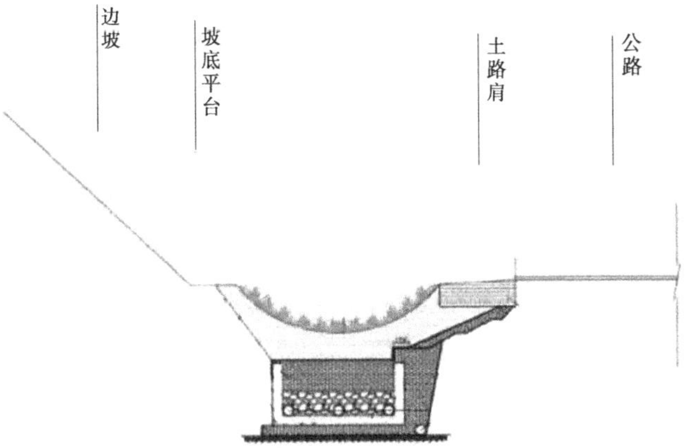

图 5-4-23 生态截水沟示意图

2. 截水沟的布设原则与方法

(1)截水沟的设计原则为截水沟的泄水能力(Q_c)≥设计流量(Q);对应于设计流量的沟内水流速度(v)不小于防淤速度(v_{min})且不大于沟渠的冲刷速度(v_{max})。

(2)在滑坡后缘 5.0 m 以外的稳定地层上设置环形截水沟,软弱层和易渗水的地段,应适当加大距离,并提高防渗要求。

(3)当滑坡范围较大时,在滑坡体范围内宜设置多道环形或树枝状排水沟,滑坡范围内排水沟宜布置在渗透系数变化和地表坡度变化地带。

(4)对滑坡范围泉水出露点应设置集水井汇水,通过排水沟引出滑体之外。当滑坡表层有积水湿地时,可将排水沟上端做成排水渗沟,伸进湿地内,疏排湿地地下水。

(5)截水沟、排水沟断面形式可采用矩形、梯形、复合型、U 形等,断面尺寸根据水文计算确定。

滑坡汇水面积内排水设施所需排泄的设计径流量可按下式计算确定。

$$Q = 16.67\psi q_{p,t}F$$

式中　Q——设计径流量，m^3/s；

$q_{p,t}$——设计重现期和降雨历时内的平均降雨强度，mm/min；

ψ——径流系数；

F——汇水面积，km^2。

(6)截水沟、排水沟的冲刷强度超过土质抗冲刷能力时，应采取浆砌片(块)石、混凝土预制块等防护加固措施。当截水沟、排水沟通过裂缝时，应采取防渗和防裂措施。滑坡范围的地表裂缝应封填夯实，封填前应采用不透水材料覆盖裂缝区域。

(二)排水沟

1. 排水沟的断面尺寸和类型

排水沟的横断面大小视汇集和排泄的水量，经水文计算而定，通常都大于边沟横断面。排水沟的横断面形式应根据地质情况选定，土质地段多为梯形，石质地段多为矩形。底宽与深度不宜小于 0.5 m，土质排水沟的边坡坡度宜为 1∶1～1∶1.5。

2. 排水沟的技术要点

(1)排水沟的线形要求平顺，尽可能采用直线形，转弯处宜做成弧线，其半径不宜小于 10 m。排水沟的长度应根据实际需要而定，通常不宜超过 500 m。

(2)当排水沟沿线路布设时，应离路基尽可能远一些，距路基坡脚不宜小于 3 m。

(三)急流槽

急流槽适用于纵坡大于 10%，水头高差大于 1.0 m 的陡坡地段。由于急流槽具有纵坡陡、水流速度快、冲刷力大的特点，故要求急流槽结构必须稳固耐久，通常采用水泥混凝土预制块或浆砌片石砌筑，并具有相应的防护加固措施，如在急流槽底部常设置防滑平台或凸榫，以防止基底滑动，增加急流槽的稳定性(见图 5-4-24)。

图 5-4-24　急流槽与凸榫

急流槽的纵坡坡度不宜超过 1∶1.5，同时应与天然地面坡度相配合。当急流槽较长时，可用几个纵坡，一般是上段较陡，向下逐渐放缓。

当急流槽很长时，应分段砌筑，每段不宜超过 10 m，接头处用防水材料填塞密实。

急流槽的砌筑应使自然水流与涵洞进、出口之间形成一个过渡段，基础应嵌入地面以下，基底要求砌筑抗滑平台并设置端护墙。路堤急流槽的修筑，应能为水流入排水沟提供一个顺畅通道，路缘石开口及流水进入路边坡急流槽的过渡段应连接圆顺。

河南省典型黄土地区通常坡高沟深，在上边坡设置平台截水沟时需要设置急流槽，将汇集在截水沟中的水排除；在公路路堤段设置拦水带时需要设置急流槽，将拦水带汇集的雨水引排至路堤下排水沟或者自然沟渠中（见图 5-4-25）。

对于坡高沟深的黄土地区，急流槽没有砌筑到自然沟渠沟底时，急流槽尾部对黄土产生冲刷容易造成黄土的坍塌，日积月累坍塌逐渐上延，可造成急流槽槽身大规模水毁。由于黄土的湿陷性，急流槽身某部分产生了裂缝并发生了渗漏，造成湿陷脱空和槽身断裂，在降雨冲刷的作用下，湿陷进一步发展，成为局部的路基塌滑。急流槽与路面边缘是采用不同的材料修筑的，如果处理不当，在急流槽入水簸箕口与路面部分容易产生裂缝，如果裂缝处理不及时会越来越大，在水流入渗和在黄土湿陷的共同作用下，可能造成路基边缘大规模坍塌或部分路基宽度大范围滑移（见图 5-4-26）。

图 5-4-25　急流槽跌水设计

图 5-4-26　急流槽破坏

黄土地区及松散堆积土地区很多急流槽是“边修边坏，越修越坏”，一些实际工程表明，采用 PVC-U 双壁波纹管代替以往的明渠急流槽可以很好地解决传统急流槽破坏严重的问题。管式急流槽（见图 5-4-27）具有如下优点：①轻质高强，其密度仅为水泥混凝土管的 60%，钢管的 20%；②环刚度大，纵向挠曲好；③外壁与周围土体咬合好，整体性好；④水阻力小，泄水能力强；⑤耐腐蚀，维护简单，施工周期短。三门峡地区公路多处采用管式急流槽，经多年实践验证效果良好。

（四）跌水

水流通过坡度大于 10%、水头高度大于 1.0 m 的陡坡地段或特殊陡坎地段时，一般会设置跌水，出水口也应采取消能措施，防止冲刷。

由于纵坡陡、水流速度快、冲刷力大，因此要求跌水的结构必须稳固耐久，通常应采用浆砌块石或混凝土预制块砌筑，并采取相应的防护加固措施。跌水的台阶高度可根据地形、地质等条件确定。多级台阶的各级高度可以不同，一般不应大于 0.6 m，通常是 0.3～

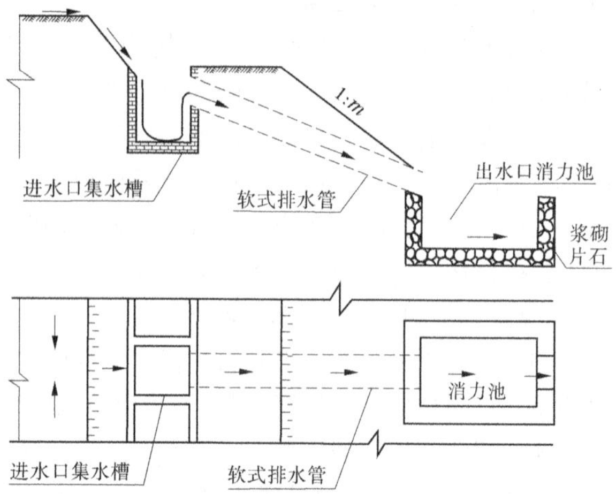

图 5-4-27　管式急流槽示意图

0.4 m,其与长度之比应与原地面的坡度相适应。

当跌水高差在 5.0 m 以内时,宜采用单级跌水;当跌水高差大于 5.0 m 时,宜采用多级跌水。

(五)其他地表排水措施

在滑体表层水泉、湿地发育的地区,特别是浅层滑坡群分布范围,采用小盲沟、导水工程和排水相结合的措施(见图 5-4-28),以及种植根系发育的阔叶草木以疏干表层岩土,常属于加强地表排水系统规划之内,可产生显著的效果。

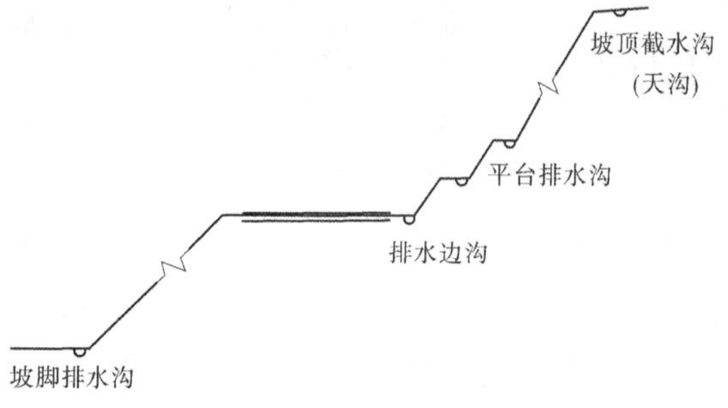

图 5-4-28　综合排水系统示意图

对于豫西相对干旱地区的工程滑坡治理,其坡面可植紫穗槐防护,或裸露边坡,待野生草类和灌木自然生长防护,如连霍高速郑州至洛阳段、洛阳至三门峡段等。

九、地下水疏排工程

当以地下水为滑坡发生和发展的主要影响因素时,排水工程就成为工程滑坡整治的根治因素和主要工程。地下水疏排可分为截水及浅层、深层排水。浅层排水措施主要为盲沟,其深度为数米至数十米,当地下水埋藏达 10~15 m 或更深时,则应对盲沟、地下隧洞及钻孔井降水进行技术经济比较。

绝大部分滑坡的生成均具备地下水侵入滑带或水气软化滑带岩土体的特征，大中型及巨型滑坡尤其明显。滑坡变形发展多数与补给滑带岩土的地下水变动（包括水量、水压、水化学作用）及影响作用有关。具有流动性的滑带补给水，可通过截、排和疏干等方法使地下水隔绝于滑带或降低于滑带之下，达到根治滑坡的目的。

厚层黄土滑坡、厚层黏土滑坡、破碎带滑坡、大中型洪积扇或楔形体内发育的顺层滑坡、软岩（黏土岩、变质岩等）顶面的堆积体滑坡、岩体软弱夹层滑坡、底砾岩层以及层间错动带滑坡等，往往是坡体内具有成层的含水层供水，从而导致滑动带岩土性质劣化，而逐渐发展成大中型滑坡，其规模一般较大，滑床平缓，地下水作用明显。针对该类型的滑坡，截断引起滑动的地下水或阻隔其来源往往是最经济而彻底的根治对策。相对于仅靠增加滑坡前部抗力的抗滑桩、挡墙和锚索等工程为主的治理，可以取得更好的经济效益和治理效果。同时，也可避免工程失误或后期治理工程失效的窘境。

在中、小型滑坡及边坡滑坡（包括大型、厚层滑坡的前部变形）中，往往以土壤中水（或上层滞水）为主要作用因素之一。该类滑坡的治理，常在滑坡前部设置渗沟以疏干边坡岩土，针对水泉、湿地常用小盲沟及引水工程以疏干表层岩土，同时会在坡面种植紫穗槐等灌木加大蒸发量等辅助疏干地下水。需要注意的是，当滑坡前部无刚性构筑物支挡时，各种渗沟、小盲沟、引水工程等均可能因土体松软变形失效或无法充分发挥作用。因此，采用山坡支撑切沟、在滑坡前部设置支撑渗沟时，在渗沟前端（临空一侧）设置小抗滑挡墙，可起到联合保障疏干和阻滑的作用。挡墙过长或不宜连续布设时，也可间断布置或成支垛状。破碎岩体滑坡往往结合各类护坡或框架锚杆与预应力锚索的抗滑体系，在前部潮湿渗水部位设置仰斜排水孔群以疏干前部滑体以稳定滑坡。

公路工程滑坡往往事发突然，但要查清滑带补给水源和地下水动态往往需要一定时间的勘察、监测和水文试验等，为了及时稳定滑坡，往往先进行可延缓滑动的抢险工程措施，以避免滑坡大的滑动破坏，而后依据永临结合实施根治对策。由于水文地质条件勘察技术性强，而有关参数获取不易，如何取得准确可靠的水文地质资料成为决定地下水处治成败的重要因素，又由于地下水治理工程施工困难、造价昂贵，因而有必要采取一定的动态设计措施和施工管理方法。

地下水疏排工程包括三种类型，一类是拦截地下水的措施，一类是疏排滑坡内地下水的措施，一类是降低地下水至滑带以下的措施。

（一）拦截地下水的措施

1. 盲沟

对于存在较浅的含水层向滑坡体传输地下水的情况，采用盲沟的方式对地下水进行拦截是较为经济高效的处治措施。盲沟一般布置于滑坡的后缘或侧缘，其中线方向大致横截地下水流方向，盲沟设置时应避免滑坡移动将盲沟剪断与破坏，从而导致地下水集中灌注滑带对滑坡产生不利影响。

盲沟通常为矩形或梯形，在盲沟的底部和中部常用粒径较大的碎石或卵石（粒径 30~50 cm）填筑，在碎石或卵石的两侧和上部，按一定比例分层（层厚约 150 mm）填较细颗粒的粒料（中砂、粗砂、砾石）作反滤层；逐层的比例按 4∶1递减。砾石料颗粒粒径小于 0.5 mm 的含量不应大于 5%。也可利用土工合成材料包裹有孔的硬塑料管，管四周填以大于硬塑料管孔径的等粒径碎、砾石，组成盲沟。在盲沟顶部用双层反铺草皮或其他材料（如土工合成的防渗材料）铺成封闭层，并在其上夯填厚度不小于 0.5 m 的黏土防水层。

盲沟的埋置深度应满足渗水材料的顶部（封闭层以下）不得低于原地下水位的要求。当排除层间水时，盲沟顶部应埋于最下面的不透水层上。

当采用土工织物作反滤层时，应先在底部及两侧沟壁铺好就位，并预留顶部覆盖所需的土工织物，拉直平顺紧贴下垫层；所有纵向横向的搭接缝应交替错开，搭接埋深不小于 300 mm。盲沟布设见图 5-4-29 和图 5-4-30。

盲沟只宜用于渗流不大的地段，且纵坡不应小于 1%，出水口底面标高应高出沟外最高水位 0.2 m。

盲沟深度一般小于 5 m，尤其深度超过 10 m 时，施工机械难以施工，工程规模和费用较大，经济性差，一般宜设置盲洞拦截。

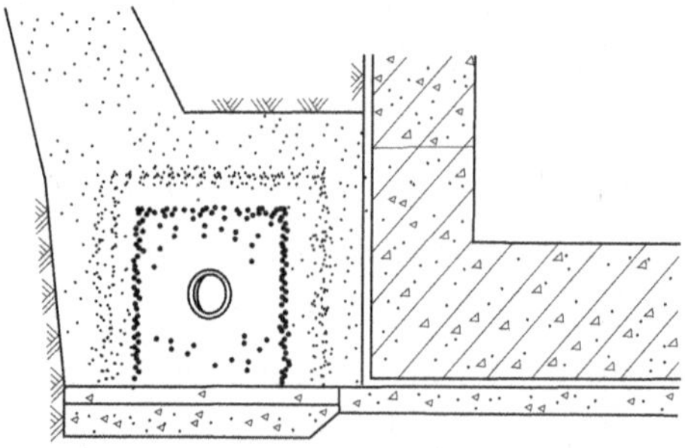

图 5-4-29　贴墙盲沟示意图

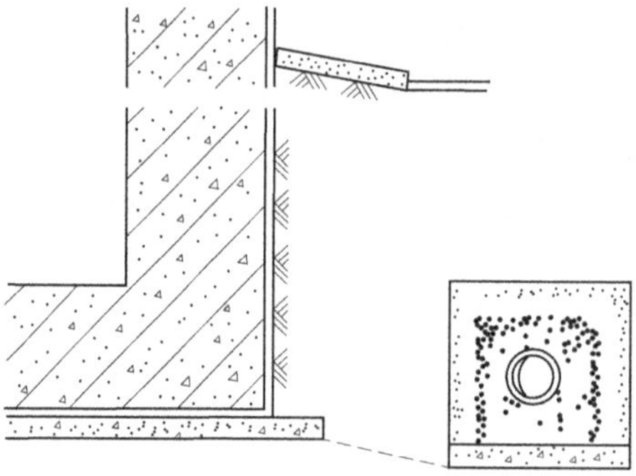

图 5-4-30　离墙盲沟示意图

2. 切沟

当滑坡范围较大或浅层地下水补给地层较多时，通过有利位置设置切沟拦截各层补充滑坡的地下水往往效果良好，且工程费用较为经济。

对于黄土路堑地区，台塬上村庄密集，常常设置天桥等构筑物，通过设置切沟尽早把地下水疏排出坡体，对天桥桥台桩基稳定性往往能起到积极的作用，避免工程滑坡的发生（见图 5-4-31）。

工程滑坡有时也用支撑切沟工程措施。支撑切沟沿滑动方向布置，按潮湿岩土的渗

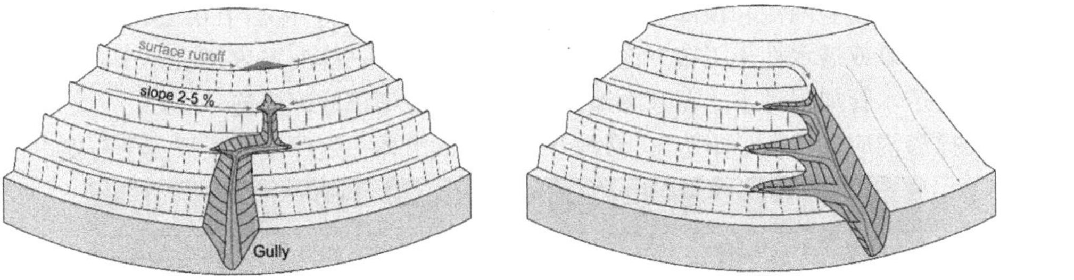

图 5-4-31　切沟示意图

透能力布置各条切沟的间距、长短，其深度要深入至滑带以下稳定滑床内，并根据滑坡推力的需要和被疏干岩土可能产生的抗力设计每条沟的宽度与长度。相对而言，渗沟只产生疏干斜坡表层湿土的作用，故只按疏干的硬壳能维持正常坡率为目的。一般根据表层岩土的渗透能力，垂直斜坡表面作间隔分设(一般深 2~4 m、宽 2 m，间隔 6~12 m 一条)，但其底不必埋至滑面以下。一般渗沟内填砂砾石、碎石防止其在自重下产生滑落破坏即可，而切沟需填筑片石。

3. 盲洞

地下含水层深度较深(深度大于 12 m)时，盲沟施工困难、支撑不密贴易引起两侧土体向沟内坍塌，且造价昂贵，因而宜设置盲洞疏排地下水。对仅需截排一层滑带水的盲洞，其顶部宜尽量接近含水层，用挑顶等办法使滑带水沿洞顶渗水层流至洞内衬砌部分；为防止滑体移动时破坏盲沟构造，盲洞衬砌部分须置于滑带之下，且在滑体移动时不被破坏的位置。对于滑体内需截排多层地下水，或滑床顶层的岩土十分潮湿、软弱破碎(坑道施工特别困难)的情况，可将隧洞置于滑床内较完整的岩土内，沿洞顶中线每隔 5~10 m 用钻机向上垂直钻孔形成渗管，使滑体内各层地下水能大部分渗至隧洞内排走。为了增多滑带水的渗入，以达到截断大部分滑带补给地下水的目的，有时也从盲洞内向上或向山坡做仰斜钻孔。

(二)疏排滑体内地下水的措施

1. 支撑渗沟

对于无明显含水层或受多层裂隙水补给的滑坡体，尤其是滑坡的前部为厚层饱水膨胀性土或含膨胀土矿物较多的松散堆积层时，地下水疏排不畅的滑坡体或潜在工程滑坡体，采用支撑渗沟疏干一定体积的岩土，并挤实支撑渗沟两侧岩土以增加阻滑抗力，也是非常高效的处治措施。在南阳、信阳等多雨、湿热地区的公路工程滑坡治理中以支撑渗沟为主的整治措施取得了良好的治理效果。

地下排水支撑渗沟可用于滑动带埋深小于 5.0 m 的地段。支撑渗沟宜顺滑坡滑动方向平行布置在滑坡表层有积水的湿地或地下水露头处(见图 5-4-32)。支撑渗沟基础需置于滑动带以下的稳定地层内 0.5 m 以上，寒冷地区置于最大冻深线以下 0.25 m，或对基底换填非冻胀性土质。当滑动面坡度较大时，基底一般设置成台阶状，台阶宽度宜为 2.0~3.0 m，台阶向外倾斜坡度宜为 2%~4%。支撑渗沟断面宽度宜为 2.0~4.0 m，横向间距应根据土质情况和渗水量确定，黏性土地段，间距宜为 6.0~8.0 m；碎、块石土地段，间距宜为 8.0~10.0 m。支撑渗沟内部充填料宜为干砌片石，也可采用块石、碎石、卵石等渗水性材料。沟壁两侧和顶部应设置反滤层,反滤层厚度不宜小于 0. 25 m,反滤层可采用透水性砂砾或透水性土工布。沟底部可采用浆砌片石铺砌,厚度不宜小于 0. 3 m,必要时可设置透水管加强排水。在寒冷地区,渗沟出口应考虑防冻措施。

支撑渗沟应选择在旱季施工,渗沟开挖应嵌入滑体一定深度而发挥疏干与支撑作用。

图 5-4-32　支撑渗沟照片

2. 仰斜式排水孔

仰斜式排水孔可用于疏排滑坡内的地下水,其长度应伸入含水层、地下水富集部位或潜在滑动带,并宜根据滑坡地下水情况成群布置。仰斜式排水孔仰角不宜小于 6°,含水层粉细砂颗粒较多时不宜大于 15°。排水孔钻孔直径宜为 75~150 mm,孔内应设置透水管。透水管直径宜为 50~100 mm,可选用软式透水管或带孔的塑料管等材料。透水管应外包透水土工布作为反滤层。仰斜式排水孔构造示意见图 5-4-33~图 5-4-35。

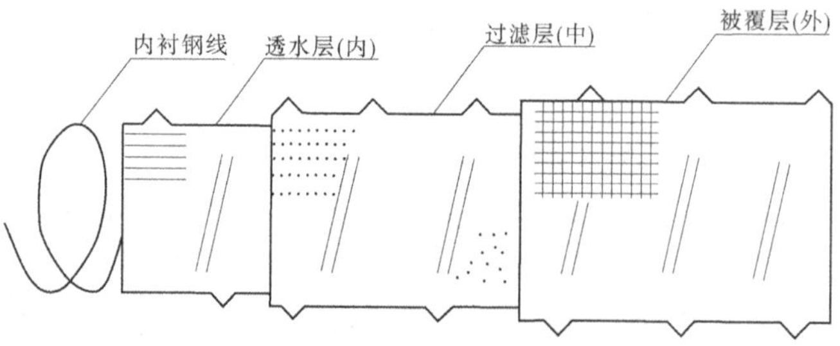

图 5-4-33　软式排水管构造示意图

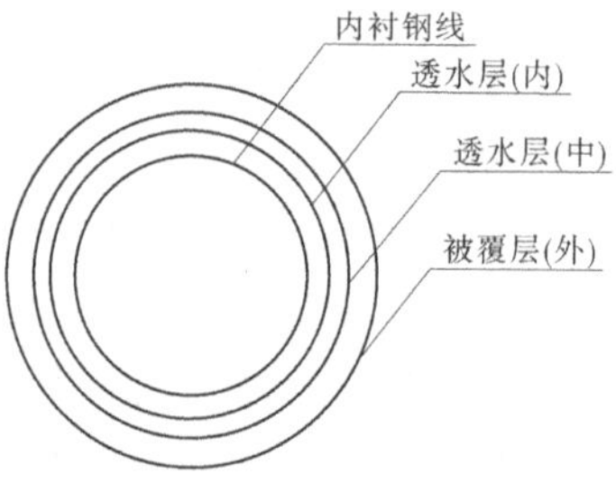

图 5-4-34　软式排水管剖面示意图

在豫西山区项目多采用框架锚杆或锚索护坡,结合仰斜钻孔群以疏干滑坡前部的岩土。仰斜孔群虽有疏干效果,但整体上不如支撑渗沟明显,且经若干年后(一般 2~5 年)

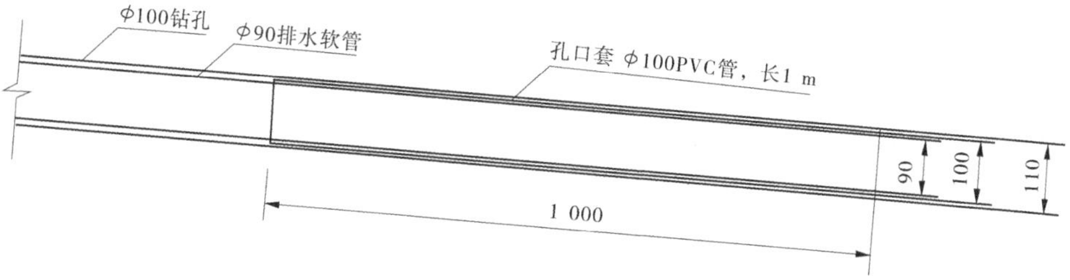

图 5-4-35　仰斜式排水孔孔口处理示意图　（单位：mm）

排水孔多有堵塞或失效的情况，需清理钻孔或补充仰斜式排水孔以恢复功能。

3. 排水隧洞

排水隧洞可用于引排滑坡内的深层地下水，对于滑坡中部及后部存在储水构造或富水带，或滑床有承压水出水点向滑带不断供给地下水的情况，采用排水隧洞为主的排渗网络，能及时对各个储水带进行疏排，是经济有效且耐久性好的疏排地下水的工程措施。

排水隧洞四周一般设置若干渗井、渗管或仰斜排水孔，将滑动面以上的含水层地下水引入洞内。排水隧洞以下存在承压含水层时，宜在洞底部设置竖向排水孔。排水隧洞的埋设深度应根据主要含水层的埋藏深度确定，并应设置在稳定地层内，顶部设在滑动面（带）以下深度不宜小于 2.0~3.0 m。洞底排水纵坡不宜小于 1%；当纵坡较大时，应设置台阶跌水消能。隧洞平面轴线宜顺直，拦截坡体后部深层地下水及降低滑坡体内地下水位的横向排水隧洞应置于滑坡后缘滑动面以下，与地下水流向基本垂直，纵向排水疏干隧洞可置于滑坡体（或老滑坡）内，两侧设置与地下水流向基本垂直的分支截水隧洞和仰斜排水孔。隧洞最小断面尺寸应满足施工要求，隧洞横断面净高不宜小于 1.8 m，净宽不宜小于 1.2 m。排水隧洞在直线段每隔一定距离及平面转变、纵坡变坡处，宜设置检查井。集水井根据地下水分布状况设置，集水井之间可设置横向排水通道，将地下水引入排水隧洞（见图 5-4-36、图 5-4-37）。

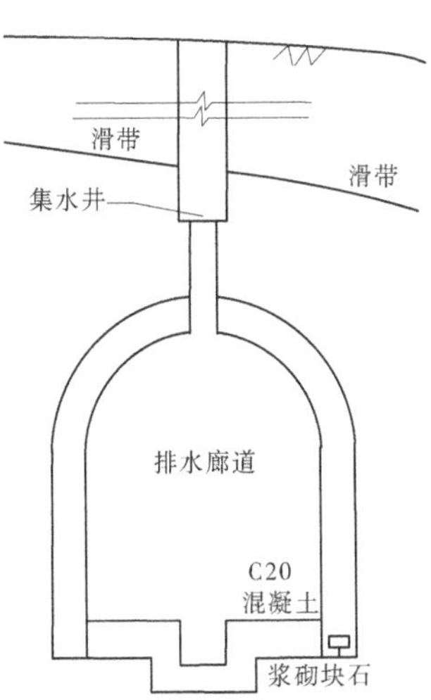

图 5-4-36　排水隧洞示意图

图 5-4-37　排水隧洞

4. 集水井

集水井是滑坡体中用以汇集和存蓄地下水或者渗漏水的水井。一般形式为在滑体中布置数个立井,于井内向山坡各含水带钻扇形疏干孔群使之流入立井(集水井),再用平孔将各集水井之水导出滑坡以外排走。需要注意的是,当扇形疏干孔群的数量较少时,则作用有限。在裂隙水条件下往往孔位间距差 2 m 即难以有效导引出该股地下水。在含水范围的滑带下设立盲洞网络,在盲洞顶上布置渗井及立井群(结合渗管),可利用地面至盲洞间的各个井之空气流通而疏干滑体内地下水。

(三)降低地下水位至滑带以下的措施

公路工程修建、耕地种植、矿坑回填等人类活动往往会对小区域的地下水补给来源、径流通道及排泄方式等水文地质条件产生影响,或发生根本性变化。如黄土地区由于人类耕种而致地下水位抬升,从而诱发滑坡的案例屡见不鲜,国内黑方台滑坡群的发生和发展即为典型事例。又如豫西铝土矿等开采产生的大量簸箕状矿坑,由于后期开发利用回填后地下水导排不利而产生地下水位抬升或上层滞水汇集的工程滑坡也有发生记载。在公路项目中,半填半挖路基挖方一侧边坡由于排水设施不完善,冲蚀浸泡路基填料或下卧土层,也会引起滞水水位抬升从而产生路基裂缝病害,最终发展成局部或整体路基滑移的工程滑坡破坏。

对于红层等存在多层遇水软化的黏土岩或泥质砂岩的地质结构坡体,当存在顺倾层理或劈理时,地下水补给来源常不限于开挖坡体,甚至来源于山体另一侧岩体出露部分,公路边坡开挖或滑坡形成常存在承压水的影响,该类滑(边)坡在雨季后期坡体内含水层的承压水面可达地表附近,仅采用钻孔抗滑桩,往往随着后期地下水活动、软化范围的扩大,导致滑坡规模扩大和前期抗滑工程失效。通过修筑排水隧洞在内的综合排水系统使承压下及时疏排,降低水压,并降低地下水位至滑带或潜在滑带以下可有效控制坡体稳定。豫西黄土地区,常由于多层上层滞水的影响而形成公路工程滑坡,采用集水井群及自动抽水设备组成的疏排网络也可达到降低地下水位的目的,从而根治滑坡。需要注意的是,由于自动抽水设备管理成本大,后期需养护和维修,采用排水隧洞前期投入大但运维成本低,不会面临年久失效需另行整治的情况。

(四)综合排水系统

由于各个场地水文地质条件复杂,导致工程滑坡的地下水系统有时也非一种类型,采取单一的工程措施未必能完全达到效果,这样就要求采用综合的地下水疏排系统工程。如通过加深滑坡外围的截水沟切断地表水补给的同时,在截水沟下再行设置盲沟以切断岩土中地下水的补给来源,可以很好地治理同一补给水层的浅层滑坡或滑坡群。

降低地下水位盲沟示意图如图 5-4-38 所示。

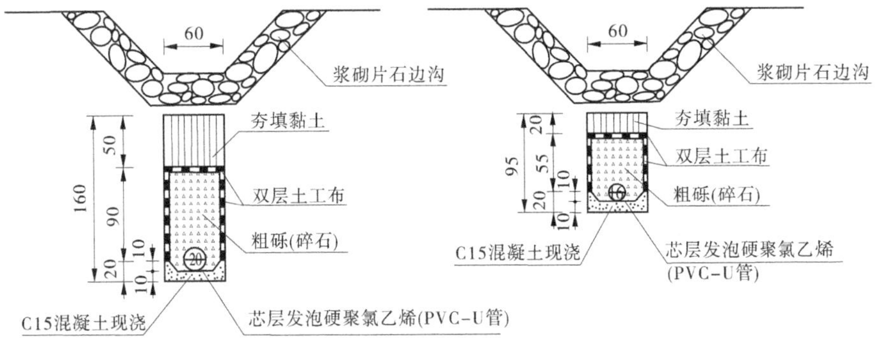

图 5-4-38 降低地下水位盲沟示意图

第五节 工程滑坡的监测、预测与预警

工程滑坡的监测、预测和预警是滑坡防治工作中重要的一环,一般贯穿于公路滑坡防治的全过程。在工程滑坡被识别后,即应提出一些简易观测和单项观测,以决定是否采取一定的措施。在工程滑坡的防治的勘察设计过程中常按需要对滑坡进行以精密仪器观测为主的全面监测,并结合简易观测来查明滑坡规模、种类、性质等。在施工期间为保证不发生突然的滑坡局部或整体大滑动破坏,应按实际情况进行滑坡的监测、预报和报警工作,以便当发生变动至某种程度时,可及时考虑后续工程与采取一定的防治措施。

近年来,随着科技的迅猛发展,滑坡的监测预警已成为滑坡防治的重要手段,但在实际运用中,不少相关从业人员对滑坡监测、预测和预警等方面也还存在着一定的误区,甚至是错误的认识。大量实践表明,滑坡监测应突出目的性、针对性和实用性,且并不是监测点和监测手段越多就越有效,监测方案的设计和实施内容都应为滑坡预测预警提供依据。多数滑坡的发生具有一定的突然性,采用具自动数据采集和分析控制采集分析的监测设备可以获取滑坡全过程数据,可以更好地预测和报警临滑阶段。监测不是为了监测而监测,要根据滑坡类型、模式、控制因素、诱发条件等,以预警为目的,加强系统的研究和分析工作。目前常用的阈值预警方法误报、漏报率较高,应将预警的重心转移到滑坡易发地区和易滑地层系统分类基础上的历史数据的统计分析,和报警指示指标的分析与筛选,提高滑坡预警的准确性和实用性。

一、工程滑坡的监测

对于公路项目有一定影响的工程滑坡,一般在施工图设计阶段进行监测规划和方案设计。在滑坡处治工程实施过程中,通过工程监测,可以进一步对地质调查、测绘和勘探中的某些判断进行核对、补充和完善。工程监测可以辅助查明滑坡周界的变化及其发展过程;监控滑坡滑动的稳定阶段及其历程;监测滑坡滑动带的层数及每层活动的情况;监测滑坡条、块的划分及各条块的活动情况;校核滑坡的主轴位置及各部分滑动的方向;监测滑坡内牵引力、主滑和抗滑地段的划分及其变化;提供滑坡滑动与各种作用因素的关系,特别是要在不同季节与滑动不同阶段中找出滑动主因的变化及其作用大小;提供滑坡空间范围的预测和滑坡发生时间的预报两者的依据;监控滑坡安全施工;监测滑坡防治工程措施的处治效果;指导施工和优化调整处治设计等。同时,在监测实施过程中,也根据滑坡的发生和发展情况,对滑坡监测内容、方法和手段进行实时的调整和补充。

(一)工程滑坡监测的必要性

由于工程滑坡多由工程建设诱发,且常采用大量工程措施对滑坡进行处治,其特性与自然形成的滑坡体有所区别。自然形成滑坡的监测技术手段在工程滑坡防治的监测工作中不一定完全适用。有关规范与规程中也缺少对监测设备、监测方法等的具体规定,也没有针对不同滑坡类型给出评价指标、评价模型和风险等级标准,公路工程滑坡监测工作理论基础与工作内容和方法等仍处于不断发展进步过程中,开展针对公路工程滑坡监测、预测及预警的进一步技术工作和研究工作是非常有必要的,这也需要大量的工程实测数据进行支撑。因此,工程滑坡监测工作是公路工程滑坡分析研究与治理的重要工作内容之一,也是当今滑坡研究的热点之一。

(二)工程滑坡监测的阶段

滑坡监测可分为施工安全监测、防治效果监测和运营长期监测。根据滑坡防治对象的安全等级和规模,可以按表 5-5-1 选择和确定工程滑坡防治监测阶段。

表 5-5-1 滑坡监测阶段的适用范围

滑坡防治工程的安全等级和规模		滑坡监测		
		施工安全监测	防治效果监测	运营期长期监测
Ⅰ级	巨型规模	√	√	√
	大型规模	√	√	△
	小型、中型规模	√	△	○
Ⅱ级		√	△	○
Ⅲ级		√	○	×

注:√—应做;△—宜做;○—视情况选做;×—可不做。

(三)监测方式

滑坡的监测方式可分为在线监测和人工监测两类。在线监测主要对布设于滑坡体上和处治结构物上的监测点进行连续监测,对初级数据处理得到能够反映各项检测指标的直接物理量,以反映滑坡的变形规律及变形趋势,为滑坡的预警提供数据支持。人工监测主要是根据设定的监测周期由监测人员在现场对滑坡的监测指标采用监测设备进行定期监测。在线监测数据由系统自动采集、处理、分析。人工监测的数据由监测人员或仪器设备及时输入工程滑坡管理及监测系统,进行分析处理。滑坡监测技术的选用必须建立在详细的地质研究的基础上,对于有地质勘查报告的滑坡,可以直接引用地质勘查报告的成果,对于没有地质勘查的报告或者地质勘查报告资料不全的,需要通过检测手段来获取必需的技术资料。

工程滑坡的监测建议按照稳定性系数 K 来确定监测的方式和频度:

当 $K<0.95$，应调短间隔周期，重点跟踪监测；

当 $0.95<K\leqslant1.05$ 时，应结合外部条件，加强控制监测；

当 $1.05<K\leqslant1.25$ 时，可优化间隔周期，进行定期巡查和监测；

当 $K>1.25$ 时，可仅进行长期监测项目。

公路工程滑坡监测技术的选用要综合考虑滑坡的分类、稳定性、规模、地质条件、外部环境、经费保障等条件，遵循以下基本原则：

(1)在线监测、人工监测相结合，方案安全可靠、经济有效、可实施性强。

(2)设备的选用要与监测指标和其具体技术要求相适应，统筹考虑精确度、可靠度和耐用性。

(3)滑坡监测应根据滑坡防治工程安全等级和监测阶段，结合滑坡体分布范围、地形地貌特征、性质、破坏模式、变形情况、稳定状态及主体防治工程类型等建立监测网。滑坡影响区内有桥梁、隧道、高压输电塔等重要构筑物及村庄和学校时，必须建立监测网。应选择重点监测部位、敏感监测参数，合理布置监测网。

(4)变形初期阶段可适当延长监测周期，变形加速阶段和特殊情况下应缩短监测周期。

(5)既注重整体性稳定监测，也要关注局部稳定性。

综合以上因素，对于滑坡存在较大安全隐患的($K<0.95$)、监测经费有保障且监测范围位于高速公路管理范围内能够保证设备安全的，建议采用自动化设备在线监测。对于滑坡存在安全隐患($0.95<K\leqslant1.05$)的，基于经济性目的，可采用定期人工监测或者采用定期人工监测及主要敏感指标及重要测点在线监测的方式，以更全面地掌握滑坡体的动向。

(四)监测内容和监测方法

监测内容主要包括五大类，分别是地表位移、深部位移、地下水动态、支挡结构物位移和预应力锚索应力、位移，根据滑坡安全等级和监测阶段可按表 5-5-2 选取。

表 5-5-2　滑坡监测内容

监测阶段	滑坡防治安全等级	监测内容				
		地表位移	深部位移	地下水动态	支挡结构物位移	预应力锚索应力、位移
施工安全监测	Ⅰ级	√	√	√	√	√
	Ⅱ级	√	√	√	△	△
	Ⅲ级	√	×	○	○	○
防治效果监测	Ⅰ级	√	√	√	√	√
	Ⅱ级	√	△	△	△	△
	Ⅲ级	√	×	×	×	×

续表 5-5-2

监测阶段	滑坡防治安全等级	监测内容				
		地表位移	深部位移	地下水动态	支挡结构物位移	预应力锚索应力、位移
运营长期监测	Ⅰ级	√	√	√	√	√
	Ⅱ级	√	△	○	○	△
	Ⅲ级	×	×	×	×	×

注:√—应做;△—宜做;○—视情况选做;×—可不做。

除此以外,对于工程滑坡体的定期巡查也是必不可少的工作,它可以及时掌握滑坡出现的裂缝、结构物的变位、变形、局部损坏等。除了人工定期巡查,可通过布设于滑坡体或周边制高点上的全方位高清摄像头,对滑坡体外观进行实时巡查,及时发现滑坡体的宏观变化情况,减轻人工巡查的负担,并可对监测点及设备进行看护。可视化巡查的监测设备采用成熟监控产品,一般安置于滑坡体的中央,设置可360°旋转云台实现滑坡体的全覆盖监控。可视化巡查需要考虑网络传输速率,一般3G网络传输速率可以基本满足要求,在正常情况下,可以定时(如20 min)传递静态图片,特殊情况可人工控制实施连续影像巡视。

1. 地表及支挡结构物位移监测

根据滑坡体的实际情况,地表位移主要监测指标为水平位移、垂直位移和地表倾角变化。地表位移测点布设于滑坡体地形地貌特征点或者构造物上(抗滑桩、挡墙、锚索框架梁等),布设原则宜覆盖危险部位。地表位移测点应组成纵横网络,以便于综合反映滑坡体的地表变形。监测主要采用设备的适用情况如下:

(1)BDS和GPS设备。BDS(北斗)和GPS在线实时监测的优点是可以在线监测地表的实施变化情况,受地表植被影响小,一次性后期监测费用低;缺点是精度较差,一次性投入费用高,安装复杂,易被破坏,经济效益比差,不适用变形较小和规模较小的公路工程滑坡。

(2)激光测距类地表位移测量设备。利用激光测距原理测试各测点的综合位移(测点与测试设备之间距离)情况,综合成本适中;设备通过线杆架高,安全性有保证,能及时发现位移变化。缺点是,测值仅能反映测点与测试设备之间距离变化的综合反映,能及时发现变形,但不能分解给出滑动方向、水平面内变位和垂直变位分解,可定性不能精确定量。

(3)自动型全站仪。测量设备一次性投入较贵。由于公路工程滑坡一般规模不大,该方式更适用于批量且植被覆盖少滑坡的定期监测。每次工作量小,使用方便,也适用于对部分定性地表位移在线监测结果临时加测或者复核。

(4)拉线位移监测。首次安装费用较高,工程量较大,可实现自动在线监测,但受温度和外部环境影响较大,精度不高;若埋设在地面以下可解决环境影响问题,但整体性出故障难修复。适用于坡度比较平缓的滑坡或者更适合于局部出现裂缝部位的在线监测。

(5)地表和结构物倾斜监测。测试地表和结构物倾角变化,比较灵敏,可以反映滑动角度。对于有稳定滑动面的反应比较灵敏,对整体平移的滑坡不敏感,结合滑动面监测数据可整体判定滑坡的运动方向和角度,比较适用公路工程滑坡的定性监测,能及时捕捉微小的倾角变化。由于地表变形存在局部不稳定情况，地表变形个别测点不能完全反映实际的边坡整体性变形情况，需要设置测点尽量覆盖滑坡体或者布设应有代表性。

（6）综合自动化遥测。采用自动化程度高的远距离遥控监测系统或空间技术卫星遥测，自动采集、存储、打印和显示滑坡变形监测数据，并绘制出各种变化曲线、图表。其具有监测内容丰富、自动化程度高、可全天候观测，并远距离传输、省时省力的特点。缺点是受外界因素干扰，传感器、仪器易出故障，长期稳定性差。适用于滑坡变形处于速变及临滑状态时的中、短期监测及防治施工期安全监测。如 GNSS 监测系统已在豫西公路工程滑坡监测中得以应用（见图 5-5-1、图 5-5-2）。

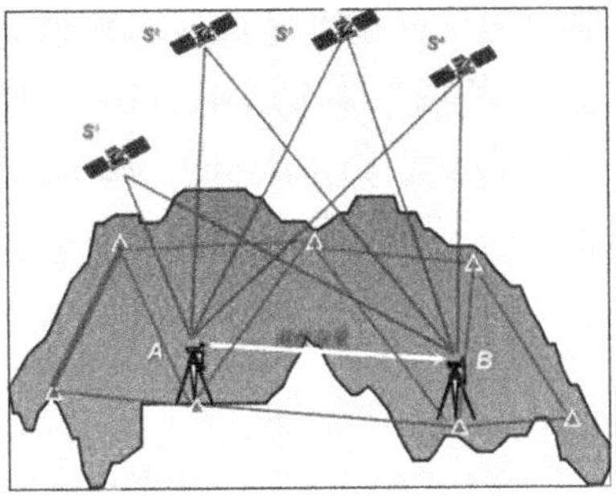

图 5-5-1　GNSS 监测原理

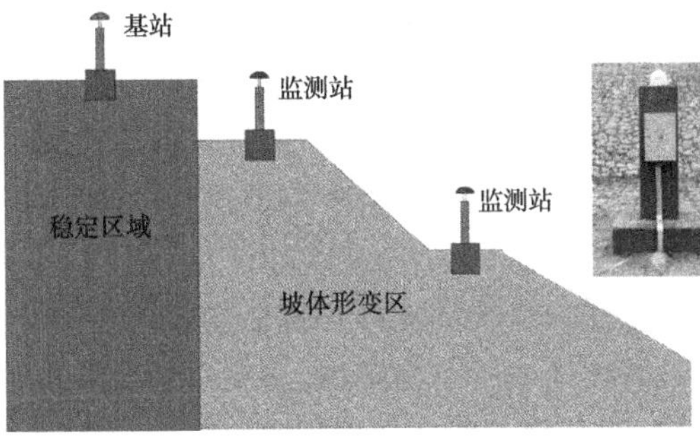

图 5-5-2　GNSS 监测断面

2. 深部位移监测

（1）钻孔测斜仪。钻孔测斜仪为人工定期测量的方式，设备投入不贵，精度较高。能准确判定滑动面位置和位移大小。可作为在线监测系统补充，适用于各种工程滑坡。

（2）固定式测斜仪。前期投入高，一次性安装，实现在线监测，后期监测成本低。如果后期出现异常，可通过人工钻孔测斜仪进行复核。

（3）TDR 设备。时域反射法（TDR）是山体滑坡监测的重要技术，具有安全、方便、远程及数字化等优点。常采用钻孔埋入同轴电缆作为传感器，当电缆发生剪切变形时，其特性阻抗发生变化，用电缆测试仪测试埋入电缆的反射信号得到反射点，也就是滑移面位置。TDR 监测技术手段可实现在线监测。钻孔布线能及时准确地发现滑动并判定滑动面位置，但对于位移大小和方向不能定量。它定性不定量的特点，决定了它更适合与人工钻孔测斜仪联合使用，同时地表水平布线也可以准确发现滑动边界。

3. 降水量和地下水动态监测

对于降雨和地下水可能引起变形导致稳定性变化的滑坡，应开展降雨和地下水监测。降水量监测通过布设于滑坡体上的翻斗式雨量计，对降雨量等进行监测。利用测斜孔位外侧埋设地下水位计进行地下水位监测。对于一些水位埋深大的黄土滑坡，也可对地下水位以上土体采用水分计监测。也可以布设孔隙水压力计，通过监测孔隙水水压力计测量结果推算出土体中有效应力。孔隙水压力计一般埋置在理论滑动面的上部、中部和下部。

地下水动态规律的长期监测，可提供地下水运动与滑坡稳定性的关系，并可检验排水工程的效果。这项工作可与滑坡变形监测同时进行。可在滑坡区内的钻孔、泉、试坑、隧洞、平孔、水沟等处进行观测。监测项目包括水位、涌水量、水温、气温及化学成分五项。为了更正确地研究地下水的动态规律，应了解当地的有关气象、降雨、气温等状况，必要时应在滑坡区内设气象观测站。观测周期可从滑坡勘测开始到滑坡稳定为止。一般旱季每月观测 1 次,雨季每月不应少于 2 次。降雨后应加密观测,每隔 3~5 d 观测 1 次。同时,应注意观测受到排水工程进展影响的井、泉等。水位观测采用测水钟或自记水位计量测,每次水位测量时应连续进行 3 次,取读数接近的两次水位的平均值作为正式记录,测量精度为 1 cm。涌水量的观测只在涌水钻孔、泉、平孔和隧洞中进行,常采用设堰观测法。涌水量不大时,也可以用容积法。在进行泉水观测时,应注意出水位置的改变、堵塞、复活、混浊和挟带物等情况。对滑坡可能供水的自然沟也应进行观测。分段设置固定观测点,用三角堰测流量。每个沟应在同一时间内自下而上一次量测。在钻孔中使用缓变温度计测量水温,需在水下放置半小时后再取出读数。在泉水中用普通温度计插入出水口处测量,经 5 min 后读数,并同时测量气温。水化学成分化验,一年内按季节取 4~6 次样,例如在春、夏、秋、冬季末和水位最高及最低时取样,进行水化学分析。将地下水位、涌水量、水温和水化学成分等观测资料整理绘制成曲线图,并与降雨量、滑坡变形监测资料等一起进行综合分析对比,从中寻找规律。

4. 支挡工程及抗滑构筑物变形监测

对滑坡体上所有构筑物(房屋、桥涵、隧道、挡土墙、护坡、侧沟、截水沟、天沟、盲井和检查井)的开裂、沉陷、位移和倾斜等变形进行监测,常可帮助分析滑坡的性质、规模和动态变化,便于掌握滑坡的成因、稳定程度和发展趋势。滑坡体上的建筑物变形监测常与滑坡地质勘探和滑坡变形监测同时进行。

(1)裂缝观测。

一般可采用水泥砂浆贴片贴于开裂的典型或代表性部位及裂缝头部的两侧,也可采用石膏标志或薄铁(塑料片)标志代替水泥砂浆贴片。要求一条裂缝最少设置两个标志,一个设在裂缝最大处,另一个设在裂缝的末端,可直接测量标志的相对位移量。若裂缝继续发展,涂抹石膏的标志将产生断裂,可安装薄铁片标志,两铁片则必然会产生相对位移,断裂的宽度或相对位移量即为裂缝发展的变形量。观测周期视裂缝的发展速度而定,一般可每月观测 1~2 次,变形发展较快时,可每月观测 3~4 次,应观测至变形完全停止时为止。

(2)沉降观测。

将固定标志安设在建筑物的基础和墙上,如建筑物的四角、沉降缝两侧等处。沉降观测通常采用水准测量方法进行。基准点的位置应根据总平面图上建筑物的分布及工程地质条件而定。基准点的数量在每一测区内不少于 2 个,区域面积较大或对多幢建筑物进行观测时,应适当增加基准点数,并使所有的基准点构成水准网。观测的时间间隔,视沉降量大小和沉降速度而定,一般 1~3 个月观测 1 次,直至沉降稳定。沉降稳定标准为沉降速度不超过 0.02~0.04 mm/d。

(3)倾斜观测。

在构筑物的上、中、下部分别设置固定标志,用经纬仪观测各点的变化,或用地质罗盘仪量测其倾角的变化。观测周期一般为 1 月 1 次,一直延续至变形完全停止。建筑物变形监测资料应同位移观测资料一起进行综合分析,估计其对滑坡和建筑物稳定的影响。

5. 支挡结构物内力监测

针对采用抗滑桩方案处治的滑坡,在抗滑桩施工期中,在其纵向钢筋上布设钢弦式或光纤应力传感器,对抗滑桩应力变化进行长期监测,并依据监测结果判定抗滑桩受力情况。抗滑桩内力监测布设截面一般在抗滑桩理论滑动面上部、理论滑动面和理论滑动面下部。结构物内力可在线监测,工艺成熟。其中,钢弦传感器可接入大多数传统采集系统,光纤采集设备专用,成本较高。

6. 预应力锚索应力监测

针对锚索结构,在施工过程中,对部分锁头增设锚索计进行预应力监测及时掌握锚索预应力的变化情况,对锚索结构的安全性进行评价。也可预留足够的绞线长度,后期对锚下有效预应力进行监测,缺点是需要购置锚下预应力检测设备,现场操作较复杂。

7. 滑坡推力监测

滑坡推力监测的目的在于验证滑坡推力计算的正确性,实际测量滑坡推力的大小和分布情况,并观测防治工程的效果。滑坡推力的大小通常采用埋设压力盒的方法来测量。压力盒一般应埋设于滑坡主轴断面之上。为保证观测精度,在同一断面上压力盒之间的距离应小于 0.5 m,以免其中某一个失效时,因间距过大而影响分析。应按设计图式及计算所得的内、外力的大小来选择压力盒的量程,埋设深度可依据计算滑坡主轴断面推力线的位置来考虑。

滑坡体主要监测项目与监测方法、监测目的可参考表 5-5-3。

表 5-5-3　滑坡体主要监测项目与监测方法、监测目的

监测内容	监测项目	监测方法	监测目的
地表位移	水平位移	大地测量法、GNSS 法等	观测地表位移、变形发展情况
	垂直变形	水准测量法等	
	裂缝	标桩、直尺或裂缝计等	观测裂缝发展情况
深部位移	深部位移	测斜仪、钻孔位移计等	观测相对于稳定地层的地下土(岩)位移,确定滑动面位置和滑体变形速率,判断主滑方向,判定滑坡的稳定状态,评判滑坡加固工程效果
地下水动态	地下水位	人工测量法	观测地下水位变化、评估地下水位与降水的关系、评判排水措施的有效性
	水质		观测水质变化情况
	孔隙水压	孔隙水压力计等	观测孔隙水压及变化情况
支挡结构物	水平位移	大地测量法、GNSS 法等	观测支挡结构物位移、变形及发展情况
预应力锚索	锚索预应力	锚索测力计等	观测锚索预应力动态变化,确定锚索的长期工作性能状态和预应力损失情况
	锚头位移	大地测量法、GNSS 法等	观测锚头位移、变形及其发展情况

二、工程滑坡的预测和预警

滑坡预测的分析方法多种多样，预测模型和方法在国内外也多有应用，成功案例也有很多，但总体上讲，尚无成熟、通用的滑坡理论和模型可依据，某一滑坡定量预测模型即使成功预报与预警，在很大可能上是不适用于其他滑坡预测的。这是由于滑坡机制和滑坡岩土参数的分析研究深度和广度还达不到预测预警的精度要求或认识深度，岩土本构关系还尚不成熟。基于此原因，当前技术条件下，滑坡预测应以滑坡位移监测资料为主，采用定性和定量相结合的模式，选择预测模型和方法进行预测，但不可作为唯一手段，常用的滑坡定量预测模型和方法见表 5-5-4。

表 5-5-4　滑坡定量预测模型和方法

预测模型及方法	适用条件	说明
斋滕迪孝法	适用于一次滑动型的滑坡加速蠕变变形阶段的预测	以蠕变理论为基础，建立了蠕变经验方程，预测精度受到一定的限制
灰色系统理论预测法	适用短期监滑预测。蠕变阶段，进行滑坡变位预测；滑动阶段，进行剧滑时间预测	模型预测精度取决于模型参数的取值。逐步迭代法 GM 模型计算精度较高
双曲线指数平滑法	属于统计预报模型，适用于中短期预测	属于短期趋势预测和跟踪预报，当滑坡处于加速滑动变形阶段时，可较准确预测剧滑时间。预测结果是一个时段
多元非线性相关分析法		
BP 神经网络预测法		
滑体变形功理论预测法	适用于短期监滑预测	综合考虑了滑坡全场位移、位移速率及滑坡体力等因素，体现了滑坡变形的总体规律，预测的结果是一个具体的时刻

严格地说，工程滑坡空间识别判据只能作为区域滑坡潜在危险性划分的重要标志之一，而工程滑坡预警更关注滑坡的稳定状态和危险状态，故滑坡状态预警判据的确定具有重要意义。滑坡状态预警判据主要指滑坡或潜在危岩体的稳定性处于临界状态的识别判据，是滑坡预警的主要判据之一。确定工程滑坡危险状态的判据和标志比较难，目前比较通用的只有滑坡稳定性系数；但是，逐一计算滑坡稳定性系数比较麻烦。根据近几年滑坡变形现象和监测资料统计分析，工程滑坡变形破坏一般经历 3 个重要变形阶段，即蠕滑缓慢变形阶段（季节性降雨对其影响不大）、季节性变形阶段和急剧变形阶段。当滑坡保持自身的缓慢蠕变而不受季节性降雨的影响时，通常于稳定状态；当滑坡变形、滑动明显受降雨影响而发生季节性变化时，滑坡总体处于临界稳定状态，其变形现象和标志可考虑作为滑坡状态预警的判据。例如，滑坡前缘有带状泉水涌出，或中后部张裂带状扩展，且破裂长度大于滑坡体宽度的 1/2；或者是滑动速率明显增加，且季节性变化明显等；而滑坡

一旦处于急剧变化阶段,其变形现象和诱发因素可作为临界时间的预警判据。基于这种认识,这里归纳了5条状态预警判据:

(1)滑坡整体稳定性系数等于1,局部小于1。

(2)滑坡体拉裂隙处于明显的扩展状态,或后缘拉裂带长度大于其滑坡宽度的1/2。

(3)持续降雨,滑动带(面)处于饱水、软化状态,且地表径流冲蚀部位开始明显崩滑,或局部破裂变形扩展滑动、地面塌陷。

(4)滑坡前缘有带状分布的泉水涌出。

(5)滑坡蠕滑速率持续增大明显,或滑动速率大于10 cm/月,且季节性变化明显。

工程滑坡时间预报临界判据主要指滑坡急剧变形滑动或启动时的标志和状态及诱发因素,如果工程滑坡处于静态临界状态,叠加强雨量则会发生快速滑动。因此,这里在上述状态判据的基础上,主要依据滑坡宏观破裂现象,初步统计表明,新生的单条宏观破裂长度大致等于滑坡宽度,或者是所有破裂的累计长度达到滑坡边界长度的50%左右,滑坡就处于临滑状态。监测滑坡位移量与滑坡长度之比、表层堆积层边坡降雨量与滑坡发生关系及滑坡剧烈变形阶段的变形标志,探索其时间预报判据。

根据国内有关的统计资料分析,对降雨量、降雨强度和一次降雨持续时间与发生滑坡数量之间的统计关系分析,有92%的滑坡与降雨量相关,66%的滑坡直接由降雨诱发。其中,当每小时降雨量大于50 mm,日降雨量大于150 mm或一次持续降雨量大于200 mm时,滑坡发生概率显著增加;结合典型工程滑坡发生的降雨量资料和典型滑坡剧烈变形、突发快速滑动的变形现象和位移特征,具体归纳出下列8种时间预报临界判据:

(1)每小时降雨强度大于50 mm。

(2)日降雨量大于150 mm。

(3)一次持续降雨量大于200 mm。

(4)滑体后缘裂陷槽长度大致等于滑体宽度,或者滑体周围扩展破裂累计长度达到周围边界的40%~60%。

(5)滑体前缘(剪出口附近)快速鼓起,或泉水向上喷射。

(6)滑坡局部出现地面下陷,伴随有响声或热风。

(7)滑坡位移速率大于0.01~0.02 m/d,且位移速率逐渐增大,或者滑坡累计滑移距离与沿滑移方向的滑坡长度之比为0.4%~0.8%。

(8)地震动峰值加速度≥0.2g,或滑坡场地地震烈度大于等于Ⅷ。

需要注意的是,降雨量预警判据相对适用于表层堆积层工程滑坡,破裂和位移比判据更适用于层状基岩滑坡,包括基岩与堆积层复合型滑坡。

参考文献

[1] 林德超. 河南省区域地质志[M]. 北京:地质出版社,1989.

[2] 杜凤军,裴放. 河南省地层典[M]. 北京:地质出版社,2015.

[3] 公路工程地质勘察规范:JTG C20—2011[S]. 北京:人民交通出版社,2011.

[4] 建筑边坡工程技术规范:GB 50330—2013[S]. 北京:中国建筑工业出版社,2013.

[5] 公路隧道设计规范 第一册 土建工程:JTG 3370. 1—2018[S]. 北京:人民交通出版社股份有限公司,2018.

[6] 湿陷性黄土地区建筑标准:GB 50025—2018[S]. 北京:中国建筑工业出版社,2018.

[7] 公路滑坡防治设计规范:JTG/T 3334—2018[S]. 北京:人民交通出版社股份有限公司,2018.

[8] 膨胀土地区建筑技术规范:GB 50112—2013[S]. 北京:中国建筑工业出版社,2012.

[9] 公路路基设计规范:JTG D30—2015[S]. 北京:人民交通出版社股份有限公司,2015.

[10] 徐邦栋. 滑坡分析与防治[M]. 北京:中国铁道出版社,2001.

[11] 郑颖人,陈祖煜. 边坡与滑坡工程治理[M]. 2 版. 北京:人民交通出版社,2010.

[12] 李洪涛. 河南膨胀土分布及工程地质特性[J]. 工程勘察,2010(1):27-32.

[13] 裴振伟. 滑坡地质灾害应急处置技术研究进展[J]. 防灾减灾工程学报,2021(6):1382-1394.

[14] 高德. 叶舞高速公路 K32+350—K32+720 工程滑坡机理分析[J]. 科技信息,2011(29):360-361.

[15] 陆玉珑. 工程滑坡的发生与防治[J]. 铁道工程学报,1996(3):124-131.

[16] 夏涛,周欣欣,李铁军. 工程滑坡的识别与防治[J]. 河南科技,2013(4):89-90.

[17] 秦凤艳,涂劲松,葛清蕴. 工程滑坡的支挡措施研究与分析[J]. 赤峰学院学报(自然科学版),2012,28(11):138-139.

[18] 魏永幸. 工程滑坡防治实践[J]. 路基工程,1999(3):44-46.

[19] 吴香根. 工程滑坡滑带土抗剪强度与地形坡度的关系[J]. 地质灾害与环境保护,2000(2):145-146.

[20] 卿三惠,黄润秋. 工程滑坡形成机理及防治对策[J]. 中国地质灾害与防治学报,2005(3):1-4.

[21] 曹春山,吴树仁,潘懋,等. 工程切坡诱发黄土滑坡成因机制研究[J]. 岩土力学,2016,37(4):1049-1060.

[22] 邓昆龙. 公路工程滑坡成因与治理的探讨[J]. 西部探矿工程,2005(10):205-206.

[23] 王波,吴爱军. 公路工程滑坡的勘察与治理认识实践[J]. 工程建设与设计,2020(19):107-108,114.

[24] 郑玉元,覃仁辉. 公路工程滑坡的形成机理及其稳定性分析——以贵开线 K4+450—K4+780 为例[J]. 贵州地质,2003(4):234-238.

[25] 卫涛,膨胀土洞口滑坡及裂缝处治研究——李家坪隧道案例[J]. 交通科技与经济,2017(10):65-70。

[26] 余廖. 公路工程滑坡灾害防治[J]. 交通世界,2019(7):46-47.

[27] 田欢欢. 公路滑坡处治效果评价研究[D]. 长沙:中南大学,2009.

[28] 袁家幸. 公路桥梁偏位成因及纠偏复位技术初探[C]//中国公路学会养护与管理分会第八届学术年会论文集. 2018:200-205.

[29] 王红霞,付清华,王玉金. 公路桥梁台后路基沉陷处治[J]. 中国建材科技,2017,26(2):123-124.

[30] 王庆超. 巩义市地质灾害区划与防治对策研究[D]. 西安:长安大学,2018.
[31] 陈家栋,田宏伟,黄进,等. 1970—2019 年河南省年内降水分配非均匀性的时空演变[J]. 水土保持通报,2021,41(3):342-349.
[32] 马文锋. 航道拓宽工程滑坡成因及防控措施[J]. 珠江水运,2017(11):68-69.
[33] 张明磊,王明闪,张少赓. 河南卢氏县地质灾害特征及防治措施[J]. 四川地质学报,2017,37(1):108-111.
[34] 库东旭. 河南省高速公路管理体制改革研究[D]. 郑州:郑州大学,2016.
[35] 卢欣祥,冯进城. 河南省花岗岩地质地貌概论[J]. 地质论评,2007(S1):116-124,239-240.
[36] 孙成永. 河南省罗山县主要河流岸坡稳定性研究[D]. 中国地质大学(北京),2018.
[37] 于帅印. 河南省山地丘陵区地质灾害风险评价[D]. 西安:长安大学,2018.
[38] 张勇. 河南省山地丘陵区滑坡的发育规律与成因模式研究[D]. 西安:长安大学,2018.
[39] 朱立峰. 黑方台滑坡群控制因素与外动力条件分析[J]. 西北地质,2019,52(3):217-222.
[40] 李晓,梁收运,郑国东. 滑带土的研究进展[J]. 地球科学进展,2010,25(5):484-491.
[41] 邵铁全. 滑坡地质灾害超前地质预判技术研究[D]. 西安:长安大学,2006.
[42] 成永刚. 滑坡的区域性分布规律与防治方案研究[D]. 成都:西南交通大学,2013.
[43] 马景洋. 滑坡的稳定性分析与治理措施[J]. 江西建材,2014(15):131-132.
[44] 陈剑,杨志法,刘衡秋. 滑坡的易滑度分区及其概率预报模式[J]. 岩石力学与工程学报,2005(13):2392-2396.
[45] 王蒙. 滑坡对冲沟区桥梁桩基功能的影响分析及其安全评价[D]. 西安:长安大学,2015.
[46] 徐帮树. 滑坡预测的水文-力学耦合模型研究[D]. 上海:华东师范大学,2006.
[47] 殷坤龙. 滑坡灾害预测预报分类[J]. 中国地质灾害与防治学报,2003(4):15-21.
[48] 刘汉东,戴菊英,李继伟. 黄河西霞院工程坝基黏土岩的工程地质特性研究[J]. 岩土力学,2006(11):2045-2049.
[49] 苑晓锋. 黄土高边坡桥台稳定性分析[D]. 兰州:兰州交通大学,2012.
[50] 王念秦. 黄土滑坡发育规律及其防治措施研究[D]. 成都:成都理工大学,2004.
[51] 吴玮江,宿星,刘伟,等. 黄土-泥岩接触面滑坡的特征与成因[J]. 冰川冻土,2014,36(5):1167-1175.
[52] 杨玉生,李靖,赵世麒. 黄土填方路基病害原因分析与防治[J]. 路基工程,2006(5):135-138.
[53] 卓琦斐,晏鄂川,李庆伟,等. 基于 ArcGIS 的易滑地层滑坡孕灾模式研究——以湖北省保康县为例[J]. 人民长江,2018,49(4):49-55,60.
[54] 王嘉. 基于 FLAC3D 的顺层岩质边坡中桩基受力与变形研究[D]. 成都:西南交通大学,2016.
[55] 张桂荣. 基于 WEBGIS 的滑坡灾害预测预报与风险管理[D]. 武汉:中国地质大学,2006.
[56] 许石罗. 基于多源遥感影像的动态滑坡灾害空间预测模型研究[D]. 武汉:中国地质大学,2018.
[57] 苏谦,钟彪,白皓,等. 基于滑坡破坏模式的桥台位移耦合计算[J]. 土木工程学报,2010,43(S1):567-572.
[58] 邓钟,黄声享,朱高龙. 基于近 5 年灾情数据的福建滑坡灾害时空特征分析[J]. 地质灾害与环境保护,2019,30(4):17-23.
[59] 王高峰,王爱军,田运涛,等. 基于图幅调查的六盘山镇孕灾地质条件分析[J]. 水土保持研究,2016,23(5):364-369.
[60] 王德文,姚瑞珽. 吉图珲高速铁路 GDK283 段膨胀土深路堑工程滑坡分析[J]. 铁道标准设计,2016,60(8):25-29.
[61] 唐然. 监测技术及其在滑坡防治过程中的应用研究——以丹巴县城建设街后山滑坡为例[D]. 成

都:成都理工大学,2007.
[62] 邱淑豪,李全文,常金源.降雨型滑坡水文地质条件分类浅析[J].山西建筑,2019,45(1):44-45.
[63] 叶鹏飞. 较大纵坡梁桥纵向下滑机理及处置对策[D].南昌:华东交通大学,2021.
[64] 周忠清.抗滑桩在滑坡治理中的应用研究[J].资源信息与工程,2016,31(3):182-183.
[65] 谢成新,吴能森.抗滑桩治理工程滑坡经济评价数学模型[J].黑龙江科技学院学报,2004(3):183-185.
[66] 谢成新. 抗滑桩治理工程滑坡经济评价数学模型的研究[D].福州:福建农林大学,2003.
[67] 强新刚.兰渝线太公车站边坡工程滑坡分析[J].铁道工程学报,2013,30(6):22-25,58.
[68] 王高峰,王爱军,陈宗良,等.六盘山东麓断裂带滑坡类型与变形机理研究——以泾河源区为例[J].水文地质工程地质,2017,44(2):102-109.
[69] 陆玉珑.论工程滑坡[J].路基工程,1996(2):1-8.
[70] 马丽.论工程滑坡的成因与防治[J].西部探矿工程,2003(5):158-160.
[71] 付魁. 明洞在古滑坡治理中的应用研究[C].市政技术,2015(增刊1):20-23.
[72] 苏晓璐.某高速公路沿河路段滑坡治理方案设计[J].山西交通科技,2020(3):69-72.
[73] 薛根平.某工程滑坡治理设计方案及优化分析[J].山西交通科技,2016(2):10-12,26.
[74] 彭海红,温广军,石川.某近水平红层滑坡稳定性分析评价[J].工程与建设,2020,34(3):507-509.
[75] 柴贺军.泥岩层面抗剪强度室内大型剪切试验研究[J].公路交通技术,2017,33(6):1-3,8.
[76] 邱瑞成.千枚岩堆积体大变形隧道双层初期支护关键技术研究[D].成都:西南交通大学,2019.
[77] 卢鑫櫄.浅论易滑地层[J].山地研究,1988(2):119-122.
[78] 周开春.浅谈西南地区工程滑坡的预防与设计[J].云南交通科技,2002(2):39-41.
[79] 王有成,喻自祥.浅谈新河高速公路几类滑坡的发生机理及其治理措施[J].公路,2008(2):110-115.
[80] 许碧铨.浅析花岗岩残积土的化学成分特征及其工程性质[J].福建地质,2009,28(3):270-272.
[81] 谭建民,常宏,韩会卿,等.清江流域滑坡发育地质环境特征的统计分析[J].华南地质与矿产,2018,34(4):315-322.
[82] 王志旺,李端有,王湘桂.区域滑坡空间预测方法研究综述[J].长江科学院院报,2012,29(5):78-85,94.
[83] 刘正刚.日本29个滑坡实例的治理主导思想及统计分析[J].路基工程,1998(4):19-24.
[84] 宋昆仑,骆培云.日本的滑坡研究及滑坡整治工程技术[J].水文地质工程地质,1993(5):10-12.
[85] 王恭先.日本滑坡防治技术考察[J].铁道建筑,1987(3):34.
[86] 杨谊.贵阳地区工程滑坡的成因调查与分析[J].山西建筑,2009,35(22):101-102.
[87] 郑秋红.国际滑坡专门组织和专门期刊评介[J].气象科技进展,2013,3(S1):81-87.
[88] 王涛,吴树仁,石菊松,等.国内外典型工程滑坡灾害比较[J].地质通报,2013,32(12):1881-1899.
[89] 杨诗义.滑坡预测预报与滑坡分类体系研究[D].武汉:武汉科技大学,2010.
[90] 郑康.安全风险评估在煤系易滑地层边坡综合整治后的应用[J].广东公路交通,2020,46(1):60-65.
[90] 吴琼,王晓晗,唐辉明,等.巴东组易滑地层异性层面剪切特性及水致劣化规律研究[J].岩土力学,2019,40(5):1881-1889,1897.
[91] 梁月华.边坡上桥梁桩基的受力分析及其在抗滑支护中的应用研究[D].重庆:重庆交通大学,2014.
[92] 王鲁男.不同含水率与剪切速率下滑带土残余强度特性研究[D].武汉:中国地质大学,2017.
[93] 卢大卫.穿越老滑坡的道路路基形式优化研究[D].重庆:重庆交通大学,2016.

[94] 刘强,张廷慧.大纵坡柔性高墩墩柱偏位原因分析及处治方案[J].施工技术,2019,48(17):44-50.
[95] 周桂梅.堆载滑动对陡坡桥墩与桩基础力学特性的影响分析及其工程技术研究[D].西安:长安大学,2015.
[96] 张玺彦,雷胜友.堆载滑动对桥墩与桩基础的影响分析[J].四川理工学院学报(自然科学版),2017,30(2):84-89.
[97] 张玺彦.堆载滑动影响下桥墩与桩基础的力学特征研究[D].西安:长安大学,2017.
[98] 龚道平.堆载作用下碎石类土边坡的变形分析与综合治理[J].湖南交通科技,2013,39(3):10-13.
[99] 常宏,谭建民,严绍军.鄂西清江偏山滑坡群易滑地层特性[J].工程地质学报,2016,24(1):29-34.
[100] 刘甲美.概率地震滑坡危险性区划方法及应用[D].北京:中国地震局地球物理研究所,2015.
[101] 辜良仙.高地应力软岩大变形隧道变形控制技术研究[D].重庆:重庆交通大学,2017.
[102] 刘伯莹.高等级公路工程滑坡的治理[J].公路,2000(11):1-7.
[103] 肖永强.高速公路改扩建工程滑坡成因分析及整治[J].福建建设科技,2021(3):31-34,39.
[104] 孙嘉兴,谷天峰,孔嘉旭,等.滑带土与原状土的显微结构对比分析[J].干旱区资源与环境,2021.
[105] 朱国权.不同剪切速率下滑带土强度特性及孔隙分形特征研究[J].矿产勘查,2021,12(5):1256-1263.
[106] 王飞.不同土体滑坡滑带变形特性对比试验研究[D].重庆:重庆交通大学,2021.
[107] 易靖松.川东红层滑坡的形成条件与早期识别研究[D].成都:成都理工大学,2015.
[108] 李跃,徐卫亚,易魁,等.堆积体滑带土非饱和-饱和渗透特性试验研究[J].岩土力学,2021,42(5):1355-1362.
[109] 席宏平.高速公路路基滑坡研究分析[J].大众标准化,2022(6):110-112.
[110] 李江,许强,胡泽铭,等.红层缓倾角土质滑坡发育环境、分布规律及影响因素研究[J].科学技术与工程,2014,14(12):88-93.
[111] 郭威.滑带土蠕变本构模型综述[J].山西建筑,2022,48(4):82-88.
[112] 唐宏阳.缓倾斜土质斜坡失稳机理及碎石盲沟治理方法研究[D].绵阳:西南科技大学,2021.
[113] 王新刚,刘凯,连宝琴,等.黄土-泥岩滑坡诱发因素及形成机理研究进展[J].西北大学学报(自然科学版),2021,51(3):404-413.
[114] 祝艳波,刘振谦,李文杰,等.黄土-三趾马红土滑坡滑带土的长期强度影响因素研究[J].水文地质工程地质,2022,49(2):148-156.
[115] 程伟,王芳,张继周.基于FLAC3D的滑带土抗剪强度指标反演分析[J].科学技术创新,2021(22):133-135.
[116] 王峰,许强,肖先煊,等.基于地形微变远程监测系统的滑坡变形监测[J].长春工程学院学报(自然科学版),2014,15(1):66-71.
[117] 魏占玺,谢东武,毋远召,等.基于动态残余强度的不同含水率条件下滑坡稳定性研究[J].水文地质工程地质,2022,49(2):126-136.
[118] 周洪福,张卓婷,韦玉婷.基于滑体自重效应的滑带土强度参数取值方法[J].岩石力学与工程学报,2022,41(5):1045-1053.
[119] 张群,许强,易靖松,等.南江红层地区缓倾角浅层土质滑坡降雨入渗深度与成因机理研究[J].岩土工程学报,2016,38(8):1447-1455.
[120] 汪宇.浅析反演法计算滑带土抗剪强度时反演参数的取值方法[J].科学技术创新,2021(26):145-146.
[121] 洪秀君.波纹管截水沟施工技术[J].中国建筑金属结构,2021(12):131-132.

[122] 谈至明.公路截水沟设计和典型结构[J].公路交通科技,2005(5):43-46.
[123] 胡玥辉, 刘东杰. 公路排水施工技术分析[J]. 城市建设理论研究(电子版), 2013(2):1-3.
[124] 何克扬,肖虎程.公路隧道防排水施工质量管控措施[J].西部交通科技,2021(7):109-112.
[125] 刘伟. 黄土-泥岩接触面滑坡滑带土变形特征研究[D].兰州:兰州大学,2016.
[126] 陈文斌.基于工程地质地貌的路基排水设计探究[J].交通节能与环保,2020,16(6):127-129.
[127] 张岩岩. 径流-渗流耦合作用下降雨型滑坡稳定性分析研究[D]. 重庆:重庆大学, 2018.
[128] 李志强, 刘洁, 马保成,等. 山区公路边坡坡顶截水沟的设计与分析[J]. 交通运输研究, 2008(9):174-177.
[129] 王欢. 山区公路防排水技术及抗水灾风险评估研究[D].石家庄:石家庄铁道大学,2019.
[130] 沈波. 山区公路排水系统灾害评价方法及指标体系研究[D]. 西安:长安大学, 2006.
[131] 钟立昌. 陕北黄土地区干线公路排水技术研究[D].西安:长安大学, 2015.
[132] 陈旭欣.生产建设项目水土保持方案弃渣场截水沟设计探讨[J].水土保持应用技术,2017(4):20-22.
[133] 尚小亮,刘超群,龚巍巍,等.我国高速公路水沟生态排水技术研究进展[J].公路交通科技(应用技术版),2016,12(3):175-178.
[134] 蒋建忠.刘家湾旁山偏压隧道侧滑塌方处治方案[J].科技创新与生产力,2013(1):92-96.
[135] 罗晓锋,王艳艳,崔光辉.大厚度湿陷性黄土路基浸水试验与沉降变形研究[J].兰州交通大学学报,2014,33(1):124-130.
[136] 杨诗义. 滑坡预测预报与滑坡分类体系研究[D].武汉:武汉科技大学, 2010.